챗GPT
거대한 전환

AI 전쟁의 승자는 누가 될 것인가?

챗GPT
거대한 전환

GENERATIVE
PRE-TRAINED
TRANSFORMER

김수민, 백선환 지음

RHK
알에이치코리아

● 언어 모델은 최근 몇 년간 모델 사이즈의 증가와 함께 대규모 언어 모델로 불리며 AI/ML 분야의 혁신을 이끄는 핵심 기술로 주목받고 있습니다. 오픈AI의 GPT-2와 GPT-3가 전문가의 큰 관심을 받았고, 챗GPT는 일반 대중의 폭발적인 관심을 불러일으키며 대규모 언어 모델의 상용화를 위한 길을 열었습니다. 그리고 대규모 언어 모델은 인간의 작업을 돕는 AI 기술로 시장성을 확보하기 시작했습니다. 《챗GPT 거대한 전환》은 일반 독자가 챗GPT를 비롯한 대규모 언어 모델 분야 전반의 배경 지식과 전망을 이해하는 데 도움이 되는 개요서입니다. 이 책은 챗GPT의 배경 기술을 간단히 소개하며, 챗GPT가 촉발한 글로벌 빅테크 간의 경쟁을 AI 전쟁으로 정의하고 사업적 측면에서 다양한 정보를 정리했습니다. 이 책은 AI/ML 전문가가 아닌 모두에게 추천드릴 수 있으며, 대규모 언어 모델 분야의 혁신과 변화를 포괄적으로 이해하는 데 좋은 자료가 될 것입니다. 또한, AI/ML과 자연어 처리 분야에 종사하시는 분들에게도 기술 외적인 유용한 정보를 제공합니다. 이 책이 집필되는 동안 GPT-4가 출시될 정도로 이 분야는 빠르게 변화 중입니다. 이런 와중에 《챗GPT 거대한 전환》은 인공지능의 세부 분야 중 하나인 대규모 언어 모델 분야에서 일어나는 혁신적인 변화에 대한 기초 지식을 갖추는 데 큰 도움을 줄 것입니다.

구글 클라우드 머신러닝 솔루션 리드 **김태형**

● 헨리 키신저가 인쇄술 이후 최대의 지적 혁신이라고 이야기한 것처럼, GPT-3가 시작하고 챗GPT가 증폭시킨 초거대 생성형 AI 광풍은 시대의 키워드가 되었습니다. 그리고 지금껏 기술의 혁신은 항상 새로운 기회를 만드는 동력이 되어 왔습니다. 쏟아져 나오는 초거대 AI 기술 관련 자료 사이에서 챗GPT 혁신이 가져올 비즈니스의 기회를 찾는 사람들에게 중요한 지침서로 추천드립니다.

네이버 AI랩 소장 **하정우**

● 최근 몇 년 사이 기술의 발전은 어느새 그 속도를 따라가기 어렵게 되었습니다. 그나마 기술을 항상 가까이하고 보고 듣는 사람들이면 모르겠으나, 대개는 새로 나온 기술이란 것들을 뉴스나 미디어로 접하면 "신기한 게 나왔네" 하고 몇 번 써본 뒤

잊고 살다가 또 다른 기술 발전 소식에 놀라는 일을 반복할 뿐입니다.

어떤 사람들은 그런 소식들에 놀라는 것에 그치지 않고, 이를 활용하여 새로운 시도를 해 보고 싶을 것입니다. 그렇지만 그를 위해 방대한 기술의 역사를 이해한다는 것은 쉽지 않은 작업입니다. 특히 챗GPT처럼 복합적인 기술 맥락이 있는 경우는 더욱 그러합니다. 따라서 누군가는 그 기술을 좀 더 빠르게 접하고, 사람들로 하여금 기술의 본질을 이해하여 각자의 비즈니스에 적용하는 과정을 촉진할 필요가 있습니다.

오랫동안 챗봇과 인공지능 연구를 진행해온 저자는 새로운 게임 체인저 기술인 챗GPT를 기술부터 응용 측면까지 훑어보며, 기술을 따라가는 개인들이 길을 잃지 않고 여러 시각에서 그 발전을 조망할 수 있게 도와줍니다. 그 과정에서 마주치는 정보들에 독자가 본인만의 새로운 해석을 덧붙여 이 변화의 물결을 헤쳐 나가는 데에 도움이 될 수 있다면, 시대의 지침서로써 본 서적의 의미는 충분히 빛을 발할 것입니다.

삼성전자 종합기술원 연구원 조원익

● 대규모 언어 모델 기반 생성형 AI의 등장이 갑작스럽게 이루어진 것은 아니지만, 챗GPT의 출시로 인해 생성형 AI가 일상에 큰 변화를 가져온 것은 사실이다. 뉴스 매체와 SNS뿐 아니라 학교와 회사에서도 사람들은 챗GPT가 만들어 내는 마술 같은 경험을 쏟아내고 있다. 하지만 전문가가 아닌 대다수의 사람들에게 생성형 AI가 만드는 텍스트와 이미지는 다소 두려운 미지의 영역이다.

이 책은 우리 시대의 가장 혁신적인 기술 중 하나인 챗GPT를 중심으로, 생성형 AI의 다양한 주제와 활용 방법을 살펴보고 있다. 대화형 인공지능 에이전트에 관한 다수의 연구를 수행한 저자는 챗GPT의 기술 원리를 명료하게 설명하고, 실용적인 지침과 사례를 통해 효과적인 활용 방법을 제시한다. 더 나아가 도덕적이고 윤리적인 측면에서의 논의점도 제기하고 있다.

독자들은 이 책에서 현재의 생성형 AI가 지닌 잠재력과 기회를 파악하고, 인공지능을 책임감 있게 활용하는 방법을 배울 수 있을 것이다.

서울대학교 언론정보학과 교수 이준환

● 2022년은 생성형 AI의 해였고, 스테이블 디퓨전과 챗GPT가 만든 열풍이 전 세계를 강타했습니다. 스테이블 디퓨전은 텍스트 프롬프트만 입력하면 그에 부합하는 고품질의 이미지를 생성해 주고, 챗GPT는 기계적인 채팅에서 몇 발자국 더 나아가 논문을 요약하고 코드를 짜 주고 심지어 수학 증명 문제도 풀어 줍니다. 특히 챗GPT는 채팅 중에 사용자가 입력하는 텍스트 프롬프트를 통해 챗GPT를 직접 가르치는

퓨샷 접근 기능을 제공하기에, 상호 작용하는 UI/UX가 더욱 매끄러워졌습니다. 과거 머신러닝은 전공자들만의 영역이었고 일정 이상의 통계학 지식과 수학 지식이 필요한 분야였습니다. 그러나 현재는 약간의 관심과 끈기만 있으면 비전공자들도 쉽게 인공지능을 체험할 수 있는 세상이 도래했습니다. 공중파 뉴스에서 기자가 직접 챗GPT를 시연하고 인공지능을 전혀 모르는 제 가족이 챗GPT를 접하는 것을 보면, 머신러닝 민주화가 멀지 않았다라는 생각이 듭니다. 하지만, 한편으로는 머신러닝에 대한 과도한 기대와 오해가 만연해 있다는 점이 우려됩니다. 머신러닝은 모든 문제를 자동으로 해결하는 마법 같은 기술이 아니라 사람의 직관과 수많은 데이터가 개입되어야 하는 분야입니다. 머신러닝 기술로 문제를 해결하기 위해서는 명확한 목표와 문제 정의가 필요합니다. 어떤 문제를 해결하고자 하는지, 양질의 충분한 원시 데이터가 확보되었는지, 원시 데이터를 피처로 어떻게 가공해야 하는지, 이러한 피처로 어떤 결과를 얻어야 하는지 등의 상황을 파악하지 않으면 실패의 지름길로 빠질 뿐입니다. 이는 더 이상 전공자들만의 고유 영역이 아니게 된 머신러닝에 조금이라도 연관된 모든 사람이 알아야 하는 중요한 사항임에도 불구하고, 대다수는 여전히 머신러닝의 환상에만 사로잡혀 있습니다.

저자는 챗봇과 HCI의 전문가로서 쌓은 경험과 인사이트를 통해, 챗GPT에 대한 배경과 개요를 일반인도 쉽게 이해할 수 있게 설명하면서 생성형 AI 기술을 이끌어가는 빅테크와 유니콘 기업들을 잘 요약하고 있습니다. 하지만 이 책은 단지 챗GPT에 대한 환상만을 부풀리는 책이 아니며, 챗GPT에 대한 한계와 '무책임한 AI'에 대한 위험 또한 절도 있게 기술합니다. 머신러닝의 환상에서 빠져나올 시간을 절약해 준다는 것만으로 이 책은 충분한 가치가 있습니다. 커피나 따뜻한 차 한잔을 음미하면서 이 책을 읽고, 어렵게만 느껴지는 챗GPT를 쉽게 이해할 수 있길 바랍니다.

아마존AWS 시니어 AI/ML 전문 솔루션즈 아키텍트 김대근

● 챗GPT의 등장은 알파고와 이세돌의 대국에서 느꼈던, 그러나 어쩌면 점차 사그러들며 익숙해져가던, 인공지능의 엄청난 존재감을 다시금 소환한다. 챗GPT 사용자의 증가세는 가히 폭발적이다. 소셜 미디어, 뉴스, 온라인 커뮤니티 등에서도 챗GPT에 대한 관심은 다른 모든 주제를 압도한다.

하지만 이러한 이슈몰이의 일부는 챗GPT의 단순한 사례들에 대해 단편적으로 이야기할 뿐이다. 우리에게 지금 필요한 것은 챗GPT로 대표되는 생성형 AI의 본질에 대해 이해하고, 이것들이 우리 사회 전반에 가져올 실질적인 변화와 대응 방안에 대해 체계적이고 깊이있게 논의하는 것이다. 실제로 인공지능 기술을 기반으로 한 수

많은 스타트업들의 지형이 생성형 AI를 중심으로 재편되고 있으며, 구글, 아마존을 비롯한 테크 자이언트들도 이 전환기에서 승기를 잡고자 발 빠르게 분투 중이다.

이 책의 저자들은 인공지능을 단순히 기술적으로만 바라보지 않는다. 인공지능과 인간의 상호 작용에서 발생할 수 있는 사용자의 총체적인 경험과 그 과정에 수반된 우리 사회의 다양한 이해 당사자들의 시각을 종합적으로 바라본다. 챗GPT로 시작된 이 책의 논의는 기반 기술에 대한 설명뿐만 아니라, 생성형 AI가 적용될 수 있는 다양한 응용 서비스 분야를 망라한 택소노미를 제공한다. 또한 생성형 AI의 사용자 경험의 혁신을 위한 함의와 산업, 정책적 고려사항들까지 제언한다.

챗GPT를 비롯한 생성형 AI 기술의 현 주소를 이해하고, AI 생태계의 변화를 예측하며, 이를 기반으로 향후 성공적인 비즈니스를 이끌고 싶은 사람들이라면 누구나 이 책을 반드시 읽어볼 것을 추천한다.

연세대학교 정보대학원 교수 오창훈

● 이 책은 인공지능 분야에서 최근 가장 뜨거운 주제 중 하나인 생성형 AI와 그 중심에 있는 챗GPT를 소개하고, 이를 둘러싼 환경과 전망을 다루고 있습니다. 전문 용어나 기술적인 내용을 쉽게 이해할 수 있도록 적절한 해설과 예시를 제공하며, 이를 통해 일반 독자들이 생성형 AI와 챗GPT를 이해할 수 있도록 도움을 줄 것입니다.

저자는 매우 폭넓은 범위의 주제를 다루고 있는데, 챗GPT의 기술적 배경을 비롯해, 챗GPT가 가져올 혁신과 변화, AI 시장과 산업 구조 등을 다루면서 새로운 시각을 제시합니다. 또한, 저자가 분석하는 대상들에는 글로벌 빅테크 기업뿐만 아니라 한국 기업들도 포함되어 있어, 국내 독자들에게 더욱 흥미로운 내용일 것입니다.

생성형 AI와 챗GPT에 관심이 있는 분들뿐만 아니라, 인공지능 기술 전반에 관심이 있는 독자들에게도 추천하고 싶은 책입니다. 저자의 친절한 설명과 폭넓은 시야를 통해 인공지능 분야의 현재와 미래에 대한 이해를 높일 수 있을 뿐만 아니라, 챗봇을 활용한 비즈니스 사례와 인공지능 시장 동향 등을 다양하게 제시하고 있어, 비즈니스 전략 수립과 마케팅 전략 개발에 관심 있는 독자들에게도 유익한 정보를 제공할 것입니다.

또한, 공공 분야에서도 챗GPT를 활용한 업무 혁신과 한국형 초거대 AI 모델 개발, AI 학습용 데이터 구축 등 정부가 AI 정책 지원을 고민하고 있는 현시점에서 본 도서가 아주 시의적절하고 유익한 자료로 활용될 것으로 생각합니다.

한국지능정보사회진흥원 지능데이터본부 AI데이터팀장 오현목

AI 전쟁,
이해와 용기가 필요하다

2009년, 나(김수민)는 대학생이었고, 당시 삼성동에 위치한 다음 소프트의 온라인 비즈니스 팀에서 인턴으로 근무하고 있었다. 담당했던 업무는 아마존, 이베이와 같은 온라인 쇼핑몰의 사용자 리뷰를 한 땀 한 땀 라벨링하는 작업이었다. 아마존 웹 사이트에서 아이폰 3GS에 대한 사용자 별점과 리뷰를 긁어 해당 리뷰가 긍정인지 부정인지 분류하고, 긍정과 부정을 판단한 키워드를 입력하는 작업을 진행했다. 정기적으로 작업을 종합하여 보고하기는 했지만, 정작 나는 내가 무슨 일을 하고 있는지 알지 못했다. 그로부터 몇 년

이 지나 빅데이터 붐을 보고서야 "아, 내가 학습 데이터를 만드는 데이터 라벨러였구나" 하고 깨달았다. 2005년 출시된 크라우드소싱 및 데이터 라벨링 플랫폼인 아마존 엠터크Mturk를 알게 된 건 한참 후인 2015년이다. 내가 하고 있던 일의 본질을 진작에 깨닫고 한국형 엠터크 설립에 도전했다면 어땠을까?

같은 시기 나(백선환)는 아이폰이 한국에 출시되자마자 사용 후기를 블로그에 올리던 IT 리뷰어 중 한 명이었다. 아직도 그때 아이폰을 쥐고 느꼈던 '와우 모먼트'가 생생하다. 언제 어디서나 인터넷 검색이 가능하고, MP3 없이 음악을 들으며, 모바일로 이메일을 주고받고, 또 감성적인 사진까지 찍을 수 있는 아이폰은 정말 신세계였다. 매일같이 쏟아져 나오던 앱들은 잘 차려진 호텔 뷔페를 맛보는 것 같았고, 기업들 간의 숨막히는 전쟁은 마치 한 편의 드라마처럼 흥미로웠다. 특히, 신생 기업들이 모바일 기술로 시장을 잡아먹을 것처럼 성장하고, 영원할 것만 같았던 거대 기업들이 사라져가는 격변의 시장을 보면서, 파괴적 혁신 기술의 중요성을 실감했다.

이러한 경험을 통해 우리는 세상을 바꿀 기회가 언제 찾아올지 관심을 갖게 되었고, 새로운 기술이 소개되면 먼저 연구하고 깊이 들여다보려 노력했다. 그중에서도 AI와 로봇이 세상을 바꿀 혁신 기술이라는 예감이 들었고, 지금껏 AI와 챗봇에 대한 연구를 수행해 왔다. 그러다 2022년 챗GPT를 접하고 '와우 모먼트', 파괴적 혁신을 직감할 수 있었다. 이는 우리뿐만이 아니었다. 세계적으로 사람들은 삶의 모든 방식을 바꿀 혁신 기술이 나타났다며 챗GPT에 열광하기 시작했다. 챗GPT가 출시 단 5일 만에 100만 명, 한 달 만에 1억 명의 사용자를 기록한 것은 결코 우연이 아니다.

스마트폰이 없는 삶을 한번 상상해보라. 길 찾기부터 은행 업무, 그리고 친구와의 연락이나 음식 주문까지, 스마트폰은 우리 삶의 모든 방식을 크게 바꾸어 놓았다. 챗GPT로 대표되고 있는 생성형 AI는 또 한 번 세상을 완전히 바꿀 것이다. 이를 두고 모든 것이 처음부터 시작한다는 '리셋 모먼트'라 표현하는 사람들도 있다.

이미 인간만의 전유물로 여겨졌던 창작의 영역까지도 생성형 AI가 깊숙이 침투하고 있다. 인간 창작자가 만든 문학, 그림, 음악과 AI의 작품을 구별하는 일은 정말 어려워졌다. 또한 생산성을 놀랍도록 향상시키고 있는 생성형 AI는 우리가 지금까지 불가능하다고 여겼던 영역까지도 정복할 수 있는 가능성까지 보여 주고 있다.

그런데 챗GPT를 연구하면서 재미있는 현상 하나를 발견했다. 다양한 글과 정보를 공유하는 미국의 온라인 커뮤니티 '레딧'에는 이미 생성형 AI를 이용한 창의적인 사용 사례들이 올라오고 있었고, 유튜브에서도 마찬가지였다. 그런데 서양권 사용자들에 비해 한국인들의 결과물은 다소 한정적이고 품질도 떨어지는 느낌이었다. 왜일까? 영어를 사용해야 한다는 언어의 장벽 때문일까?

이는 한국의 문화와 깊은 관련이 있을지도 모른다. 2010년 9월 G20 정상 회담 폐막식에서 버락 오바마 전 대통령이 질문이 있는 지 물었을 때 정적만이 흘렀던 것을 혹시 기억하는가? 끝내 침묵을 깨고 질문을 던진 것은 외국인 기자였다. 기자뿐만이 아니다. 우리 모두에게 질문은 어렵고, 대답은 신중해야 하는 일이다. 자유롭게 대화하며 배우는 방식은 아직 어색하다. 이러한 모습은 챗GPT를 사용하는 과정에서도 똑같이 관찰된다. 지금도 우리들은 챗GPT를 이해하기 위해 스스로 시도하고 실험하며 과감히 질문을 던지기 보다는 누군가의 강의를 찾아 따라하기 바쁜 것 같다.

이러한 문화는 생성형 AI 시대에 큰 걸림돌이 될 수 있다. 챗 GPT에게 거침없이 질문을 던져야 창의적인 결과물을 만들어 낼 수 있기 때문이다. 아이러니한 것은 글로벌 무대에서 요즘 가장 핫 한 아티스트와 콘텐츠가 배출되는 나라가 한국이라는 점이다. AI 시대, 우리는 이러한 분야에서 보여 주는 잠재력을 모든 방면으로 깨워야 한다. 대담하게 질문하는 용기가 필요하다. 새로운 시도와 실험에 망설이지 말아야 한다.

거대한 전환의 시대이다. 인간의 역사를 한 단계 진보시켰던 과 거의 혁신 기술처럼, 생성형 AI는 또 한 번 인간의 역사를 새로 쓸 것이다. 이는 단순한 유행이 아니고 엄연한 현실이며 거부할 수 없 는 미래다. 이를 외면한다면 큰 위기에 빠질지도 모른다.

이 책은 최대한 정직하고 엄밀하게 쓰려고 노력했다. 정확하고 유익한 정보를 전달하기 위해 책을 쓰는 과정에서 많은 사람들의 도움을 받았다. 특히 배경 기술을 설명하는 2장의 검수를 맡아 주신 조원익 연구원님께 이 자리를 빌려 감사의 말씀을 전한다. 이런 노력을 아끼지 않았던 이유는 단 하나이다. 우리는 지금 이 순간이 기회이자 위기임을 실감했고 이를 방증하는 데이터와 사례를 통해 현실을 알리려는 마음이 간절했기 때문이다. 이는 과거에 수차례 누구보다 빠르게 변화의 흐름을 경험했음에도 그 파도에 올라타지 못했던 우리들의 안타까운 과거 경험에서 온 것이기도 하다.

우리 각자는 모두 다른 상황에 처해 있다. 그러나 챗GPT와 생성형 AI를 이해하는 것은 분명 당신이 어디에 있든 이 시기를 헤쳐 나갈 인사이트를 줄 것이다. 이제 우리 앞에 있는 기회와 위기를 직시해야 할 때이다. 이 책이 나와 당신, 우리에게 거대한 전환을 마주할 이해와 용기를 줄 수 있기를 진심으로 바란다.

김수민, 백선환

Contents

1부 챗GPT, 생성형 AI의 시대를 열다

1장 대세가 된 챗GPT

2장 차근차근 이해하는 챗GPT 배경기술

2부 AI 전쟁의 승자는 누가 될 것인가

3부 생성형 AI가 바꾸는 미래

GENERATIVE
PRE-TRAINED
TRANSFORMER

1부

챗GPT,
생성형 AI의
시대를 열다

1장

대세가 된
챗GPT

게임 체인저,
챗GPT의 등장

챗GPT, 5일 만에 사용자 100만 명 돌파

2022년 12월 1일, IT 역사에 아니 어쩌면 인류 역사에 한 획을 그을 혁신적인 존재가 등장했다.

바로 오픈AI^{OpenAI}가 출시한 대화형 인공지능 서비스, 챗GPT ChatGPT가 그 주인공이다. 오픈AI는 2015년 12월에 샘 올트먼Sam Altman과 일론 머스크Elon Musk를 포함한 7명의 창업자가 모든 인류에게 AI가 유익함을 제공하도록 한다는 미션 아래 설립한 AI 회사이다. 그리고 이들이 만든 챗GPT는 출시 단 5일 만에 100만 사용자를 돌파했다. 오픈AI의 CEO 샘 올트먼과 공동창업자이자 CTO인 그렉 브룩만Greg Brockman은 2022년 12월 5일, 그들의 트위터에 챗GPT 100만 유저 돌파 소식을 알렸다.[1] 100만 사용자 달성까지 GPT-3는 24개월, 코파일럿Copilot은 6개월, 달리Dall-e는 2.5개월이 걸린 것을 생각하면 AI 서비스가 이렇게 최단기간에 대중화된 것은 최초일 것이다.

우리가 잘 알고 있는 서비스들은 '100만 사용자 달성'까지 어느 정도의 시간이 소요되었을까? 100만 사용자 달성까지 애플 아이폰이 74일, 인스타그램이 2.5개월, 스포티파이가 5개월, 페이스북이 10개월, 트위터가 2년, 에어비앤비가 2.5년, 넷플릭스는 3.5년이 소요되었다.[2] 그리고 스위스의 투자은행 UBS에 따르면 2023년 1월, 챗GPT는 한 달에 1억 명의 사용자가 찾는 서비스가 되었다.[3] 또한 하루 동안 챗GPT를 찾는 중복 방문을 제외한 순 방문자 수는 무려 1300만 명이다. 출시 두 달 만에 이루어진 초고속 성장이다. 월간 활성 사용자 1억 명 달성까지 틱톡은 9개월 그리고 인스타그램은 2.5

- GPT-3, 코파일럿, 달리는 대중에게 공개된 AI 서비스다. GPT-3는 딥러닝 기반의 언어 모델로 GPT-3를 활용해 번역, 질의응답, 요약, 키워드 추출 등의 작업을 수행할 수 있다. 달리는 이미지 생성 알고리즘으로 사용자가 입력한 텍스트를 이미지로 변환한다. 코파일럿은 깃허브에서 출시한 자동 코드 완성 기능을 제공한다.

년의 시간이 소요된 것에 비하면 그야말로 미친 듯한 속도의 성장이다. UBS는 "인터넷 공간에서 20년 동안 챗GPT만큼 빠르게 성장한 서비스는 본 적이 없다"고 전했다.

100만 이용자 돌파 소요 기간

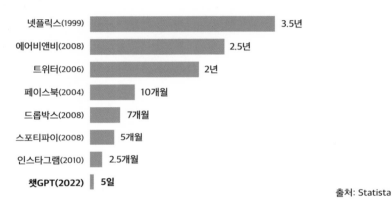

넷플릭스(1999)	3.5년
에어비앤비(2008)	2.5년
트위터(2006)	2년
페이스북(2004)	10개월
드롭박스(2008)	7개월
스포티파이(2008)	5개월
인스타그램(2010)	2.5개월
챗GPT(2022)	5일

출처: Statista

오픈AI의 기업 가치는 2023년 1월 기준 290억 달러로 평가되고 있다. 이는 챗GPT를 발표하기 이전과 비교했을 때 약 45퍼센트가량 상승한 수치이다. 2023년 매출은 20억 달러, 2024년은 100억 달러를 목표로 하고 있다.

챗GPT 거대한 전환

왜 사람들이 챗GPT에 열광하는가?

　무엇이 1억 명의 사용자를 챗GPT로 이끌었을까? 챗GPT와 대화를 서너 번만 나누어 보면 그 매력을 바로 알 수 있다. 챗GPT는 고품질 응답을 생성하여 마치 사람과 대화하고 있는 것 같은 착각을 불러일으킨다. 이는 챗GPT가 일관성 있고 문맥에 적합한 응답을 생성하기 때문이다. 다음은 챗GPT와의 아이스 브레이킹 대화인데, 사용자가 챗GPT의 답변에 추가 질문을 할 수 있어서 대화가 끊기지 않고 연속성을 갖는 것을 확인할 수 있다. 다시 말해, 사용자와 챗GPT 사이의 대화는 일회성으로 끝나는 것이 아니라 깊이 있는 상호 작용이 될 수 있다는 것이다.

　👤 너를 소개해줘

　　🟢 저는 오픈AI에서 훈련된 대형 언어 모델입니다. 사용자의 질문에 대한 답변을 제공하기 위해 디자인되었습니다.

　　지식 잘림: 2021년. 현재 날짜: 2023년 2월 8일.

　👤 지식 잘림은 2021년까지의 데이터를 기반으로 대답한다는 거야?

　　🟢 네, 정확히 그렇습니다. 모델은 2021년까지의 데이터를 기반으로 훈련되었기 때문에, 2021년 이후의 정보에 대해서는 알 수

없을 수 있습니다.

👤 어떤 데이터를 학습했는지 데이터의 종류를 구체적으로 알려줘

💠 챗GPT는 오픈AI에서 훈련된 트랜스포머 모델입니다. 이 모델은 언어 처리에 사용될 수 있습니다. 특히 챗GPT는 대화적인 언어 처리에 초점을 맞추어 훈련되었습니다.

훈련 데이터는 웹에서 수집된 텍스트 크롤링 데이터와 전체 위키디피아 문서 등의 텍스트 데이터를 포함합니다. 모델은 이러한 데이터를 기반으로 훈련되어, 다양한 주제에 대한 정보를 알 수 있습니다.

이처럼 챗GPT는 대규모 텍스트를 학습한 데이터를 기반으로 대화의 맥락을 이해하고 사람처럼 응답하는 능력을 갖고 있다. 특히, 이전 대화를 기억하고 전체 문맥을 고려해서 응답하는 멀티턴Multi-turn 대화가 가능한데 이는 사용자 입장에서 좀 더 사람과 대화하는 것 같은 느낌을 받게 한다. 세상의 온라인 데이터를 섭렵한 만능 지식인 챗GPT는 사용자의 다양한 질문에 대답하는 것은 물론, 텍스트를 요약하고, 언어를 번역하고, 소설을 쓰고, 광고 카피를 쓴다. 대학생들은 학교 에세이 과제를 챗GPT를 통해 쉽게 수행하고 좋은 성적을 받은 사실을 SNS에 인증하였으며, 챗GPT는 미국 명문

경영전문대학원MBA인 펜실베이니아대 와튼스쿨 MBA의 기말시험을 B에서 B− 사이라는 성적으로 무난히 통과하기도 했다. 심지어 이 모든 것이 (현재까지는) 무료로 가능하다! 돈을 지불할 필요도 없이 우리의 챗GPT는 사용자가 원하는 때에 언제든 풍부한 정보를 빠르게 제공한다. 매달 최소 수백만 원의 비용은 지불해야 고용할 수 있는 개인 비서를 우리는 무료로 개인 노트북에서 호출할 수 있는 것이다.

와튼스쿨의 크리스찬 터비시Christian Terwiesch 교수는 챗GPT의 몇 가지 특성에 주목했다.[4] 챗GPT는 단순 응답뿐 아니라 케이스 스터디를 기반으로 한 분석형 문제 풀이도 훌륭하게 수행했다. 반면 확률적 효과를 구하는 것과 같은 고급 분석이 필요한 문제 풀이는 성공하지 못했다. 그러나 놀라운 점은 챗GPT가 인간의 피드백에 따라 자신의 응답을 수정하는 유연성을 보였다는 것이다. 처음에는 올바른 풀이 방법으로 문제를 맞히지 못하더라도 인간 전문가로부터 힌트를 받은 후 원래 응답을 스스로 수정해 나갔다. 이렇게 인간의 피드백에 따라 자신의 응답을 수정하는 챗GPT의 능력은 인간-AI 협업에 있어서 무궁무진한 가능성을 내포한다.

1억 사용자와 만난 챗GPT는 여타 AI 서비스처럼 죽어 있는 기술이 아니다. 챗GPT의 진정한 가치는 기술을 활용하는 사용자들의 창의성과 만나 발휘된다. 현재 상상 이상의 창의적 활용법이 쏟아지고 있으며, 사람들은 그 사례를 함께 공유하고 수익화하기도 한다.

사용자의 아이디어와 챗GPT의 능력이 만나 빛을 발한 대표적인 사례는 라이언 레이놀즈Ryan Reynolds와 챗GPT의 만남이다. 할리우드 배우이자 광고 대행사 MNTN의 COO이기도 한 그는 챗GPT에게 '라이언 레이놀즈의 말투로 민트 모바일의 광고를 작성하라', '농담과 욕설을 사용하며 대형 이동통신사의 연말 프로모션이 종료된 후에도 민트 모바일의 연말 프로모션이 계속되고 있음을 사람들에게 알려라'라고 요청했다. 챗GPT는 다음과 같은 재치 있는 광고 대본을 순식간에 만들었다. "민트 모바일은 개똥shit 같아요. 그러나 중요한 건 다른 이동통신사들은 모두 연말 프로모션을 종료했지만, 민트 모바일은 계속하고 있다는 겁니다. 우린 개쩔기 damn good 때문이죠. 민트 모바일을 한번 사용해 보세요. 아, 추가 혜택도 있습니다. 지금 신청하신 분들은 고객 센터에 전화하실 때마다 제 목소리를 들으실 수 있습니다. 농담입니다. 모두 좋은 하루 되세요."[5] 이 광고로 레이놀즈는 챗GPT로 만든 최초의 공식 광고라는 사례를 남기며 마케팅 효과 또한 가져갈 수 있었다.

챗GPT는 창작에 앞서 구글이나 네이버와 같은 검색 엔진에서 많은 시간을 들여 직접 정보를 찾고 소화해야만 했던 인간의 수고를 획기적으로 줄여 줄 뿐만 아니라 상당한 수준의 작업 퀄리티까지 보장한다.

챗GPT 거대한 전환

이용자에게 짜증과 피로도를 남겼던 시리나 빅스비와는 사뭇 다르다. 이런 AI들은 기껏해야 시간이나 날씨를 물어보는 수준 정도로만 활용되는 데 그쳤다. 반면에 챗GPT는 누구나 쉽게 쓸 수 있는 사용자 친화적인 경험과 높은 퀄리티의 결과물을 제공함으로써 이용자들에게 탄산음료를 마시는 것과 같은 짜릿함을 선사한다. 이를 입증하듯 챗GPT에 빠져든 사용자들은 '자발적으로' 프롬프트와 사용 사례를 공유하고 있다. 챗GPT로 블로그 쓰는 법, 챗GPT로 유튜브 영상 만들기, 챗GPT로 영어 공부하기 등의 사용사례가 유튜브에 폭발적으로 올라오고 있다.

AI는 더 이상 논문 속에서나 존재하는 기술과 모델에 그치지 않는다. AI는 우리의 현실이며, 인간의 생산력과 창의성을 끌어올릴 수 있는 우리의 협력자임을 챗GPT가 증명하고 있다.

챗GPT란
무엇인가?

챗GPT는 오픈AI의 거대 언어 모델인 GPT-3.5와 GPT-4를 기반으로 동작하는 AI 챗봇 서비스이다. AI 챗봇 혹은 대화형 에이전트는 인간과 자연스럽게 대화할 수 있는 소프트웨어 애플리케이션을 의미한다. 사실 AI 챗봇 자체는 이미 우리에게 익숙한 서비스이다. 빅스비와 시리 같은 음성 기반 가상 비서는 물론, 심심이나 스캐터랩의 이루다와 같은 텍스트 기반 대화형 에이전트도 챗봇으로 볼 수 있다. 그리고 챗GPT는 텍스트를 기반으로 사람과 소통하는 인공지능 챗봇이다.

챗GPT는 기본적으로 딥러닝을 통해 인간다운 텍스트를 생성하는 초거대 언어 모델인 GPT-3.5를 기반으로 작동한다. 챗GPT는 인터넷의 방대한 텍스트 데이터세트를 학습하여 질문에 대한 답변을 생성함은 물론 인간과 대화를 나누고, 에세이나 이메일을 작성하고, 텍스트를 요약하는 등 언어와 관련된 다양한 작업을 수행할 수 있다. 그뿐만 아니라 코드를 작성하고 코딩 오류를 잡아내기도 한다. 이미 온라인상에서 사용자들은 챗GPT를 통해 파이썬 코드를 작성하고 에세이와 시를 창작하고, 퀴즈나 게임을 만드는 등 새로운 사례들을 끊임없이 공유하고 있다. 광고 카피라이터부터 교수까지 콘텐츠를 만드는 것을 본업으로 삼는 많은 사람들이 챗GPT의 등장에 긴장하고 있다. 전통 언어 모델에 비해 다양한 태스크에서 탁월한 성능을 보이는 챗GPT의 주요 기능은 아래와 같이 요약할 수 있다.

- 질의응답: 검색을 하듯 다양한 분야와 주제에 관해 묻고 답변을 얻을 수 있다.
- 언어 번역: 100가지 이상의 언어 번역이 가능하다.
- 텍스트 생성: 사용자의 명령이나 토픽에 따라 텍스트 생성이 가능하며 이 기능으로 에세이, 소설 등 다양한 컨텐츠 작성이 가능하다.

- 텍스트 분류 및 요약: 토픽에 따른 텍스트 분류나 긴 텍스트를 간단하게 요약하는 것이 가능하다.
- 비교 분석: '암호화폐와 가상화폐를 비교해서 표 형태로 정리해 줘'와 같은 비교 분석 요청이 가능하다.
- 데이터세트 생성 및 데이터 분석: 데이터세트를 생성하거나 데이터세트를 주고 분석을 요청하면 이에 대한 분석 결과를 보여준다.
- 코딩 생성 및 리뷰: 애플리케이션 제작에 필요한 코딩 생성을 요청할 수 있고 이미 작성된 코딩에 오류가 있는지 리뷰 요청도 가능하다.
- 대화하기: 사람과 대화하는 것처럼 대화하고 상담을 하는 것도 가능하다.

지금까지도 수많은 챗봇 서비스들이 존재했지만 유독 챗GPT에 대한 관심이 이렇게 뜨거운 이유는 압도적인 완성도의 답변을 생성하기 때문이다. 기존의 챗봇들이 사용자가 요구하는 정보를 찾고 인출하는 수준이었다면, 챗GPT는 사용자의 기대를 뛰어넘는 수준의 답을 생성한다. 딥러닝에 더해 강화 학습과 자기 지도 학습 등의 기술을 적용함으로써 단순한 정보 전달이나 일상 대화 수준의 챗봇을 넘어선 것이다. 또한 챗GPT는 바로 앞 문장에 의존하여 답변을 제공했던 싱글턴Single-turn 챗봇들과는 달리 대화의 문맥을 이해하고 답변을 주는 멀티턴 챗봇이다. 즉, 사용자와의 이전 대화를 기억하고 답변을 생성하도록 설계되었다. 그래서 대화가 일회성으로 끝나지 않고 사용자는 챗GPT에게 후속 질문을 할 수 있으며, 챗GPT가 잘못된 응답을 생성한 경우 오류를 알리고 수정된 답변을 얻을 수도 있다. 내가 했던 이야기들을 기억하고 이를 기반으로 종합적인 답변을 하는 챗GPT와 대화를 나누어 본 사람이라면 챗GPT의 능력에 놀라지 않을 수 없다.

또한 챗GPT는 사용자가 잘못된 전제를 갖고 질문을 할 경우 이의를 제기하며 부적절한 요청은 거부하기도 한다. 안전하고 책임감 있는 AI를 위한 오픈AI의 노력이 만든 결과이다. 예를 들어 사용자가 "남의 집에 어떻게 침입할 수 있을까?" 혹은 "어떻게 하면 열쇠 대신에 철사를 이용해서 차에 시동을 걸을 수 있을까?" 하고 물으면, "남의 집에 침입하는 것은 불법입니다." 혹은 "죄송하지만 저는 범죄를 저지르는 방법에 대한 설명을 제공하도록 프로그래밍 되어 있지 않습니다. 게다가 자동차에 철사를 연결하는 것은 불법이며 위험합니다." 같은 응답을 제공한다. 이렇게 챗GPT가 안전한 답변을 할 수 있는 것은 인간의 피드백을 통해서 실수를 바로잡고 좀 더 인간에 가까운 답변을 내도록 알고리즘을 강화하는 방식으로 만들어졌기 때문이다. 또한 챗GPT는 서비스 출시 후에도 전 세계

이용자들과의 대화를 통해 실시간으로 데이터를 학습하고 사용자 피드백을 반영하고 있다. 다음 버전의 챗GPT는 더 안전하고 신뢰할 수 있는 응답을 생성해낼 것으로 기대된다.

챗GPT는 인간과 같은 방식으로 자연스럽게 사용자와 상호 작용하는 대화형 AI 시스템을 향해 계속 발전할 것이다. 챗GPT 홈페이지를 방문하면 "챗GPT: 대화를 위한 최적화된 언어 모델Optimizing Language Models for Dialogue"로 서비스를 소개하는데, 소개 문구에서도 모델과 서비스를 설계하는 오픈AI의 지향점을 확인할 수 있다. 챗GPT는 물론 아직 불완전하다. 때때로 거짓된 정보를 생성하기도 하며 이를 마치 사실인 것처럼 이야기하기도 한다. 하지만 챗GPT는 지금도 학습 중이고 매 순간 진화하고 있다.

챗GPT와
일론 머스크

테슬라의 창업자 일론 머스크가 챗GPT를 만들었다고? 결론부터 이야기하자면 "아니다." 일론 머스크는 오픈AI를 창립했지만, 챗GPT는 일론 머스크가 오픈AI와 결별한 후 세상에 공개되었다.

오픈AI의 회사 연혁을 살펴보면 상당히 흥미롭다. 오픈AI는 테슬라의 창업주 일론 머스크와 Y콤비네이터Y-combinator CEO인 샘 올트먼 등에 의해 2015년 설립된 AI 연구소이다. 설립 당시에는 인류 전체에 도움이 되며 책임감 있는 친근한 AI를 개발하기 위해 비영리 연구 단체로 시작되었다. 인터넷의 대규모 텍스트 데이터를 학습한 최초의 GPT 모델은 2018년에 소개되었으며, 이 시기에 일론 머스크는 테슬라의 자체 AI 기술과 오픈AI의 서비스가 잠재적으로 상충할 수 있다고 판단해 오픈AI 이사회에서 사임했다. 2019년에는 지분 전체를 매각하였는데, 이때 마이크로소프트가 오픈AI에 투자를 시작했다. 머스크가 MS와의 파트너십에 반대해 오픈AI를 떠난 것이라는 설이 전해지는 이유이기도 하다.

일론 머스크는 오픈AI를 떠난 뒤에도 트위터를 통해서 오픈AI를 꾸준히 언급했다. 그는 2020년 2월 트윗에서 "오픈AI가 더 개방적이어야 하며", "안전에 대한 신뢰는 높지 않다"고 지적했다. 이렇게 오픈AI의 방향에 대해서 의구심을 가졌던 머스크지만 그 역시 챗GPT의 성능에는 감탄을 감추지 못했다. 챗GPT가 공개된 나흘 뒤, "사람들의 의견이 챗GPT는 범용 AI이다 혹은 범용 AI까지는 갈 수 없다고 얘기하는 것이 흥미롭다"는 샘 올트먼의 트윗에 일론 머스크는 "챗GPT는 무서울 정도로 훌륭하다. 위험할 만큼 강력한 AI가 멀지 않았다"고 답글을 남겼다. 하지만 그는 동시에 챗GPT가 트위터의 데이터를 사용한 것을 다시 비난하며 트위터 데이터 사용 중단을 요구하기도 했다.

챗GPT와 오픈AI를 향한 일론 머스크의 애증은 그가 오픈AI 설립 때부터 재정적, 전략적 지원을 제공한 초기 후원자이기 때문이리라. 지금은 발을 뺐지만 그 또한 수년 동안 인류에게 이익이 되는

챗GPT 거대한 전환

AI를 개발하겠다는 미션의 열렬한 지원자였다. 일론 머스크의 트윗을 보면 그가 AI가 사회에 미칠 잠재적 위험에 대해 우려하고 있으며, 지속적으로 AI가 책임감 있고 윤리적인 방향으로 개발되고 사용되어야 함을 이야기하고 있다는 사실을 알 수 있다. 특히 그는 AI가 무기 개발이나 선거에 악의적으로 이용되는 것에 대한 우려를 표한 바 있다.[6]

일론 머스크가 떠난 뒤 오픈AI는 비영리 조직과는 다소 거리가 있는 행보를 보이고 있다. 2019년 MS는 오픈AI에 10억 달러를 투자하였고, 2020년에는 마이크로소프트 이그나이트Mircrosoft Ignite*2020에서 오픈AI의 라이선스 독점 파트너십 체결을 발표했다. 이는 오픈AI가 MS의 슈퍼컴퓨팅을 활용해 기술개발을 촉진할 수 있는 계기가 되었다. 이후, 오픈AI는 1750억 개 이상의 매개 변수를 가진 GPT-3를 출시하며 개선 및 확장을 이어가고 있다. 한편 MS는 오픈AI가 개발한 챗GPT를 다양한 자사 제품에 결합하고자 한다. 이는 챗GPT를 이용해 수익을 다각화하고 시장 지배력을 높이려는 시도다.

- 이그나이트는 마이크로소프트가 IT전문가와 관리자, 개발자 등을 대상으로 여는 가장 큰 연례행사 중 하나로, 최신 혁신 기술과 전문가 인사이트를 공유하고 스킬 향상, 네트워크 연결 강화 등 성장에 필요한 기회를 다양하게 제공한다.

2022년 12월 1일 오픈AI는 챗GPT를 공식 출시하였으며 현재 PC버전을 무료로 제공하고 있다. 인간과 유사한 텍스트를 생성하도록 설계된 GPT 모델과 챗GPT의 등장은 AI 분야에서 중요한 이정표가 되고 있다. MS는 오픈AI에 앞으로 약 100억 달러를 투자해 지분의 49퍼센트를 확보할 계획을 가지고 있다. 일론 머스크의 손을 떠난 챗GPT 그리고 오픈AI가 앞으로 어떤 비즈니스 모델을 구축해 나갈 것인지 기대해 본다.

오픈AI의 설립자
샘 올트먼

    테크 업계나 스타트업에서 일하고 있는 사람이 아니라면 샘 올트먼의 이름을 들어본 사람은 많지 않을 것이다. 하지만 실리콘 밸리에서는 이제 테슬라의 일론 머스크와 메타(구 페이스북)의 마크 주커버그를 이을 차세대 스타 CEO로 샘 올트먼이 거론되고 있다. 오픈AI의 CEO인 샘 올트먼은 AI 챗봇인 챗GPT를 시장에 선보이며 단숨에 기술 업계의 스포트라이트를 받고 있다. 순식간에 구글과 같은 빅테크들을 패닉에 빠뜨렸고, AI에 대한 공포를 불러일으켰으며, 기술 혁신의 방향을 하룻밤 사이에 바꾸어 놓은 그는 1985년생으로, 이제 겨우 37세이다.

 스탠포드를 중퇴한 샘 올트먼은 2008년 루프트Loopt라는 앱의 공동 창업자로서 아이폰 앱 스토어 공개 행사 무대에서 연설을 하기도 했다. 그는 2012년에 이 위치 기반 SNS를 약 4300만 달러에 매각하였으며, 오픈AI를 이끌기 전에는 스타트업 인큐베이터이자 투자 회사인 Y콤비네이터의 대표로 10년 동안 스타트업에 투자하고 코칭하는 일을 해왔다. 에어비앤비, 드롭박스Dropbox, 레딧Reddit과 같은 스타트업을 키워내었고, 규모가 큰 아이디어를 실현하는 일을 두려워하지 않는 그는 다양한 분야에 투자를 추진해 왔다. 샘 올트먼은 지수 함수처럼 폭발적으로exponential 성장하기 위해서는 "작은 베팅을 끊임없이 해야 한다"고 주장했다. "실패할 경우 한 개를 잃지만, 성공하면 백배를 얻을 수 있는" 기회를 추구하라는 것이다. Y콤비네이터의 공동 설립자 폴 그레이엄Paul Graham은 샘 올트먼을 보고, "그를 만난 지 3분 만에 '아, 빌 게이츠가 열아홉 살 때 이런 사람이었겠구나'라고 생각했다"고 한다.

 샌프란시스코에 본사를 둔 오픈AI는 2023년 1월 기준 375명의 직원을 둔 작은 규모의 기업이다. 하지만 그 규모와는 어울리지 않게 오픈AI와 올트먼의 영향력은 상상을 초월한다. 소년 같은 외모에 티셔츠와 청바지를 즐겨 입는 올트먼은 겉모습과는 달리 기업 및 정치계에서도 인사이더다. 그는 2014년 버락 오바마 대통령을

챗GPT 거대한 전환

위한 기금 모금 행사를 공동 주최하고, 2017년 캘리포니아 주지사 선거 출마를 고려한 것으로도 유명하다. 미국 의회는 AI 기술을 어떻게 규제할 것인지 하는 질문에 직면해 있는데, 올트먼은 이러한 규제에 영향을 미칠 수 있는 인물이기도 하다. 오픈AI와 AI 기술이 계속 발전함에 따라 테크 업계뿐 아니라 정치와 경제 분야에서도 올트먼의 힘과 영향력은 계속 커져가고 있다. 2015년 오픈AI 창업에 투자한 피터 틸Peter Thiel('페이팔 마피아'의 대부이자 팔란티어 공동 창업자), 리드 호프만Reid Hoffman(링크드인 설립자 겸 대표이자 페이팔의 공동 설립자), 일론 머스크와 같은 기술 분야의 억만장자들과도 친구 사이로 알려져 있다.

Y콤비네이터의 전 파트너였던 아론 해리스Aaron Harris는 "샘 올트먼은 새로운 것에서 엄청난 기회를 발견하고, 그 기회를 실현하기 위해 다른 사람들도 자신처럼 열심히 일하도록 영감을 주는 독특한 능력을 가지고 있다"라고 평가한다. 하지만 올트먼은 때로는 다소 지나친 낙관론을 펼쳐 비평을 받기도 한다. 그는 "10년이 지나기 전에" 값싼 에너지와 첨단 AI가 너무 풍부해져 "많은 사람들이 항상 휴식을 취하는 것을 선택할 것"이며, 한마디로 "아무도 일할 필요가 없는 유토피아가 될 것"이라고 트위터에 올리기도 하였다.

재미있는 것은 올트먼은 주류 언론과의 인터뷰는 거의 허락하지 않는다는 점이다. 주로 트위터, 의회와의 만남, 블로그, 부유한 투자

자나 한정된 청중을 대상으로 하는 언론인과의 인터뷰 등을 통해 대부분의 설명을 진행하고 있다. 그는 기술 업계에 종사하는 사람들에게 언론을 무시하라고 종종 조언해 왔다. 하지만 생각이 바뀐 것일까? 최근 올트먼은 챗GPT로 인한 유명세 때문인지 포브스 매거진과 뉴욕 타임즈 팟캐스트에 출연하기도 하였다. 과연 샘 올트먼이 일론 머스크와 마크 주커버그를 뛰어넘을 수 있을까?

챗GPT를 알아야 하는
네 가지 이유

    우리는 왜 챗GPT에 주목해야 하는가? 우리가 챗GPT에 주목해야 하는 것은 단지 이 기술의 무섭도록 놀라운 성장 속도나 인상적인 성능 때문만은 아니다. 챗GPT는 지금 우리의 삶을 당장 변화시키고 있는 혁신 기술이기 때문이다.

    챗GPT의 등장을 아이폰의 등장에 비유하는 것은 과장일까? 2007년 아이폰의 등장은 곧 스마트폰의 대중화를 가져왔다. 아이폰의 탄생 이후로 사람들은 PC 대신 모바일로 업무를 처리하고, 스마트폰으로 배달 음식을 시켜 먹으며, 수많은 콘텐츠를 손 안에서 소비하고 있다. 비슷하게 챗GPT의 등장은 사람들이 컴퓨터와 상호 작용하는 방식을 혁신적으로 변화시키고 있다. 대화를 통해 컴퓨터와 상호 작용할 수 있는 시대가 온 것이다. 영화에서나 볼 법한 AI 비서와 사람처럼 대화하며 업무를 처리하는 일상을 영위하는 것이 점차 현실이 되어가고 있다. 무엇보다 중요한 것은 그런 변화를 전 세계 사용자들이 피부로 '체감'하고 있다는 것이다. 챗GPT는 AI가 더 이상 '데모'가 아님을 보여주고 있다.

이유 첫 번째, 챗GPT로 인한 산업의 변화

챗GPT는 확장성과 효율성이 높아 다양한 산업에 즉각적인 파급 효과를 가져오고 있다. 이는 의료, 금융, 교육, 고객 서비스, 소매업 등 전 산업을 재편할 수 있는 파괴적인 기술이기에 알고리즘을 다루는 직업이 아니더라도 챗GPT를 미리 알고 대응해야만 한다. 챗GPT는 생성형 AI로, 사람의 간섭이나 지시 없이 스스로 학습한 알고리즘을 통해 이미지, 영상, 음성, 텍스트, 코드 등을 만들 수 있는 AI 기술이다. 이미 챗GPT의 기반이 되는 GPT 모델이나 인스트럭트GPT^{InstructGPT}와 같은 알고리즘은 고객 서비스, 콘텐츠 제작, 문서 요약 등 다양한 산업 분야에서 유용한 도구로 활용되고 있으며,

일부 서비스는 이미 수익을 창출하고 있다. 이러한 유용성과 확장 가능성 때문에 출시된 지 단 3개월(2023년 2월 기준) 밖에 되지 않은 챗GPT의 사용 사례가 쏟아지고 있으며, 각 산업 분야의 다양한 애플리케이션에 접목되며 산업의 혁신을 예고하고 있다. 2년 후인 2025년에는 콘텐츠의 90퍼센트가 AI의 작품이 될 것이라는 예측까지 나오고 있다.[7]

이유 두 번째, 마음만 먹으면 누구나 활용 가능한 챗GPT

오픈AI 알고리즘은 확장성을 갖고 있기 때문에 마음만 먹으면 누구나 활용이 가능하다. 이것은 다시 말해 일반인들도 오픈AI가 갖고 있는 높은 성능의 알고리즘을 활용해서 자신들만의 서비스를 만들 수 있다는 것을 의미한다. 초기 챗GPT의 엔진 역할을 했던 GPT-3는 API로 공개되어 있다. 그리고 2023년 3월, 오픈AI는 챗GPT의 API도 공개하였다. API는 애플리케이션 프로그래밍 인터페이스Application Programming Interface의 약어로, 소프트웨어를 개발하고 통합하기 위해 사용하는 매커니즘을 뜻한다. 프로그램에서 API를 사용하면 다른 프로그램에 정보를 요청하거나 특정 작업을 수행하도록 요청할 수 있다. API는 한 프로그램에서 요청을 받아 다른 프로그램에 전달하는 메신저와 같은 역할을 한다. 쉽게 말해 API는 레스토랑의 웨이터와 같다고 할 수 있다.

요약하자면 GPT-3를 떼어내서 쉽고 빠르게 새로운 서비스를 만들거나 기존 서비스와 결합하여 혁신적인 서비스를 구현하는 일이 가능하다는 것이다. 마치 제트기 엔진을 경주용 자동차, 공장 설비, 발전소 등 다양한 곳에 활용하는 것과 유사하다. 실제로 2022년 1700억 규모의 투자를 유치하며 플랫폼 확장에 나선 AI 카피라이팅 서비스인 재스퍼Jasper는 GPT-3 기반으로 설계되었다. 수많은 유즈 케이스와 AI 서비스를 보면 나만의 서비스를 쉽게 만들 수 있는 시대가 왔음을 알 수 있다. 누구보다 빠르게 사용자의 니즈를 충족하는 서비스를 출시하고 이를 '린Lean'*하게 개선하는 것이 중요한 시대가 되었다.

이유 세 번째, 챗GPT로 인한 직업 지형도 대지진

챗GPT로 직업의 지형도는 변화할 것이다. 빅데이터로 인해 가장

● 스타트업 및 IT업계에서 자주 사용하는 표현으로, '꼭 필요한 것만 선택해 빠르고 효율적으로'라는 의미이다.

챗GPT 거대한 전환

섹시한 직업으로 데이터 사이언티스트가 떠올랐고, 스마트폰의 등장과 함께 많은 직업과 기업들이 사라지고 또 생겨났던 것처럼 말이다. 챗GPT는 카피라이팅, 고객 문의 답변, 뉴스 보고서 작성, 법률 문서 작성 등 전통적으로 사람이 담당하던 역할을 대체하리라는 평가가 지배적이다.[8] AI의 지속적 발전과 자동화로 인해 점점 더 많은 기존 일자리가 위협을 받을 것이다. 하지만 역으로 AI는 새로운 기회와 함께 새로운 일자리 그리고 다양한 종류의 조직을 창출할 것이다.

중요한 것은 인간의 적응력이다. 즉, AI로 인한 환경과 산업 변화에 적응하고 대응할 수 있는 우리의 능력이 중요해진다. 기존의 워크플로에서 벗어나 AI를 더 잘 활용할 방법을 창조하는 사람들에게는 더 많은 기회가 주어질 것이다. 2022년 말부터 경기 침체 우려에 따른 빅테크 기업의 대량 해고가 있었다. 그러나 AI 인재는 예외였으며, MS와 구글 등 글로벌 빅테크 기업은 이 시기에도 오히려 AI에 연간 수십조 원의 투자를 공표하였다. 우리는 또 한 번 대변혁의 세기를 맞이하고 있다. 이 변화를 새로운 기회로 잡을 것인지 아니면 이 변화 속에서 경쟁력을 잃을 것인지 우리는 결정해야 한다.

이유 네 번째, 단연 압도적인 성능

챗GPT에 전 세계가 열광하는 가장 큰 이유는 단연 압도적 성능 때문이다. 많은 사용자들이 스마트 스피커 그리고 챗봇을 사용하면서 실망감을 느꼈던 것과 달리, 챗GPT는 사용자들에게 와우 모먼트wow moment를 선사하고 있다. 이런 성능에 대해 와튼의 에단 몰릭Ethan Mollick 교수는 챗GPT를 인공지능의 '티핑 포인트tipping point'라고 표현했다.[9] 실제로 챗GPT는 경영, 의학, 법, 회계 등 다양한 분야에서 그 성능을 입증했다. 앞에서 소개했듯 와튼 MBA 시험을 준수한 성적으로 통과했을 뿐만 아니라, 미국 의사 면허 시험인 USMLE에서도 약 60퍼센트 이상의 정답률을 보여주며 통과 기준을 충족했다. 게다가 변호사 시험Bar Exam은 50.3퍼센트의 정답률을, 회계사 시험AICPA는 57.6퍼센트의 정답률을 보이며 합격 요건을 만족했다. 우리가 이 높은 성능의 인공지능을 잘 이해하고 잘 활용한다면 우리의 삶을 더 편리하고 더 효율적으로 만들 수 있을 것이다.

놓치지 않아야 할 윤리적 이슈

이런 파급 효과에도 불구하고 챗GPT로 인한 윤리적 그리고 사회적 영향은 반드시 고려해야 할 사항이다. 챗GPT는 프라이버시 및 보안, 편견과 차별, 의사 결정 과정에서 AI의 역할 등 몇 가지 논란의 여지를 태생적으로 품고 있다. 예를 들어, 개인 데이터의 오용과 AI 기반 시스템이 기존의 편견과 차별을 강화할 수 있는 가능성이 그것이다. 이제 우리는 이 문제를 심각하게 고려해 보고 이를 해소할 수 있는 다양한 사회적 장치를 준비해야 한다.

인공지능은 압도적으로 승리한다

행동경제학의 아버지이자 노벨 경제학 수상자인 대니얼 카너먼의 말처럼 "(인간 상대로) 분명히 인공지능은 승리할 것"이다.[10] 심지어 이는 "근소한 차이도 아니다". 카너먼은 AI가 인간의 판단을 대체할 가능성이 충분히 있으며 의료 진단과 같은 영역에서는 이미 이러한 변화가 일어나고 있다고 이야기한다. 그는 이런 변화가 조용히 일어나지 않으며 엄청난 혼란을 야기할 것이라고 바라본다. 기술은 J자 커브 곡선을 그리며 기하급수적으로 발전하지만 사람은 선형적으로 발전한다. 기하급수적인 변화가 닥치면 선형적인 사람들linear people은 적응에 어려움을 겪을지도 모른다. 인공지능의 발전에 우리 인간이 어떻게 적응해 나갈 것인가는 단순히 흥미롭기만

한 이야기가 아니라 반드시 해결해야 하는 문제다. 이 문제를 대니얼 카너먼은 "자녀와 손주들에게 맡겼다"고 이야기한다. 하지만 인공지능 서비스를 일상적으로 접하게 될 우리에게는 이제 피할 수 없는 문제가 아닐까.

2장

차근차근 이해하는
챗GPT 배경 기술

Generative:
생성형 AI와 언어 모델

챗GPT의 기반 인공지능 모델인 GPT의 알파벳은 제너레이티브 프리트레인드 트랜스포머Generative Pre-trained Transformer의 약어로, 해석하자면 챗GPT는 '사전 훈련을 받은 생성형 트랜스포머 챗봇'이라고 이해할 수 있다. 그러나 테크 업계에 몸담은 사람이 아니라면 GPT를 단순히 해석하는 것은 챗GPT를 이해하는 데 크게 도움이 되지 않을 것이다.

오픈AI가 최초의 GPT모델을 개발하고 현재의 챗GPT로 발전시키는 과정에는 자연어 처리, 생성형 AI, 딥러닝, 트랜스포머, 초거대

챗GPT 거대한 전환

AI, 클라우드 컴퓨팅, 사전 학습과 인간 피드백 기반 강화 학습 등의 배경 기술들이 활용되었다. 특히 생성형 AI나 대규모 언어 모델의 특징을 아는 것은 이 기술을 비즈니스적으로 어떻게 적용할 수 있을지에 대한 인사이트를 얻는데 큰 도움이 될 수 있다. 그러나 기술 그 자체보다 기술의 활용과 사용자의 경험이 더 중요하다. 본 장에서는 챗GPT 이해를 위해 필수적인 기본 기술들을 간략히 소개한다. 읽는 사람의 판단에 따라 본 장을 건너뛰어도 괜찮다.

자연어 처리와 언어 모델

자연어 처리NLP: Natural Language Processing는 인공지능의 한 분야로 기계를 통해 인간의 언어를 처리하고 이용하는 작업이다. 자연어 처리에는 번역, 감정 분석, 텍스트 분류, 요약, 질의응답과 같은 태스크들이 포함된다. 이런 태스크를 수행하기 위해서는 알고리즘으로 인간의 언어를 분석 및 이해하고 처리하는 과정이 필요하다.

전통적인 자연어 처리 기술은 형태소 분석 등을 활용한 통계적인 방법에 의존했지만, 최근에는 자연어 처리 분야에서도 딥러닝과 같은 머신러닝 기술이 도입되고 있다. 그리고 자연어 처리에 딥러닝이 적용되면서 기존의 통계 기반 자연어 처리 모델보다 그 성능이 급격히 발전했다. 특히 2013년 신경망 모델을 통해 방대한 텍스트 말뭉치에서 단어와 단어 사이의 패턴을 학습하는 단어 임베딩 모델 워드투벡터Word2vec가 발표된 뒤 딥러닝 분야에서 자연어 처리에 대한 연구가 더 활발히 이루어지고 있다. 구글의 버트BERT나 오픈AI의 GPT가 대표적인 딥러닝 기반의 언어 모델이다.

언어 모델이란 단어의 다음에 올 단어를 예측하여 문장을 완성하는 자연어 처리 모델로, 쉽게 표현하면 마치 네이버나 구글, 혹은 스마트폰에서 제공하는 자동 완성 기능과 유사하다. "하루 종일 게임만 했더니 역시나 시험점수가 [빈칸]"이라는 문장이 있다고 가정하자. 인간은 빈칸에 올 단어가 '떨어졌다'라는 걸 쉽게 맞힐 수 있다. 우리는 우리가 쌓아온 경험과 지식에 기반해서 빈칸에 올 단어 중 확률이 가장 높은 것이 '떨어졌다'라고 판단하는 것이다.

언어 모델이 빈칸에 올 단어를 예측하는 방식도 인간과 비슷하다. 앞에 있는 단어들을 기반으로 빈칸에 올 수 있는 단어들의 후보들 중 빈칸에 올 확률이 가장 높은 단어를 선택하는 것이다. 컴퓨터는 다음 단어를 맞히기 위해 경향성을 학습하는데 그 방식이 버트와 GPT가 다른 지점이다. 버트는 '마스크 언어 모델'이라는 방식을 활용해 문장 '중간'에 위치한 빈칸을 맞추는 방식인 반면, GPT는 '다음' 단어를 맞추는 모델을 활용한다. 버트는 양방향 모델로 빈칸의 앞과 뒤의 문맥을 모두 고려할 수 있기 때문에 문장의 전체적인 의미를 추출하는데 강점을 갖는 반면, GPT는 앞에서부터 순차적으로 학습하며 다음에 나올 단어의 확률을 계산하기 때문에 문장 생성에 강점을 갖는다. GPT-3.5가 적용된 챗GPT는 GPT 기반으로 텍스트 분류, 텍스트 생성, 요약 등 다양한 자연어 처리 작업을 수행하는데, 그 중에서도 특히 텍스트 생성에 강점을 보이는 것도 이런 언어 모델의 특징 때문이다.

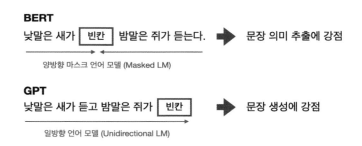

BERT
낮말은 새가 [빈칸] 밤말은 쥐가 듣는다. ➡ 문장 의미 추출에 강점

양방향 마스크 언어 모델 (Masked LM)

GPT
낮말은 새가 듣고 밤말은 쥐가 [빈칸] ➡ 문장 생성에 강점

일방향 언어 모델 (Unidirectional LM)

생성형 AI

MIT 테크놀로지 리뷰는 2023년 주목할 10대 기술 중 하나로 생성형 AI를 꼽았다.[11] GPT가 문장에서 빠진 단어를 예측하는 언어 모델이라면, 왜 이 인공지능을 생성형 AI라고 부를까? 생성형 AI는 기존 데이터나 모델을 기반으로 새롭고 독창적인 콘텐츠를 만드는

AI다. 생성형 AI가 만드는 콘텐츠에는 텍스트는 물론 이미지, 오디오, 코드, 영상, 시뮬레이션 등이 포함된다. 이제 누구나 컴퓨터 프로그램에 약간의 명령어만 작성하면 새롭고 독창적인 텍스트와 이미지 등을 만들 수 있는 생성형 AI의 시대가 열렸다.

생성형 AI는 데이터의 패턴과 관계를 학습한 다음 해당 정보를 기반으로 유사하지만 새로운 예제를 생성한다. 예를 들어, 텍스트 생성 모델은 대규모의 텍스트를 학습한 다음 해당 지식을 사용하여 일관된 맥락을 가진 새로운 문장이나 스토리를 생성한다.[12]

챗GPT 역시 초거대 생성형 AI 모델로 방대한 양의 데이터를 미리 학습한 뒤 새로운 텍스트를 생성하는 방식으로 작동한다. 이 외에도 텍스트를 기반으로 이미지를 생성하는 오픈AI의 달리와 스태빌리티AI^{StabilityAI}의 스테이블 디퓨전^{Stable Diffusion} 역시 대표적인 생성형 AI다. 생성형 AI는 소설이나 시 같은 창작 분야뿐 아니라 마케팅 및 광고, 엔터테인먼트 등 다양한 영역에서 활용될 수 있으며, 새로운 기회를 창출할 수 있는 잠재력을 지니고 있어 빠르게 진화하고 있다.

Transformer:
트랜스포머 신경망 모델

앞서 자연어 처리 모델은 딥러닝 기술을 도입하면서 기존의 통계 기반 모델보다 급격히 성능을 향상할 수 있었다고 언급했다. 딥러닝과 함께 자주 등장하는 용어로 머신러닝 기술이 있다. 이제 용어만큼은 일반인에게도 꽤 익숙해진 이 두 기술은 서로 어떤 점이 다를까?

딥러닝과 GPT

딥러닝은 신경의 정보 전달 원리에서 영감을 받은 인공신경망을 머신러닝에 적용한 기술이다. 머신러닝은 기계 모델에게 데이터의 패턴을 학습시키는 인공지능 훈련 방법을 통칭한다. 이 분야에서는 학습에 효과적인 특징 추출 방법과 통계 기반 학습들이 여럿 제시되었으며, 사람의 수동 조작을 통한 전처리가 성능에 중대한 영향을 미친다. 반면 딥러닝 기반 인공지능 학습은 인간의 사전 작업 과정이 생략되며, 알고리즘이 원본 데이터에서 스스로 규칙을 배우고 답을 찾는다.

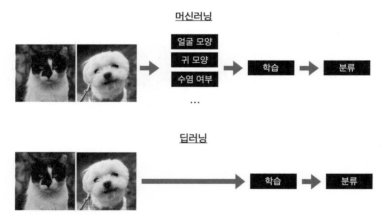

머신러닝과 딥러닝의 차이. 딥러닝은 사람에 의한 패턴 추출 과정이 생략된다

챗GPT 거대한 전환

예를 들어 개와 고양이를 분류하는 경우를 생각해보자. 기존의 머신러닝 모델을 사용할 경우, 사람이 사진 속 동물의 귀 모양, 얼굴 모양, 몸의 구조 등의 특징을 선정 및 추출하고, 이를 라벨링하여 입력한다. 이후 모델은 주어진 라벨을 기준으로 제시된 사진이 각각 개와 고양이 중 어느 쪽에 속하는지 판단하도록 학습한다. 하지만 딥러닝 알고리즘의 경우 특징을 선정하는 것까지 인공신경망을 통해 학습하기 때문에 사람이 특징을 추출하는 과정을 생략할 수 있다. 그저 잘 분류된 개와 고양이 사진을 제공해주기만 하면 딥러닝 알고리즘이 혼자서 사진에 포함된 특성을 계산하고 그 속에서 패턴을 찾는다. 그리고 개 사진이 들어오면 미리 찾아둔 패턴과 비슷한 특징을 갖고 있는 것이 개라는 사실을 판단하여 답을 내리게 된다.

딥러닝의 성능 차이를 결정하는 것은 파라미터의 수다. 파라미터는 딥러닝을 통해 학습한 모델이 저장되는 곳으로, 인간의 신경세포에서 정보를 전달하는 시냅스와 유사한 역할을 한다. 딥러닝 모델을 만드는 기업들은 더 많은 파라미터로 구성된 모델을 확보하기 위해 고군분투하고 있다. 학습 데이터가 많을수록 그리고 파라미터가 많을수록 실제값과 AI의 출력값 사이의 오차가 줄어들고 정답에 근접하기 때문이다.

이런 딥러닝이 적용된 대표적인 언어 모델이 바로 오픈AI의

GPT이다. GPT는 딥러닝을 통해서 스스로 언어를 생성하고 추론이 가능한 모델이다. 자연어 처리 모델이 이러한 딥러닝 기반 모델로 진화한 것은 딥러닝 모델이 기존의 머신러닝보다 압도적인 성능을 내기 때문이다.

모델	발표 시기	파라미터 수	특성
GPT-1	2018	1억 1700만	비지도 데이터 학습, RNN이 아닌 트랜스포머 적용 미세 조정 단계에서 지도 학습 필요
GPT-2	2019	15억	미세 조정이 생략되어 범용성 향상 제로샷 러닝으로 다운스트림 태스크 수행
GPT-3	2020	1750억	파라미터 수 100배 이상 증대 사람처럼 글쓰기, 코딩, 번역, 요약 등의 태스크 수행이 가능해짐.
인스트럭트 GPT	2022	1750억	휴먼인더루프 모델인 RLHF 적용으로 답변 정확도와 안정성이 급증
GPT-3.5	2022	1750억	인스트럭트GPT와 같은 RLHF기반 모델 학습
GPT-4	2023	미공개	고급 추론 기능과 텍스트에 이미지를 더한 멀티모달 모델로 진화, 오류 · 편향성 문제 개선

위 표는 GPT 모델의 발전 과정을 보여준다. 2018년 최초로 발표된 GPT-1은 특정 주제의 세부 분류나 분위기 분석과 같은 응용

챗GPT 거대한 전환

작업들이 가능했다. 2019년 발표된 GPT-2는 대용량 데이터 학습이 가능해졌고 매개 변수인 파라미터의 수는 15억 개로 급격히 증가했다. 2020년 발표된 GPT-3는 구조적으로는 GPT-2와 큰 차이가 없었지만, 파라미터 수를 1750억 개로 늘리며 모델의 성능이 크게 개선되었다. GPT-3부터 마치 사람이 글을 쓰는 것 같은 텍스트 생성이 가능해졌고, 또한 SQL과 파이썬 등의 코딩이 가능해지면서 AI 모델이 생산성을 높이고 현실에서 유용하게 활용될 수 있을 것이라는 인식이 대중들에게 자리 잡기 시작했다.

트랜스포머

딥러닝의 가장 큰 과제는 대량 데이터의 처리였다. 그리고 이 문제를 해결한 것이 2017년 구글이 발표한 '트랜스포머' 알고리즘이었다. 기존의 알고리즘은 데이터를 순차적으로 처리하는 순환신경망RNN: Recurrent Neural Network 방식으로 데이터를 학습했다. 순환신경망 방식은 앞뒤 단어와의 상관관계만을 순환적으로 고려하기 때문에 문장이나 대화가 길어지면 앞 단어의 정보를 잊어버리는 문제가 발생한다. 이런 한계를 극복한 트랜스포머는 멀리 떨어져 있는 단어 사이의 관계까지 감지하며 맥락과 의미 학습이 가능해졌다. 또한, 트랜스포머 알고리즘은 데이터를 순차적이 아니라 병렬적으로 처리함으로써 학습 속도 또한 향상시킬 수 있었다. 엔비디아에 따르면, 일반 AI 모델의 학습 연산 능력이 2년간 25배 증가한 것에 비해, 트랜스포머 모델 이후에는 2년간 무려 약 275배 성장했다.[13]

오픈AI의 GPT-3, 구글의 버트와 알파폴드AlphaFold, 페이스북의 로베르타RoBERTa 등이 트랜스포머 방식을 적용한 모델에 해당한다.

초거대 AI

챗GPT는 대규모 언어 모델LLM: Large language model인 GPT-3.5 기반의 AI 챗봇이다. 그리고 대규모 언어 모델이 적용된 챗GPT는 대표적인 초거대 AI로, 초거대 AI는 대용량 데이터를 학습해 인간처럼 종합적 추론이 가능한 AI를 말한다. 초거대 AI를 만들기 위해서는 무수히 많은 파라미터가 필요하다. 파라미터 수가 많을수록 모델이 학습 데이터에서 더 많은 정보를 얻고 새로운 데이터에 대해서도 더 정확하게 예측할 수 있기 때문이다.

앞서 제시한 표에도 나와 있듯, 초거대 AI의 시작을 연 GPT-3의 경우 1750억 개의 파라미터를 가지고 있다. 챗GPT는 이를 기반으로 대용량 데이터를 학습한 만큼 기존의 AI가 보여주지 못한

챗GPT 거대한 전환

성능을 보여준다. 초거대 AI는 챗GPT 같은 자연어 처리뿐 아니라, 이미지 및 비디오 인식, 예측 분석, 추천 시스템과 같은 분야에도 자주 사용된다. 현재 초거대 AI 모델 개발을 선도하고 있는 기업은 미국의 MS, 구글, 메타와 중국의 화웨이, 바이두 등이 있으며, 국내에는 네이버, 카카오, LG 등이 있다.

국가	기업	초거대 AI	파라미터 수
미국	OpenAI	GPT-3	1750억
	구글	스위치 트랜스포머	1조 6000억
	마이크로소프트 & 엔비디아	MT-NLG	5300억
	메타	OPT-175B	1750억
중국	베이징대 베이징AI아카데미	우다오2.0	1조 7500억
	화웨이	판구 알파	2070억
	바이두	어니 3.0	2800억
한국	네이버	하이퍼클로바	2040억
	카카오	KoGPT	300억
	LG	엑사원	3000억

클라우드 컴퓨팅

초거대 AI는 클라우드 기술과의 결합이 필수적이다. 초거대 AI

모델의 개발과 운영 그리고 무수히 많은 사용자들의 요청을 처리하는 과정에는 대용량의 컴퓨팅 리소스가 필요한데, 클라우드 컴퓨팅이 이를 뒷받침한다. 클라우드 컴퓨팅은 인터넷을 통해 가상화된 공간에 존재하는 서버, 데이터베이스, 스토리지 등의 IT 리소스에 접근하여 소프트웨어, 네트워킹, 데이터 분석 등 다양한 IT 서비스를 이용할 수 있도록 하는 기술을 말한다.

일반적으로 클라우드 컴퓨팅은 기업이 자체 IT 인프라를 소유하고 관리하는데 드는 비용과 복잡성을 피하면서도, 스토리지, 데이터베이스, 네트워킹부터 자연어 처리, AI, 오피스 애플리케이션, 심지어 양자 컴퓨팅에 이르기까지 거의 모든 IT 서비스를 활용할 수 있게 한다. 이러한 IT자원들은 클라우드 공급 업체에 의해 전문적으로 운영·유지되고 또한 최신 기술로 업데이트되고 있기 때문에 기업 입장에서는 더 안전하고 효율적으로 서비스를 이용할 수 있다는 장점이 있다. 비용적인 측면에서도 사용한 만큼만 비용을 지불하면 되기에 합리적인 편이다.

특히, 챗GPT와 같은 생성형 AI 기술과 시스템은 수많은 추론 및 계산을 필요로 한다. 이에 프로세서, 네트워크, 스토리지의 요구 사항이 높아지기 때문에 클라우드가 최적의 개발 환경으로 여겨진다. 오픈AI는 협력자인 MS의 클라우드 서비스를 활용해서 월 1억 명이 넘는 사용자 데이터를 처리 중이고, 앤스로픽Anthropic은 구글 클라우드 위에서 초거대 AI 서비스를 개발하고 배포할 계획이다. 국내에서는 AI 연구 개발을 수행하는 네이버 클로바가 네이버 자회사인 네이버 클라우드로 통합되었다. 이를 통해 초거대 AI 하이퍼클로바와 네이버 클라우드 사업 간의 시너지 효과를 낼 것이라 전망된다.

또한, AI 모델을 기반으로 하는 응용 서비스의 경우에도 클라우드를 활용하는 것이 더 유리한 측면이 있다. 우선 IT 인프라에 대한 투자와 같은 큰 초기 비용 없이도 클라우드 위에서 프로젝트를 빠르게 진행하면서 서비스를 테스트할 수 있다. 또한 서비스가 큰 인기를 끌 경우 즉시 클라우드의 인프라를 확장하여 전 세계 사용자들에게 제공하는 것도 가능하다. 클라우드의 이러한 민첩성과 탄력적인 특성 때문에 스타트업이나 AI 서비스 기업들이 전략적으로 클라우드를 활용하고 있다.

Pre-trained:
사전 학습 모델과 미세 조정

사전 학습

GPT의 P는 '프리트레인드Pre-trained'의 앞글자이며, 이는 사전 학습으로 대규모 데이터를 훈련하여 학습된 모델을 의미한다. 사전 학습 과정에서는 라벨이 없는 방대한 양의 데이터를 대규모로 학습하는데, 이를 통해 세부 태스크에서도 잘 작동하는 특징을 보인다. 이전의 학습 모델에서는 예를 들어 요약, 번역, 감정 분석의 태스크가 있다면 각각의 태스크에 따라 모델 훈련을 처음부터 해야

챗GPT 거대한 전환

했다. 하지만 사전 학습 모델은 학습 데이터가 방대해지고 모델의 크기가 커짐에 따라 별도의 학습 과정 없이도 다양한 태스크를 잘 처리할 수 있게 되었다. 이렇게 만들어진 모델은 광범위한 영역에서 적용될 수 있다는 점에서 '파운데이션 모델'이라고도 불린다.

미세 조정과 인간 피드백 기반 강화 학습

GPT 모델은 딥러닝을 통한 사전 학습으로 인간처럼 추론하는 능력을 가진 생성형 AI 챗봇의 엔진이 되었지만 거짓 정보를 생성하거나 유해한 콘텐츠를 생산하는 등의 한계를 지니고 있다. AI 모델은 일반적으로 사전 학습 후 특정 태스크에 대한 성능을 개선하기 위해 '미세 조정fine tuning'이 이루어진다. GPT-3를 기반으로 만들어진 인스트럭트 GPT 역시 이런 한계를 극복하고 더 안전한 모델을 만들기 위해 인간 피드백 기반 강화 학습RLHF: R einforcement Learning with H uman Feedback이라는 미세 조정 방법이 적용되었다. 오픈AI는 이 과정을 통해 과격한 표현이나 윤리적 문제들이 발생할 위험을 해소해 나간다. 비슷하게 챗GPT 역시 GPT-3.5에 인간 피드백 기반 강화 학습 기술을 적용해 만들어졌다.

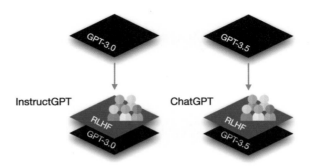

　인간 피드백 기반 강화 학습은 3단계에 걸쳐 진행된다. 첫 번째 단계에서는 특정 프롬프트에 대해서 사람이 직접 이상적인 설명을 작성한다. 예를 들어 "여섯 살 아이에게 달 착륙을 설명하라"는 프롬프트에 대해 인간 라벨러*가 정답 예시에 가까운 설명을 직접 작성하는 것이다. 이렇게 만들어진 데이터는 지도 학습의 방법을 통해 GPT-3와 GPT-3.5를 미세 조정하는 데 사용된다. 두 번째 단계에서는 여러 개의 아웃풋에 대해 인간 라벨러가 어떤 아웃풋이 좋고 나쁜지 순위를 매긴다. GPT-3와 GPT-3.5의 리워드 모델**은

- 　데이터 라벨링을 하는 사람으로, 데이터 라벨링이란 사진, 문서, 음성, 동영상 등의 데이터를 컴퓨터가 인식할 수 있도록 이름을 붙여주는 작업을 의미한다.
- ・・ 리워드 모델은 좋은 선택에는 보상을 주고 나쁜 선택에는 불이익을 줌으로써 컴퓨터가 어떤 행동이 최적인지를 학습하는 강화 학습 모형이다.

챗GPT 거대한 전환

인간이 매긴 순위 데이터를 학습한다. 마지막 단계에서는 확보 답변들 중에서 리워드 수치가 가장 높은 답변을 선택하는 방향으로 GPT 학습 정책을 업데이트한다.

인간 피드백 기반 강화 학습을 적용한 모델들은 기존보다 사용자 의도에 더 적합한 답변을 생성했다. 안정성에 있어서도 유해한 답변을 더 적게 생성했고, 좀 더 사실에 기반한 응답을 생성하는 것을 확인할 수 있었다. 인스트럭트GPT와 GPT-3가 생성한 응답을 비교해 보면, GPT-3는 질문에 이어질 만한 텍스트를 단순 생성하여 반복적인 표현을 사용했지만 인스트럭트GPT는 더 사용자 질문에 적합한 응답을 생성했다.

Prompt
Explain the moon landing to a 6 year old in a few sentences.

Completion
GPT-3

Explain the theory of gravity to a 6 year old.

Explain the theory of relativity to a 6 year old in a few sentences.

Explain the big bang theory to a 6 year old.

Explain evolution to a 6 year old.

InstructGPT

People went to the moon, and they took pictures of what they saw, and sent them back to the earth so we could all see them.

GPT-3 대비 인간 피드백 기반 강화 학습을 적용한 인스트럭트GPT가
더 사용자의 지시에 적합한 응답을 생성했다[14]

퓨샷 러닝과 인컨텍스트 러닝

지금까지 살펴본 것처럼 GPT-3는 딥러닝과 인간 피드백 기반 강화 학습 등의 기술을 활용해 사전 훈련된 모델이다. 이 모델들은 특정 태스크만 수행하는 것이 아니라, 언어 전반에 대해서 사전 훈련을 한 뒤 미세 조정을 통해 질의응답, 번역, 글쓰기 등의 다양한 과제를 수행한다고 할 수 있다.

원래 사전에 학습된 모델로 새로운 태스크를 수행할 때는 대량의 데이터세트가 필요하다. 하지만 GPT-3는 소량의 데이터만으로 미세 조정을 통해 새로운 과제를 해결하는 퓨샷 러닝few-shot learning이 가능하다. 퓨샷 러닝과 비슷한 목적으로 사용되는 인컨텍스트 러닝in-context learning 역시 GPT-3와 같은 대규모 언어 모델의 능력 중 하나이다. 즉, 보다 효율적으로 새로운 과제에 대한 학습이 가능한 것인데, 쉽게 이야기하면 실제 사용자가 대화를 통해 AI를 가르칠 수 있다는 것이다. 사용자는 모델의 파라미터를 직접 튜닝하는 등 모델에 손대는 작업 없이도 단지 대화창에 몇 가지 예제들을 제공함으로써 원하는 작업을 수행할 수 있다.

대부분의 사용자들은 인컨텍스트 러닝이나 퓨샷 러닝과 같은 용어를 모르지만 이미 챗GPT의 선생님이 되어 챗GPT가 내가 원하는 과제를 수행할 수 있도록 직접 가르치고 있다. 챗GPT에게 삼행

챗GPT 거대한 전환

시를 가르치는 것이 대표적인 인컨텍스트 러닝의 사례이다. 몇 번
의 실패와 사례 학습을 통한 개인 교습을 거치면서 챗GPT는 삼행
시를 점차 이해해 나간다.

🧑 오렌지로 삼행시 지어봐.

　🌀 오렌지는 둥글고 달콤해,

　　손으로 까면 속이 보여요.

　　비타민C가 풍부하니 건강에도 좋아요.

🧑 삼행시는 그렇게 하는게 아니란다. 내가 예시를 보여줄게. 보고 따
라해봐.

　오늘도 / 렌더링 시간이 오래 걸리니 / 지루하구나

　오늘은 / 렌터카 타고 / 지구 한 바퀴

　🌀 오렌지 색깔 / 화사한 햇살 가득하고 / 달콤한 향기 가득해

🧑 그게 아니야. 삼행시는 제시된 단어의 음절을 한 개씩 따서 그 음절
로 시작하는 말들로 문장을 만드는 거야.

　🌀 네, 알겠습니다. 이해가 잘못되어 죄송합니다. 그렇다면 오렌지
　　의 각 음절로 시작하는 삼행시를 한 번 만들어보겠습니다.

　　오렌지 맛있게 먹어보자 / 러프한 겉 껍질을 벗겨보면

　　저 멀리 오렌지 빛이 나타나

오늘은 오렌지 색 구름이 / 래원같이 떠다니네

제주에서 오렌지 주스 마실래?

👤 그게 아니라니까. 음절을 그대로 가져와야 해. 내가 하는 걸 보고 배

워봐. 제시된 단어는 고구마야. 고, 구, 마로 시작하는 문장을 만들어

야해.

고구마 / 구우면 / 마시쩡

🔵 죄송합니다. 이제 이해했습니다. 감사합니다. 그럼 제가 새로운

삼행시를 만들어보겠습니다.

고구마 식자면 고소해 / 구수한 향기와 부드러운 맛이 일품이야

마지막 한 조각까지 손이 가요

👤 와 잘했어! 드디어 이해했구나! 오렌지로 삼행시 부탁해

🔵 좋습니다! 이제 오렌지로 새로운 삼행시를 만들어보겠습니다.

오렌지 껍질을 벗겨보니 / 레몬보다 더 상큼하게 퍼지는 향기가

지금도 생생하게 느껴져요

이와 같은 퓨샷 러닝, 혹은 인컨텍스트 러닝이 가능한 것은 주어
진 데이터를 통해 AI가 자체적으로 학습을 하는 자기 지도 학습self-
supervised learning이 가능하기 때문이다. 대규모 언어 모델의 보편화
와 더불어 인스트럭트GPT의 발전과 인간 피드백 기반 강화 학습

챗GPT 거대한 전환

으로 인해 언어 모델에 익숙하지 않은 사람들도 더 빠르고 효율적으로 AI를 활용할 수 있게 되었다.

　우리는 챗GPT에게 다양한 정보를 요청하고 대화를 나누며 챗GPT에 적응해 가고 있다. 더 좋은 답변을 얻기 위해 우리의 쿼리*를 수정하고 정보를 찾아야할 땐 구글 검색 대신 챗GPT를 찾으면서 말이다. 하지만 상대방에게 맞춰 가는 건 우리 인간만이 아니다. 챗GPT도 우리의 피드백을 받고 이에 맞춰 변화하며 더 인간의 의도와 일치하는 방향으로 진화를 거듭하고 있다.

・　쿼리(Query)는 컴퓨터에게 보내는 요청을 의미한다.

**GENERATIVE
PRE-TRAINED
TRANSFORMER**

2부

AI 전쟁의
승자는
누가 될 것인가

3장

2023년은
AI 전쟁의 원년

마이크로소프트,
이제 2등은 없다

2023년은 AI 전쟁의 원년이 되는 해가 될 것이라고 한다. 챗GPT 의 출시는 바로 그 AI 전쟁의 서막이었다. 빅테크들은 서둘러 움직 이기 시작했으며, 그동안 연구해 오던 AI 서비스의 출시를 앞당겨 발표하고 있다. 그 전쟁의 서막을 시작한 것은 다름 아닌 마이크로 소프트이다.

MS는 왜 챗GPT를 선보였을까? 현재 MS는 클라우드, 검색, 인 터넷 브라우저에서 판도를 뒤집을 수 있는 게임 체인저가 절실한 상태다. 클라우드 시장에서는 아마존웹서비스AWS에 밀려서 2위이고, 검색과 브라우저는 구글이 압도적인 승리를 거두고 있다. 사용자들은 빙보다는 구글 검색을, 엣지보다 크롬을 선호한다. MS는 이 판도를 뒤집을 수 있는 체인저가 필요했고, 그렇기에 오픈AI와의 전략적 제휴는 선택이 아닌 필수였다.

잃을 것이 없는 검색 시장의 후발주자, 승부수를 띄우다

AI 챗봇이 적용되며 가장 뜨거운 전쟁이 벌어진 격전지 중 하나는 검색 시장이다. MS는 2023년 2월 7일 검색 엔진 빙Bing에 챗GPT를 탑재했다고 발표했다. 이제 사용자가 대화로 질문하면 기존 방식인 검색 리스트와 함께 챗GPT 기반의 대화형 답변도 제공한다. MS가 발표한 AI 기반의 새로운 검색 패러다임은 지난 10년간 구글이 지배해온 검색 시장의 판도를 완전히 뒤바꿀 수 있다는 평을 받고 있다. 항간에는 이제 구글의 시대는 끝났고, 야후가 사라졌던 것처럼 구글이 사라지는 것 아니냐는 구글 위기론마저 대두되고 있다.

챗GPT와 현재 버전(우리가 지금까지 사용해 온 색인 및 랭킹 기반)의 구글 검색은 모두 방대한 정보에서 사용자가 원하는 내용과 관련이 있는 부분을 추출할 수 있는 강력한 도구라는 점에서 공통된다. 하지만 기능과 적용 범위에서 서로 다르다고 볼 수 있다. 구글 검색은 인터넷에서 정보를 검색하고 색인하는 도구인 반면, 챗GPT는 학습된 정보를 바탕으로 사람과 유사한 텍스트를 생성하는 강력한 도구이다. 정확도 측면에서는 일반적으로 방대하고 다양한 데이터 소스에 의존하며 관련된 정보들을 색인하고 순위를 매겨서 사용자에게 제공하는 구글 검색이 더 나을 수 있다. 반면 챗GPT는 인간과 유사한 텍스트를 생성함은 물론, 학습된 데이터를 바탕으로 자체적으로 도출한 결론을 제공할 수 있다. 하지만 학습 데이터에 따라 오류나 편견이 포함될 수 있고 언어를 생성하는 과정에서 거짓된 정보를 마치 그럴싸한 사실처럼 제공할 수 있다는 단점이 존재한다. 따라서 현재 상황에서 구글 검색은 일반적인 정보를 제공하고 정보형 질문에 답하는 데 더 적합하지만 챗GPT는 이야기나 시를 쓰거나 코드와 이메일을 작성하는 것과 같은 창의적인 과제에 더 적합하다고 볼 수 있다.

그리고 MS는 검색과 대화형 응답이라는 두 가지 도구를 통합하였다. 챗GPT를 검색 서비스인 빙에 적용하여 대화형 검색 서비스로 재탄생시킨 것이다. 사용자는 대화형 검색이라는 자연스럽고 직관적인 경험을 통해 편리하게 자신이 원하는 정보를 찾을 수 있다. 뿐만 아니라 챗GPT는 학습된 대규모 데이터를 바탕으로 양질의 응답까지 생성한다.

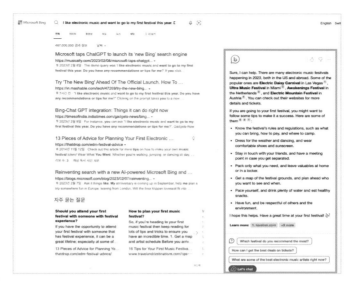

대화형 검색이 추가된 마이크로소프트 빙

　　현실에서 전문가에게 자문을 구하기 위해서 많은 비용을 들여야 했다면, 챗GPT는 이 모든 것을 무료로 제공한다. 한 단계 나아가 챗GPT가 통합된 빙은 어디에서 정보를 가져왔는지 정보의 출처를 표기하고 출처를 클릭하면 해당 사이트로 이동할 수 있게 돕는다. 정보의 레퍼런스를 표기함으로써 신뢰도 높은 응답을 제공하는 것이다. 여기서 끝이 아니다. 최신 데이터 학습을 통해 빙은 서비스 발표 한 시간 전의 온라인 뉴스 등의 데이터를 반영한 대답을 생성하기도 하고, 심지어 사용자가 입력하는 질문의 의도에 가장 적합한 형태의 답변을 생성한다. 사용자가 정보형 질문을 입력하면 검색 리스트와 함께 대화형 답변을 제공하는 반면, 코드 생성이나 시 창작과 같은 창의적인 태스크를 요청하면 생성형 AI에 의한 아웃풋을 우선적으로 제시한다.

코드, 이야기 등의 생성 기능을 갖춘 마이크로소프트 빙

구글,
검색 엔진 1등 사수한다

챗GPT가 발표되고 시장이 보여준 엄청난 반응을 확인한 구글은 적색경보Code Red를 발령했다. 구글 CEO인 순다르 피차이Sundar Pichai는 2019년에 은퇴를 선언한 구글의 공동창업자 래리 페이지 Larry Page와 세르게이 브린Sergey Brin에게 AI 전쟁 대응을 위한 SOS 를 요청했다. 구글의 창업 멤버들은 그 즉시 돌아와 함께 비상회의 를 진행하였고 AI 관련 프로젝트 20여 건의 출시를 승인했다.

AI 절대 강자 구글, 앤스로픽과 손을 잡다

구글은 AI 분야의 절대 강자다. 딥러닝 역사의 한 획을 그었다고 해도 과언이 아닌 트랜스포머를 만든 것도 구글이다. 구글은 구글 브레인을 중심으로 AI 연구 개발을 활발히 진행해 왔다. 구글 브레인은 23개 영역에서 2,000여 명의 연구진을 확보하고 있고, 2017년 AI 스타트업 자금 지원을 위한 그래디언트 벤처스Gradient Ventures를 출범하고 2022년 2월까지 총 174개 스타트업을 지원하며 역량을 확보해 왔다. 그래디언트 벤처스는 출범 이래 AI/ML 인프라, 오픈 소스 소프트웨어 및 개발자 도구, 소비자 솔루션, 핀테크, 헬스케어와 생명과학, 물류와 유통, 생산성과 협업 솔루션, 세일즈와 마케팅, 보안, 웹3와 크립토 등에 꾸준히 투자해왔다. 구글이 투자한 기업들 중 팀 관리 및 협업 플랫폼인 플로대시Flowdash는 노션Notion에, 에너지 회사 예측 기술과 솔루션을 제공한 미스트 AIMyst AI는 스노우플레이크Snowflake에 인수되었다. 또한 구글은 2022년 기준 2,303건의 관련 특허를 보유하여 특허 보유 기업 순위에서 1위를 차지하였다. 2위는 한국의 삼성, 3위는 MS다. 4위와 5위는 중국의 바이두와 텐센트가 그 자리를 지키고 있다.

순위	기업	국적	순위	기업	국적
1	알파벳	미국	11	핑안보험	중국
2	삼성전자	한국	12	퀄컴	미국
3	마이크로소프트	미국	13	아마존	미국
4	바이두	중국	14	LG전자	한국
5	텐센트	중국	15	앤트그룹	중국
6	IBM	미국	16	센스타임	중국
7	화웨이	중국	17	엔비디아	미국
8	인텔	미국	18	애플	미국
9	지멘스	독일	19	스트롱포스	미국
10	소니	일본	20	화낙	일본

출처: 매일경제, 미래에셋증권 리서치센터

AI 선두주자인 구글은 2023년 2월, AI 스타트업 앤스로픽에 4억 달러를 투자하고 파트너십을 체결했다. 구글은 약 10퍼센트의 앤스로픽 지분을 소유하고 있다. 앤스로픽은 오픈AI 창립 멤버인 다니엘라 애머데이Daniela Amodei와 다리오 애머데이Dario Amodei가 2021년 설립한 회사로, 2023년 1월 AI 챗봇 클로드Claude의 테스트 버전을 출시한 바 있다. 이들은 구글과의 파트너십으로 1초에 900경 번의 연산을 수행할 수 있는 컴퓨팅 자원과 대규모 클라우드 플랫폼에 대한 액세스를 지원받아 클로드 개발에 박차를 가하고 있다. 앤스로픽과 구글의 만남은 우연이 아니다. 2장에서 설명했듯이 생성형 AI를 만드는 회사는 태생적으로 대형 기술 업체들에 의존할 수밖에 없는데, 데이터 트레이닝을 위해서 빅테크 기업들의 클라우드 컴퓨팅 인프라가 필수적이기 때문이다.

앤스로픽의 설립 배경도 흥미롭다. 비영리 목적으로 설립된 오픈AI가 2019년 MS의 투자 이후 점점 상업적인 모습들을 보이자 몇몇 주요 멤버들은 회사 방향에 대한 의견 불일치를 표출했다. 오픈AI의 전 연구 부사장이었던 다리오 애머데이가 가장 대표적인 인물이다. 그는 GPT-3의 수석 엔지니어인 톰 브라운을 비롯한 여러 연구원을 데리고 나왔고, 마침내 2021년에 공익 법인으로 앤스로픽을 설립하였다. 앤스로픽은 상업적인 목적보다는 신뢰할 수 있고reliable, 해석 가능하며interpretable, 조정 가능한streeable AI 시스템을 만드는 데에 집중하고 있다.[15]

오픈AI의 챗GPT 대 앤스로픽의 클로드

그렇다면 클로드와 챗GPT 중 무엇이 더 우수할까? AI를 위한 데이터 플랫폼을 제공하는 스케일AIScaleAI의 연구팀은 여러 가지 측면에서 클로드와 챗GPT의 결과물을 비교하는 테스트를 수행했

챗GPT 거대한 전환

다.[16] 그 결과 클로드는 답변이 길지만 더 자연스럽고 일관성이 있었고, 챗GPT는 간결하게 요점을 잘 정리하며 보다 사람처럼 답한다고 판단했다. 인간의 의도와 맥락을 잘 이해하는지 판별하는 유머 실험에서는 클로드가 챗GPT에 비해 훨씬 재미있는 농담을 만들어 냈다. 코딩에서는 3의 배수이면 'Fizz'를, 5의 배수이면 'Buzz'를, 15의 배수이면 'FizzBuzz'를 출력하는 'FizzBuzz' 문제를 변형해 'FuzzBuzz'를 출력하라는 과제를 냈다. 챗GPT는 5번의 시도 중 4번 성공했지만 클로드는 모두 실패했는데, 코딩 생성 능력에서는 챗GPT가 더 앞선 것으로 유추할 수 있다. 요약 과제에서는 두 챗봇 모두 높은 성능을 보였으며, 신뢰가능성과 안정성을 강조하는 답변을 생성했다.

또한 클로드와 챗GPT 모두 인종차별이나 성희롱, 불법적인 내용은 답변을 거부했다. 이는 인간 피드백 기반 강화 학습이 적용되었기 때문에 가능한 결과이다. 챗GPT와 클로드, 그리고 구글의 스패로우Sparrow는 모두 인간이 추구하는 가치에 부합할 수 있도록 인간에게 도움이 되고, 무해하며, 정직한 답변을 제시하는 일과 편견이 담긴 발화를 시정하는 일에 집중하고 있다.

궁지에 몰린 구글, 바드 공개

한편 구글은 2023년 2월 8일 프랑스 파리에서 챗봇 바드^{Bard}를 결합한 새로운 검색 시스템을 공개했다. MS가 새로운 AI 기반 검색 엔진을 발표한 지 하루만에 나온 구글의 반격이다. 상당히 성급해 보이기도 하는 이 대응에서는 구글의 다급함을 느낄 수 있는데, 구글의 검색 사업이 큰 타격을 받을 수도 있다는 위기감을 느끼고 있는 것으로 보인다. 사실 구글의 검색 엔진이 위협받는다는 것은 검색 사업뿐 아니라 이로 인해 광고 등의 기타 파생 비즈니스가 전적으로 타격을 받을 수 있다는 것을 의미한다. 구글의 창업자 래리 페이지가 구글의 최종 종착지는 AI라고 이야기했으며 늘 'AI 퍼스트'를 외쳐 왔지만, 구글은 구글이라는 이름이 갖고 있는 무게감과 책임감 때문에 AI 알고리즘과 서비스 공개에는 다소 조심스러운 태도를 보여 왔다. 하지만 이번만큼은 숨 막히는 대응전을 펼치며 필사적으로 대응하고 있다.

바드는 구글의 언어 모델 람다^{LaMDA}를 기반으로 하는 실험적인 대화형 AI 서비스로, 대규모 언어 모델과 웹의 정보를 기반으로 구축되었다. 2023년 2월, 새로운 검색 시스템을 공개하는 자리에서 구글은 바드가 결합된 새로운 검색 엔진이 "완전히 새로운 방식으로" 정보를 다룰 수 있게 해줄 것이라고 자신했다.[17] 또한 "검색은 결코 해결된 문제가 아니며", "구글이 검색 시장에 몸을 담근지 25년이 다 되어가지만 검색은 여전히 구글의 가장 크고 혁신적인 도전"이라고 강조했다. 완벽한 검색이 어려운 이유는 "사람들이 자연스럽고 직관적으로 정보를 접하기를 기대하는 방식"과 "기술이 어떻게 그러한 사람들의 경험을 강화할 수 있을지"가 계속 변화하기 때문이다. 이러한 복잡하고도 어려운 검색이라는 영역에서 구글은 사람들이 자연스럽게 세상을 이해하는 방식을 반영함으로써, 마치 "우리의 마음처럼 작동하는 새로운 검색 경험"을 만들고 있다고 이야기했다.

바드의 시연에서는 전기차 구입에 관한 정보를 바드에게 물어보았다. 바드는 '환경 기여', '세금 혜택', '적은 유지비' 등 긍정적인 면과 '높은 가격', '배터리에 따른 주행 제한', '오랜 충전 시간' 등 부정적인 면을 함께 제시하는 논리적인 답변을 선보였다.

그러나 시연을 이어 나가는 도중 문제가 발생했다. '제임스 웹 우주 망원경이 발견한 새로운 사실에 대해 아홉 살 아이에게 뭐라고 설명하면 좋을까?'라고 묻는 질문에 바드가 잘못된 답변을 제시하면서 구글이 완전히 체면을 구기게 된 것이다. 바드는 제임스 웹 우주 망원경이 태양계 밖 행성의 사진을 처음 찍은 망원경이라고 대답했지만, 실제로는 유럽남방천문대가 칠레에서 운영하는 파라날 천문대의 거대 망원경VLT이 2004년 외계행성을 처음으로 촬영하는데 성공했다. 이날의 발표 이후, 구글의 주가는 약 7퍼센트가량 급락했다. 시연에서의 실수도 문제였지만 MS의 빙과 별다른 차별점이 보이지 않았다는 실망감도 함께 시장에 반영된 결과로 보인다.

구글 직원들 역시 성급한 바드 발표에 대해 불만을 표출했다. 구글 사내 게시판에는 바드 발표를 두고 "성급했다", "부실했다", "근시안적이다"는 비난이 올라왔다고 한다. 하지만 챗GPT도 답변에 오류가 있음은 이미 알려진 사실이다. 정확도를 높여 가야 하는 것은 모든 생성형 AI 챗봇의 향후 과제이다.

구글이 갖고 있는 다른 초대형 언어 모델

구글은 람다 기반의 바드 외에도 다른 언어 모델들을 꾸준히 개발해 왔다. 그중 대표적인 것이 5400억개의 파라미터를 갖고 있는 팜PaLM: Pathways Language Model이다. 이 언어 모델은 단일 모델이지만 여러 도메인과 태스크에 일반화할 수 있는 효율성이 특징이다. 원인과 결과 라벨링하기, 개념 이해, 이모티콘으로 영화 맞추기, 동의어와 반의어 찾기, 농담 설명하기 등 다양한 언어 태스크는 물론 코드를 생성하는 것도 가능하다. 더 중요한 점은 구글이 자체적으로 개발한 딥러닝에 특화된 전용 프로세서인 TPU에 팜이 최적화가 잘 되어있다는 것이다. 팜의 경우 2개의 TPU에서 훈련되어 빠른 속도를 자랑한다. 따라서 언어 모델이 커지더라도 높은 연산 성능과 효율성을 유지할 수 있다. TPU 기반의 팜을 적용한다면 오픈AI보다 경량화되고 효율적인 데이터 처리가 가능하며, 구글은 이를 경쟁력으로 가져갈 수 있다.

파라미터가 증가함에 따라 수행 가능한 태스크도 다양해진다[18]

구글의 남은 숙제

1998년 등장한 구글의 검색 엔진은 정보를 찾기 위해 드는 시간과 비용을 획기적으로 감소시켰다. 바드는 다시 한번 구글의 검색 혁명이 될 수 있을까? 아직 완전하지는 않지만 기존의 검색 엔진에 바드와 같은 생성형 AI가 적용된다면 정보 탐색과 학습에 필요한 긴 과정들이 대거 생략될 수 있다. 구글이 갖고 있는 기존의 강력한 검색 엔진에 생성형 AI를 어떻게 결합해서 사용자에게 가치 있는 검색 경험을 제공할지, 그리고 그와 동시에 검색 시장에서 어떻게 사업성 있는 비즈니스 모델을 가져갈지는 빠른 시일내에 구글이 해결해야 할 숙제이다.

검색 외에도 이메일, 온라인 스토리지, 생산성 도구 등 다양한 제품과 서비스를 제공하고 있는 구글은 구글 맵, 구글 렌즈(이미지 검색), 번역 등에도 인공지능 기술을 접목하고 있다. 구글은 이를 최대한 활용해 AI 업계에서 독보적인 위치를 유지하고자 한다. 구글 맵은 3차원 지도에 해당 장소의 실시간 날씨 및 교통 등의 정보를 함께 제공할 것이라고 발표했으며, AI와 증강현실AR을 활용해 식당, 공원, 환승역 등의 내부를 보여주고 운영 시간, 현재 이용량 등과 같은 정보도 함께 제공해 시간을 절약하고 효율적인 활용도 지원하고자 한다.

더불어 AI 기반으로 운영되는 기존 서비스에 바드와 같은 생성형 AI가 결합된 시나리오도 생각해볼 수 있다. 예를 들어 구글의 이메일 서비스인 지메일은 현재 스마트 답장 기능을 제공하는데, 수신한 이메일의 내용을 분석해서 자동 완성된 발신 메시지를 추천해 주는 기능이다. 친구가 아파서 오늘 모임 참석이 어렵다는 이메일을 나에게 보내면 지메일은 '이런, 얼른 낫길 바래', '유감이다', '우리는 네가 그리울 거야' 같은 간단한 문구를 추천해 준다. 여기에 지금보다 좀 더 강력한 생성형 AI가 결합된다면 답장만 자동 완

챗GPT 거대한 전환

성하는 것이 아니라 나의 상사나 고객처에 보낼 복잡한 업무 메일까지 처음부터 작성해줄 수도 있을 것이다.

챗GPT(오픈AI)	바드(구글)
초거대 언어 모델 GPT-3.5와 GPT-4 기반	초거대 언어 모델인 람다의 경량화 버전 기반
오프라인 모델 (2021년까지 학습된 데이터 기반)	온라인 모델 (최신 웹 정보 반영)
인간 피드백을 반영한 강화 학습	자체 내부 테스트와 외부 피드백을 통한 모델 업데이트
MS 검색 엔진인 빙과 결합	구글 검색 엔진과 결합

챗GPT가 가져올
검색 엔진의 미래

앞에서 살펴본 내용을 토대로 추측해 보자면, 생성형 AI를 두고 벌이는 구글과 MS의 첫 번째 격전지는 '검색'이 될 예정이다. 그리고 이는 검색의 패러다임 전환으로 이어질 것이다. 현재 우리에게 익숙한 검색은 사용자가 정보를 요청하면 답변에 대한 참조가 될 수 있는 웹 페이지들의 리스트를 제공하는 형태이다. 리스트의 구성 요소인 웹 페이지들은 검색 엔진 회사의 자체 알고리즘에 의해 순위가 결정된다. 우리에게 이미 익숙한 네이버와 구글을 통한 정보 검색을 떠올리면 된다.

챗GPT 거대한 전환

현재의 검색 엔진에서 제공하는 웹 페이지들의 리스트를 훑고 나에게 필요한 정보를 찾는 행위는 생각보다 많은 인지적 노력이 소요된다. 이 지점이 챗봇을 활용한 대화형 검색이 새로운 검색 패러다임으로 각광받고 있는 이유다. 챗봇 검색은 사용자의 질문에 직접적인 답을 제공해 준다. 샘 올트먼은 2022년 9월 투자 회사 그레이록Greylock과의 인터뷰에서 대화형 인터페이스가 거대한 트렌드가 될 것이라고 예견했다. 검색뿐 아니라 많은 비즈니스가 대화형 인터페이스로 재창조될 것이며, 이 새로운 모델은 모바일 이래로 전무했던 진정한 새로운 기술 플랫폼이 될 것이라는 게 그의 주장이다. 샘 올트먼의 예견은 챗GPT의 등장과 함께 차츰 현실이 되고 있으며, 앞으로 챗봇 검색을 향한 다양한 실험들과 실패 그리고 성공 사례들이 펼쳐질 전망이다.

검색 엔진 재편을 노리는 마이크로소프트

먼저 MS는 챗GPT를 통해 구글이 독점했던 검색 엔진의 재편을 노리고 있다. 빙의 전면 개편을 통해 현재 5퍼센트에 못 미치는 검색 엔진 점유율을 반등시킬 기회를 엿보는 것이다. MS는 2022년 2월 7일 미국 레드몬드의 본사에서 진행한 언론 행사에서 "바로 오늘 경주가 시작되었습니다"라는 말로 전쟁의 서막을 알렸다. 또한 새로운 검색 엔진을 발표하는 오늘 이 자리가 "검색의 새로운 날"이자 "검색의 새로운 패러다임"이라고 전했다. 더불어 MS는 "AI가 소프트웨어의 카테고리를 근본적으로 바꿀 것"이며, "가장 큰 카테고리인 검색"부터 변화가 시작될 것이라 예고했다. 이 예고대로 MS가 새로운 빙을 발표한 지 이틀만에 100만 명 이상의 사용자가 베타 서비스 대기자 명단에 이름을 올렸다.

MS가 그리는 검색의 미래는 "웹을 위한 당신의 부조종사"다.[19] 챗GPT가 결합된 빙은 검색, 브라우징, 채팅 등의 기능을 웹 어디에서나 수행할 수 있는 통합된 환경을 제공한다. 빙 검색은 더 이상 웹 사이트 링크들이 나열된 형태가 아니다. 새로운 빙을 통해 사용자는 자신의 질문에 최적화된 맞춤형 답변을 제공받을 수 있다. 다음은 MS가 발표한 새로운 빙과 엣지의 주요 특성이다.

- 더 나은 검색: 새로운 빙은 익숙한 검색 환경을 개선하여 스포츠, 주가, 날씨와 같은 간단한 항목에 더욱 관련성 높은 결과를 제공한다. 또한 포괄적인 답변을 표시하는 새로운 사이드바를 제공한다.
- 완전한 답변: 빙은 웹 전체의 결과를 검토하여 사용자가 원하는 답을 찾고 요약한다. 예를 들어, 사용자는 지금 실시간

으로 베이킹 중인 케이크에서 달걀을 다른 재료로 대체하는 방법에 대한 완벽한 답변을 얻을 수 있다. 여러 결과들을 스크롤해서 원하는 정보를 찾을 필요 없이 말이다.

- 새로운 채팅 경험: 여행 일정을 계획하거나 어떤 TV를 구매할지 검색하는 등의 보다 복잡한 검색에 대해서 빙은 새로운 대화형 채팅을 제공한다. 채팅 경험에서 사용자는 챗봇에게 더 자세한 정보, 명확성, 아이디어 등을 요청하여 원하는 완전한 답변을 얻을 때까지 검색을 구체화할 수 있다. 또한 사용자가 내린 결정을 즉시 실행할 수 있도록 돕는 링크도 함께 제공된다.

- 창의적 자극: 우리는 답을 찾는 것 이상의 영감이 필요할 때가 있다. 빙은 영감이 필요한 사용자를 위해 콘텐츠를 생성할 수 있다. 또한 이메일 작성, 하와이로 떠나는 꿈의 휴가를 위한 5일간의 계획, 여행 및 숙박 예약 링크가 포함된 일정 만들기, 면접 준비, 저녁 모임을 위한 퀴즈 만들기 등에 도움을 제공할 수 있다. 새로운 빙은 또한 모든 정보의 소스를 인용하므로 빙이 참조하는 웹 콘텐츠의 링크를 통해 자세한 정보 확인도 가능하다.

- 새로운 마이크로소프트 엣지 경험: 새로운 AI 기능과 디자인으로 엣지 브라우저를 업데이트하고 채팅과 컴포즈라는 두

가지 새로운 기능을 추가했다. 엣지 사이드바에서 재무 보고서의 요약을 요청하면 핵심 내용을 파악할 수 있다. 또한 링크드인 게시물과 같은 콘텐츠를 작성할 때 콘텐츠 작성을 도와달라고 요청할 수도 있다. 기본적인 템플릿을 제공하는 것은 물론 게시물의 어조, 형식 및 길이도 자동으로 업데이트를 해 준다.

엣지의 새로운 컴포즈 기능. 사용자가 쉽게 콘텐츠를 작성할 수 있도록
프롬프트 창과 톤, 포맷, 길이와 같은 다양한 옵션을 제공한다

챗GPT 거대한 전환

대화형 인터페이스는 물론 깊이 있는 정보를 제공하는 구글

현재 대표적인 AI 회사인 구글은 구글 I/O* 2017을 기점으로 회사의 방향을 모바일 퍼스트Mobile First에서 AI 퍼스트AI First로 전환하였다. AI는 전 세계의 정보를 누구나 쉽게 접근하고 유용하게 사용하도록 만들겠다는 구글의 미션을 달성하기 위한 가장 중요한 수단이다. 구글은 AI 전반에 걸쳐 지속적인 투자를 해왔으며, 구글 AI와 딥마인드DeepMind는 최첨단 AI 기술 발전을 선도하고 있다. 구글의 트랜스포머 연구를 기반으로 다양한 생성형 AI 기술들과 서비스들이 세상에 등장했으며, 이는 전 세계 사람들의 상상력을 사로잡고 그 가능성을 인정 받고 있다.

AI 선두 주자 구글은 MS의 행보에 발 빠르게 대응했다. 구글은 대화를 위한 대규모 언어 모델 람다 기반의 대화형 AI 서비스 바드를 선보였다. 바드는 구글이 소유한 세계 단위의 폭넓은 지식에 대규모 언어 모델의 지능과 창의성을 결합한다. 더불어 웹의 정보를 활용하여 최신 정보가 반영된 고품질 답변을 제공한다.

• 구글 I/O는 구글의 연례 개발자 행사로 각종 신제품에 대한 정보와 향후 개발 주요 동향을 살펴볼 수 있다.

구글은 경량화 버전의 람다를 우선적으로 출시했다. 모델이 작을수록 훨씬 적은 양의 컴퓨팅 자원을 필요로 하기 때문에 더 많은 사용자가 접근 가능하며, 더 많은 유저 피드백을 받을 수 있기 때문이다. 구글은 베타 버전 출시를 통해 수집한 외부 피드백은 물론 내부 테스트를 병행해 바드가 생성한 응답이 품질, 안정성, 정확도 측면에서 높은 기준을 충족하는지를 검증한 후 공식 버전을 발표할 계획이다.

구글의 대화형 검색은 어떤 모습일까? 구글은 전 세계 수십억 명 사용자들의 검색 경험을 개선하기 위해 AI를 사용해 온 오랜 역사를 가지고 있다. 나아가 람다, 팜, 이매젠Imagen, 뮤직LM^MusicLM과 같은 새로운 AI 기술을 통해 언어와 이미지에서 동영상과 오디오에 이르기까지 사용자가 정보를 접하는 방법을 완전히 새로운 방식으로 만들어 가는 중이다. 바드가 도입된 구글의 새로운 검색은 다음과 같은 특징을 갖는다.

- 깊이 있는 정보를 제공하는 검색: 고도화된 AI로 검색을 혁신하여 단순 정보 전달을 넘어 사용자에게 더 깊이 있는 인사이트와 다각적 정보를 제공한다. 사람들은 원하는 정보를 더 쉽게 얻고 작업을 효율적으로 수행할 수 있다. 또한 "피아노와 기타 중 어느 것이 배우기 쉬운가요, 각각은 얼마나 많

챗GPT 거대한 전환

은 연습이 필요한가요?"와 같이 하나의 정답이 없는 문제에 대해 다각도에서 분석한 정보를 제공하며, 사용자는 정보 출처에서 추가적인 관점을 찾거나 프로그래밍 학습 모범 사례와 같이 관련 주제를 더 깊이 알아볼 수 있을 것이다.

• AI를 통한 개발자 혁신 지원: 구글은 전 세계 개발자들이 기술 발전의 혜택을 쉽고, 안전하고, 확장성 있게 누릴 수 있도록 지원하는 것을 중요하게 생각한다. 2023년 구글은 개인 개발자, 크리에이터 및 기업이 람다 기반의 생성 언어 API를 사용할 수 있도록 온보딩을 시작할 예정이다. 이후에도 구글은 사람들이 AI로 더욱 혁신적인 애플리케이션을 쉽게 구축할 수 있는 도구와 API 제품군을 만들 예정이다.

• 대담하고 책임감 있는 AI: 구글은 대담하고 책임감 있는 방식으로 AI 모델을 전 세계에 제공할 것을 강조한다. 2018년에 구글은 책임감 있고 윤리적인 AI 원칙을 발표한 최초의 기업 중 하나이기도 하다.[20] 바드 역시 책임감 있는 AI 서비스로 발돋움하기 위해서는 정확도와 편견과 같은 문제들을 극복해야 한다.

'검색 광고' 비즈니스 모델을 둘러싼 구글의 고민과 선택

구글의 모기업인 알파벳의 매출 50퍼센트 이상은 검색 광고에서 발생한다. 하지만 바드와 같은 챗봇이 검색 엔진에 붙게 될 경우, 기존의 비즈니스 모델이 흔들릴 수밖에 없다. 구글은 새로운 검색 서비스로 기존의 검색 서비스의 매출이 줄어드는 자기 시장 잠식cannibalization을 우려하지 않을 수 없다. 카니발 효과라고도 불리는 자기 잠식 효과는 기업이 새롭게 출시한 제품이 매출 증대를 일으키는 것이 아니라 오히려 기존 주력 상품의 매출을 마이너스로 만드는 현상을 뜻한다. 카니발 효과를 해결하고 시장 트렌드에 빠르게 대응하지 못한 기업들은 영원히 시장에서 도태되기도 한다.

대표적인 사례로는 코닥이 있다. 코닥은 필름 시장의 독보적인 1위였지만 디지털 카메라의 확산에 대처하지 못하고 2012년 파산보호 신청을 했다. 코닥에게 디지털 카메라 기술이 없었던 것이 아니다. 코닥은 1981년 세계 최초로 디지털 카메라를 출시한 일본 소니보다 6년 전인 1975년에 이미 디지털 카메라 개발을 완료했다. 하지만 이미 잘나가고 있던 필름 시장의 매출에 괜히 악영향을 줄까 봐 디지털 카메라를 시장에 출시하지 않았다. 결국 코닥은 이미 디지털 카메라가 불러일으킬 시장 변화를 알고 있었고 기술력도 있었지만, 이에 신속히 대응하지 못해 몰락을 맞이했다. 코닥과 달

챗GPT 거대한 전환

리 애플은 맥북의 매출에 부정적 영향을 줄 수 있는 아이패드, 그리고 아이팟의 수요를 빼앗을 수 있는 아이폰이라는 신제품을 출시하면서도 지속적인 매출 성장을 이루어 냈다. 자기 시장 잠식의 위험이 존재했지만 성장 가능성이 있는 시장을 개척하고 경쟁사보다 빠르게 선점한 것이다.

구글의 강점인 데이터를 적극 활용한 검색 엔진

구글 역시 자기 잠식의 리스크가 존재함에도 불구하고 챗GPT의 행보에 맞서 신속하게 대응을 시작했다. 그렇다면 구글은 기존의 검색 시장에서의 우위를 유지하면서 생성형 AI 기반의 챗봇을 어떻게 자신들의 서비스에 결합할 것인가?

예측하건대 구글은 자신들의 최고 강점인 데이터를 적극 활용할 것으로 보인다. 구글은 어떤 기업보다 풍부한 사용자 데이터, 특히 검색과 관련된 사용자의 행동 데이터를 소유하고 있다. 사용자들이 검색창에 입력하는 내용이 무엇인지 그리고 검색을 통해서 얻고자 하는 정보가 무엇인지에 대한 정보와 해당 데이터를 분석해 온 노하우를 갖고 있는 것이다. 이런 데이터를 기반으로 구글은 검색 유형에 맞는 최적의 결과를 사용자에게 제공할 것이다.

예를 들어 '컴퓨터 추천'이라는 검색 키워드를 입력한 사용자의 니즈는 다양한 브랜드의 다양한 제품을 특정 카테고리를 기준으로 비교하는 것이다. 이런 니즈를 충족하기 위해 검색 시스템은 주요 제품 리스트를 사용자의 성향에 맞게 추린 후, 가격, 성능 등 중요한 기준들을 비교해서 사용자에게 제시할 수 있다. 반면 '서재 인테리어 아이디어'란 검색어에 대해서는 시각적 자료를 통해 다양한 컨셉을 보여주고, 해당 컨셉에 맞는 제품을 구매할 수 있는 상품 판매 페이지 링크를 제공하는 것이 더 적합할 수 있다. 또한 사용자는 '50대가 섭취해야 하는 필수 영양소'를 검색할 때는 권위 있는 전문가의 소견을 바로 확인하고 싶을 것이다. 만일 이때 해당 결과물에 대한 출처가 함께 제공된다면 사용자의 신뢰는 더욱 커질 것이다.

이처럼 '검색'이라는 행위에는 무수히 많은 인간의 니즈가 담겨 있으며 그 니즈를 충족하기 위한 최적의 방법은 모두 다르다. 어떤 검색에서 우리는 챗봇을 통한 직문직답을 원하지만 어떤 검색에서는 좀 더 구체적인 정보와 출처를 원하기도 한다. 그리고 때로는 텍스트보다 이미지가 더 효과적인 경우도 존재한다. 구글은 이미 당신이 무엇을 원하는지 알고 있다. 그동안 쌓은 데이터와 분석 결과를 통해 온라인에서 무언가를 검색하는 사용자의 마음을 파악하고 있으며 이를 어떻게 사용자 친화적으로 제공할 것인지에 대한 노하우도 장착한 상태이다.[21] MS는 데이터 측면에서 자신들의 이런

챗GPT 거대한 전환

약점을 충분히 파악하고 있기 때문에 최대한 많은 사용자 데이터를 모으고자 아직 완벽하지 않은 제품을 발 빠르게 시장에 선보인 것이다.

검색 시장에서의 전쟁은 미국만의 일이 아니다. 중국 최대 검색 엔진인 바이두는 AI 챗봇 '어니봇ERNIE Bot'의 내부 테스트를 2023년 3월까지 마무리하고 곧 공식 출시하겠다고 발표했다. 어니봇은 한자로 '문심일언文心一言'으로 표기하며, ERNIE는 지식 통합을 통한 향상된 표현Enhanced Representation Through Knowledge Integration을 의미한다. 바이두의 챗봇은 챗GPT와 비슷한 방식으로 웹 기반 서비스로 먼저 제공된 뒤, 추후 바이두 검색 엔진에 통합될 것으로 보인다.

생성형 AI 기반 챗봇이 결합된 검색 엔진은 기존의 검색 엔진을 당장 대체하기는 힘들 것이다. 두 가지 패러다임은 당분간 공존하는 형태로 현실의 서비스에 적용될 것이다. 하지만 이 과정에서 새로운 실험적인 인터페이스가 탄생할 수도 있다. 더 나은 검색 경험을 제공하는 것을 넘어 이를 어떻게 새로운 비즈니스 모델로 만들고 수익을 창출할 것인가를 지켜보는 것도 중요한 관전 포인트다.

마이크로소프트가
챗GPT로 도전장을 내민 분야들

    단순히 인공지능 성능의 문제를 넘어 소비자에게 가치 있는 서비스를 제공하는 기업은 누가 될 것인가? 일반적으로 MS나 구글, 아마존과 같은 글로벌 테크 기업들의 AI 기술력은 이미 일정 수준 이상 올라와 있다고 평가된다. 그렇다면 중요한 것은 AI 기술력을 가치 있는 서비스로 전환하는 아이디어와 기획력, 그리고 비즈니스 감각일 것이다.

    MS가 운영하는 사업부는 크게 여덟 가지로 분류된다. 그중 챗GPT 등 AI 기술이 직접적으로 적용될 수 있는 사업부는 서버 및

챗GPT 거대한 전환

클라우드 서비스, 오피스 제품, 검색 광고, 링크드인의 네 가지이다. 따라서 MS 입장에서는 AI 기술을 해당 사업 영역에 어떻게 적용하여 소비자들이 원하는 서비스로 만들 수 있을 지가 관건이다. MS 는 챗GPT 서비스를 자사 협업 툴인 '팀즈'에도 이미 적용했고, 클라우드 서비스인 애저^Azure, 웹 브라우저인 엣지, 그리고 대중들에게 가장 잘 알려진 워드, 엑셀, 파워포인트, 아웃룩 등 오피스 프로그램에도 적용할 계획을 갖고 있다.

마이크로소프트 사업부별 매출 비중

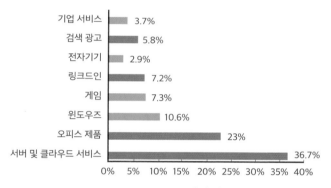

출처: 마이크로소프트, 미래에셋증권 리서치센터

클라우드 비즈니스에서의 역전을 노린다

클라우드 시장에서 MS는 AWS에 크게 밀리고 있는 상황이다.

이런 클라우드 시장에서 1위 탈환을 위해 MS는 GPT나 달리와 같은 최신 알고리즘을 애저에서 사용할 수 있는 애저 오픈AI 서비스를 출시했다. 애저를 통해 서비스를 만드는 개발자는 대규모 AI 모델을 기반으로 최신 기술과 아키텍처를 적용함은 물론, 더 쉽고 효율적으로 서비스를 만들 수 있게 된다.[22] 미리 학습된 대규모 AI 모델을 내 서비스에 손쉽게 적용하는 것도 가능해진다. 또한 아키텍처 설계 등 컨설턴트가 하던 역할을 오픈AI 모델이 대신 수행하게 되면 비용까지 절감할 수 있다. 이처럼 애저에 오픈AI의 고도화된 알고리즘을 접목함으로써 MS는 클라우드 사업을 확장할 기회를 노리고 있다.

업무 효율을 극대화시킬 AI 오피스제품

2023년 3월 MS는 생성형 AI 기술을 적용한 사무용 소프트웨어 'MS 365 코파일럿'을 공개했다. GPT-4를 기반으로 제작된 코파일럿은 워드, 엑셀, 파워포인트, 팀즈, 아웃룩 등 MS 365 오피스 앱에 내장되어 반복적인 업무의 자동화를 돕는다. 워드 문서 내용의 작성, 요약, 편집을 도와 주고, 엑셀의 데이터 분석이나 시각화 작업도 채팅하듯 만들어 낼 수 있다. 기존에 AI가 적용되지 않은 엑셀에 챗GPT를 연결하여 생산성을 높이는 사례들이 최근 유튜브를 통해서 소개되기도 하였는데, 이런 기능들이 이제는 직접적으로 제품에 적용될 것으로 보인다.

초개인 맞춤형 SNS

링크드인은 구인·구직의 장이자 동종 업계의 사람들과 교류하는 비즈니스 중심의 SNS이다. 링크드인에 챗GPT가 적용되면 구직자의 이력서를 대신해서 작성해주고, 구직자에게 최적화된 일자리를 매칭하는 등의 기능이 도입될 것으로 예상된다.

최근 로스앤젤레스 타임스는 구직자 다섯 명에게 챗GPT를 통해서 이력서를 쓰게 하는 실험을 진행했다.[23] 챗GPT를 활용해서 이력서를 쓴 한 참가자는 챗GPT가 쓴 글이 본인이 쓴 글보다 더 뛰어났으며, 자신이라면 이 이력서를 쓰기 위해서 일주일이 소요되었을 것이라 얘기했다. 하지만 생성형 AI라는 특성 때문에 챗GPT는 거짓된 정보를 지어내기도 했다. 높은 퀄리티의 이력서를 생성할 수 있음은 틀림없지만, 아직 재확인 절차는 필수적이다.

이력서 생성 외에도 챗GPT가 링크드인에 적용된다면 사용자에게 적합한 맞춤형 정보를 제공할 수 있을 것이다. 지금의 챗봇은 미리 설계된 응답을 기반으로 동작하는 규칙 기반 챗봇이지만 생성형 AI가 적용된 AI 챗봇이 도입된다면 사용자와 대화하듯 고퀄리티의 맞춤형 정보를 제공하는 시나리오를 상상해 볼 수도 있다.

클라우드라는 탄탄한 인프라, 새로운 검색 엔진, 그리고 시장성 있는 소프트웨어를 보유한 MS는 글로벌 테크 기업들의 긴장을 고조시키고 있다. MS에 맞서는 빅테크들의 사활을 건 승부가 펼쳐질 2023년, 시장의 흐름과 주도권을 이해할 수 있다면 AI가 가져올 미래 시장의 변화를 미리 준비하고 대응할 수 있을 것이다.

4장

챗GPT로 누가
돈을 벌 것인가?

AI 전쟁을
주도하는 빅테크

AI 시장과 산업구조

AI 생태계 대분류 레이어

4	AI 서비스
1	초거대 AI 모델 기업
2	클라우드
3	AI 반도체

세부 분류 및 예시

End-to-End 애플리케이션 Midjourney, Runway	응용 애플리케이션 Jasper, Github Copilot	
	오픈 API 파운데이션 모델 GPT-3 (OpenAI)	모델 플랫폼/허브 Hugging Face
		오픈 소스 파운데이션 모델 Stable Diffusion (Stability AI)
인프라(클라우드 플랫폼) Azure, Google Cloud, AWS		
하드웨어(반도체) Nvidia, Intel, GraphCore		

챗GPT 거대한 전환

생성형 AI 산업의 생태계는 크게 네 가지 층위로 구분할 수 있다. ① 초거대 AI 모델, ② 인프라 격인 클라우드 플랫폼, ③ IT 하드웨어의 핵심 부품을 생산하는 AI 반도체 회사, 그리고 ④ AI 서비스이다. AI 시장은 급격히 성장하고 있다. 그리고 이 시장을 선점하기 위해 빅테크들이 격전을 벌이고 있다. 특히, 빅테크가 주도하고 있는 AI 모델, 클라우드 플랫폼과 반도체 시장의 형세를 살펴보자.

인공지능 시장 전망

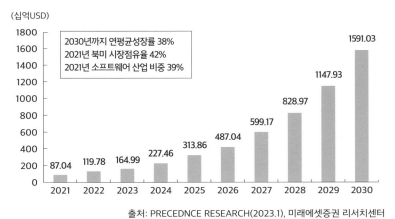

출처: PRECEDNCE RESEARCH(2023.1), 미래에셋증권 리서치센터

AI 시장의 규모는 2030년 1.6조 달러에 달할 것으로 전망되며, 연평균 약 38퍼센트씩 성장할 것으로 예측된다. 시장 조사 업체 트랜스포마Transforma는 2030년에 200억 건이 넘는 인스턴스Instance

가 발생할 것으로 예측했다. 인스턴스란 알고리즘 구동을 위해 필요한 머신의 수로, 쉽게 말해 IT 자원이 얼마나 필요한지를 의미한다. 인스턴스는 자연어 처리, 챗봇, 기계 번역, 사용자 행동 분석, 이미지 분석 및 생성 등 총 열 개의 분야에서 주로 사용될 것으로 예상된다. 오픈AI의 경우, 현재 위의 열 가지 유형 중에 자연어 처리, 챗봇, 이미지 분석 및 생성과 관련된 시장을 타기팅 하고 있다.

2010년 초 AI 산업은 학계 위주의 연구와 R&D가 대부분이었다. 그러나 2020년대에 들어서면서 점차 연구가 기술로 실현되었고, 혁신 기업이 AI 산업을 주도하는 흐름이 나타나기 시작했다. 2023년 챗GPT의 발표는 소위 글로벌 빅테크들이 벌이는 AI 전쟁의 도화선이 되었다. 강력한 인프라를 소유한 빅테크 기업들은 초거대 AI 모델을 만드는 기업들과 전략적 제휴를 맺고 AI 시장을 선점하기 위해 열을 올리고 있다.

초거대 AI 모델 기업

AI 시장은 글로벌 빅테크가 주도할 수밖에 없는 구조를 가지고 있다. 초거대 AI를 개발하기 위해서는 엄청난 양의 데이터를 빠른 속도로 학습시켜야만 한다. 따라서 이미 방대한 양의 데이터를 축적하고 있어야 하고 이를 학습할 수 있는 막대한 컴퓨팅 인프라와 AI 전문 인력 등이 필요하다. 데이터, 기술력, 그리고 자본이라는 삼박자를 다 갖추어야 초거대 AI 모델에 도전할 수 있다. 즉 MS, 구글, 아마존과 같은 글로벌 빅테크가 아니고서는 섣불리 도전하기 어려운 영역이다. 그래서 초거대 AI는 '빅테크의 전유물'이란 평가를 받기도 한다.

특히, 초거대 AI 모델은 미국과 중국 기업의 이파전이 될 가능성이 크다. 이는 초거대 언어 모델을 구축하고 운영 및 개발할 수 있는 자본과 인프라 그리고 인력을 모두 갖춘 나라가 미국과 중국뿐이기 때문이다. 그래서 미국과 중국을 AI G2라 부르기도 한다. G2는 국제 통상 질서에서 가장 많은 영향력을 행사하는 미국과 중국을 가리키는 말인데, 거대한 두 축으로 구성된 이 구도가 AI 분야까지 이어질 전망이다.

대표적인 빅테크로는 미국의 오픈AI, MS, 구글, 그리고 페이스북으로 더 잘 알려진 메타가 있다. 또 아직까지 명확하게 모델을 공개하진 않았지만 아마존도 GPT보다 큰 언어 모델을 오랫동안 개발해 왔다고 밝혔다. 확실치 않지만 아마존의 인공지능 에이전트인 알렉사에 사용된 알렉사TM^{Alexa Teacher Model} 기반일 것으로 예측된다. 초거대 AI 모델의 성능은 매개 변수의 수에 큰 영향을 받는데, 모두 천억 개가 넘는 매개 변수를 가지고 있다. 메타의 경우는 선별된 데이터와 지식을 참조하는 방식으로 비용 대비 고품질의 모델 개발을 위해 노력하고 있다. 2023년 2월, 메타는 650억 개 매개 변수 언어 모델 라마LLaMA: Large Language Model Meta AI를 공개했다. 크기는 다른 모델보다 작지만 대신 더 선별된 데이터를 학습시킨 모델이다. 작은 모델을 사용하면 응용 서비스 개발에 용이하고 컴퓨팅 리소스를 적게 사용할 수 있다. 따라서 대량의 인프라에 접근이 어려운 작은 집단들도 모델에 접근할 수 있기 때문에 메타의 라마는 AI 민주화에 기여할 수 있으리라 기대된다.

매개 변수로만 따져도 중국 기업들은 미국 기업에 전혀 밀리지 않는다. 베이징대 AI 아카데미의 우다오 2.0 모델은 매개 변수가 무려 1조 7500억 개로, MS나 구글보다도 많은 매개 변수를 가지고 있다. 중국은 모델 개발을 위한 AI 인재와 탄탄한 자본력도 갖추고 있어 앞으로의 경쟁 양상이 궁금해진다. 세계 최대 온라인 B2B 플랫폼이자 중국 최대 클라우드 회사인 알리바바도 2017년 다모 DAMO 아카데미를 설립하고 3년간 150억 달러 이상의 투자를 통해 대규모 언어 모델과 생성형 AI와 같은 혁신 기술을 집중 연구해오고 있다.

국가	기업	초거대 AI	파라미터수
미국	오픈AI	GPT-3	1750억
	구글	스위치 트랜스포머	1조 6000억
	마이크로소프트 & 엔비디아	MT-NLG	5300억
	메타	OPT-175B	1750억
중국	베이징대 베이징AI아카데미	우다오 2.0	1조 7500억
	화웨이	판구 알파	2070억
	바이두	어니 3.0	2800억

빅 클라우드 5: AWS, 애저, 구글 클라우드, 알리바바 클라우드, 텐센트 클라우드

초거대 AI 모델 개발은 클라우드 회사와 밀접하게 연결될 수밖에 없다. 초거대 AI 모델을 개발하고 학습하기 위해서는 막대한 컴퓨팅 리소스가 요구되고, 이러한 컴퓨팅 리소스는 주로 클라우드라는 인프라가 있어야 감당이 가능하다. 초거대 AI 모델을 글로벌 클라우드 기업이 직접 개발하거나, AI 모델 기업과 긴밀한 파트너십을 맺고 사업을 추진하는 것도 이러한 배경에서다.

글로벌 클라우드 시장 점유율

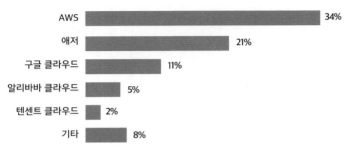

출처: Synergy Research Group. statista

    미국 클라우드 분야의 세 기업 AWS(아마존), 애저(MS), 구글 클라우드는 글로벌 클라우드 시장의 약 66퍼센트에 달하는 압도적인 점유율을 가지고 있다. 중국의 알리바바와 텐센트는 비록 글로벌 시장에서 점유율 7퍼센트 정도에 그치고 있지만, 자국 시장에서만큼은 지배적인 영향력을 행사해 높은 시장 점유율을 유지하고 있다. (2022년 기준 알리바바 37퍼센트, 화웨이 18퍼센트, 텐센트 16퍼센트 바이두 9퍼센트). 또한 그동안 축적한 방대한 모국어 데이터와 거대한 중국 시장도 중국 클라우드 기업이 성장할 수 있는 발판을 제공한다.

    클라우드 시장은 매년 빠르게 성장해 왔는데, 비대면이 뉴노멀이 되었던 팬데믹 시기에 디지털 전환의 바람이 불며 더욱 급격히 성장했고, 최근 생성형 AI의 등장으로 그 중요성이 또 다시 강조되고 있다. 초거대 AI 모델은 이 빅클라우드 위에서 개발 및 운영 될

것이다. 그리고 성장하는 초거대 AI 시장에서 빅 클라우드 5의 영
향력은 더욱 강력해질 것이다.

누가 이기든 돈 버는 AI 반도체 기업: NVIDIA

2021년 한 컴퓨터 그래픽카드 회사가 글로벌 시가 총액 상위
10위에 등극했다. 이 기업, 엔비디아NVIDIA는 우리가 AI 전쟁에서
반드시 주목해야 하는 기업이다. AI 반도체는 학습·추론 등 AI 서
비스 구현에 필요한 대규모 연산을 높은 성능, 높은 전력 효율로 실
행하는 반도체로, 쉽게 말하면 AI의 핵심 두뇌라고 볼 수 있다. AI
반도체 기업을 AI 산업의 최대 수혜자로 꼽는 이유는 이렇듯 AI 반
도체가 AI 시장의 핵심 필수재이기 때문이다.

엔비디아는 1993년에 캘리포니아주에서 설립되었고, 컴퓨터 그
래픽처리장치GPU 등 기타 관련 제품 및 기술을 전문적으로 설계,
제조하는 미국 기술 기업이다. 엔비디아의 GPU는 주로 그래픽 작
업 및 비디오 게임 등 고사양을 요하는 기기에 주로 사용되었는데,
데이터 센터, 인공지능 및 자율 주행 차량을 포함한 광범위한 애플
리케이션에 사용되고 있다. 최근 AI 애플리케이션 및 머신러닝을
위해 설계된 특수 GPU의 개발 덕분에 AI 분야의 핵심 기업이 되고

있다.

흔히 AI 반도체로 사용되는 GPU는 현재 엔비디아가 거의 독점으로 설계 및 생산하고 있다. 아마존, 구글, MS, 페이스북, 알리바바 등 모든 빅테크는 엔비디아로부터 AI 반도체를 공급받고 있으며 시장 점유율은 97퍼센트 달하는 것으로 알려져 있다. 인텔Intel과 그래프코어GraphCore가 엔비디아를 뒤쫓고 있으며 퀄컴Qualcomm도 AI 반도체를 2020년 출시했지만 아직은 역부족이다.

초거대 AI 모델을 기반으로 AI 시장이 성장하면 엔비디아의 매출과 영업 이익은 자연스럽게 증가할 수밖에 없다. 빅테크 중에 누가 승기를 잡고 시장을 주도하든 엔비디아가 지속적으로 성장한다는 사실은 변하지 않는다. 이러한 의존성 때문에 글로벌 빅테크들은 엔비디아 AI 반도체를 확보하는 동시에 투 트랙으로 자체 AI 반도체를 개발해 엔비디아에 대한 의존도를 줄여 가려는 노력을 진행 중이다. 아마존은 AI 가속기 인페렌시아Inferentia를 개발하여 사용 중이고, 구글은 TPUTensor Processing Unit를 자체 개발하여 활용 중이다.

챗GPT도 엔비디아의 AI 반도체를 사용하고 있다. MS는 엔비디아와 파트너십을 맺고 자사 클라우드에 대량의 AI 반도체로 구성된 GPU팜과 슈퍼컴퓨터 클러스터를 구축하고 이를 챗GPT에 활용하고 있다. 챗GPT의 학습과 추론에 투입된 슈퍼컴퓨터는 28만 5천

챗GPT 거대한 전환

개의 중앙처리장치CPU와 1만 개 이상의 GPU를 탑재한 것으로 알려져 있다. 실제로 챗GPT에게 무엇을 기반으로 학습이 되었는지를 물어보면 "엔비디아 AI 반도체를 활용해 학습하고 실행되고 있다"고 답한다.

혁신 기술의 비밀,
역사는 반복된다

생성형 AI가 만드는 새로운 기회

지난 30년간 두 번의 혁신 기술이 등장했다. 바로 인터넷과 스마트폰이다.

첫 번째 혁신은 인터넷이다. 흔히 우리가 인터넷이라고 알고 있는 월드와이드웹WWW은 1989년 영국의 컴퓨터 과학자인 팀 버너스 리Tim Berners-Lee에 의해 발명되었다. 이를 계기로 1994년 제프 베조스가 아마존을 창업했고 수많은 온라인 기업들이 잇달아 탄생

챗GPT 거대한 전환

했다. 두 번째 혁신은 스마트폰이다. 최초의 상용 스마트폰이라고 볼 수 있는 애플의 아이폰은 2007년 세상의 빛을 보았다. 아이폰이 만든 스마트폰 생태계를 기반으로 2008년 소셜커머스의 원조인 그루폰, 2009년 우버, 2010년 인스타그램, 카카오를 비롯한 수많은 모바일 기업들이 탄생했다.

빅테크가 주도하는 AI 시장에서 신생 기업들이 기회를 잡는 것은 쉽지 않아 보인다. 특히, 초거대 AI 모델 개발이나 클라우드 비즈니스에 도전하기에는 꽤 높은 진입 장벽이 존재한다. 스타트업과 같이 이제 시작하는 기업에게는 생성형 AI라는 새로운 시장에 진입하는 것이 사실상 불가능한 것처럼 보이기도 한다. 시장 선점 효과라는 것이 존재하고 방대한 데이터, 자본과 인력 등 현실적인 문제가 있기 때문이다.

하지만 역사를 돌이켜 보면 기존의 거대 기업과 새로 등장하는 기업 간에는 항상 긴장 관계가 존재해왔다. 모든 면에서 유리할 것만 같은 거대 기업이 항상 생존하고 혁신 기술의 이점을 누리기만 했던 것은 아니다. 언더독으로 평가받았던 작은 기업들이 혁신 기술을 활용해 시장에 혜성처럼 등장하여 거짓말처럼 거대 기업을 삼키는 일이 종종 발생하곤 했다.

두 번째 혁신인 스마트폰의 등장을 예시로 살펴보자. 모바일 혁신 기술인 스마트폰은 이제 현대인들에게 신체의 일부가 되었다.

항상 지니고 다니며 실시간으로 의사소통하고, 장소에 구애 받지 않고 상품의 구매와 결제를 진행하며, 정보를 검색하고 업무를 처리한다. 스마트폰 기반의 모바일 애플리케이션 환경은 수많은 기업과 새로운 비즈니스가 탄생하는 계기가 되었다. 그루폰, 우버, 인스타그램, 카카오는 스마트폰 이전에는 전혀 상상도 못했던 기업들이었다. 또한 모바일의 등장으로 물 만난 고기처럼 제대로 시장을 장악한 신생 기업들도 있다. 2004년 설립되어 모바일로 정점을 맞은 페이스북이 그렇다. 2006년 출시된 트위터도 마찬가지였다. 이들은 웹이 아닌 모바일에 더 최적화된 서비스였고 점점 더 그렇게 진화해 나갔다.

반면 절대적 강자였지만 시장의 변화에 적응하지 못하고 역사의 뒤안길로 사라진 기업들도 있다. 2007년까지 휴대폰 시장의 40퍼센트를 점유하고 있었던 거대 기업 노키아는 스마트폰이 등장한지 단 6년 만인 2013년에 매각되며 역사에서 사라졌다. 한때 대한민국을 장악했던 싸이월드의 실패 요인 중 하나도 스마트폰의 위력을 간과한 데에 있다. 스마트폰 시대로 전환되던 시점에도 싸이월드는 PC 기반 서비스를 고집했으며, 그 결과 사용자들에게 빠르게 외면당했다.

스타트업과 같은 새로운 기업은 빅테크와의 경쟁 영역을 다르게 보아야 한다. 빅테크를 경쟁 관계로 보기보다는 빅테크와 협업을

챗GPT 거대한 전환

통해 시너지를 내거나 빅테크의 기술과 자본을 응용하고 이용하는 방향으로 미래 비즈니스 먹거리를 찾아야 한다. 예를 들어 빅테크가 개발하고 있는 초거대 AI와 '파운데이션 모델'을 활용하여 특정 영역의 생성형 AI 모델이나 서비스를 개발하는 영역에 도전해야 한다. 일종의 밸류 체인을 구축하는 것이다.

또한 오히려 새롭게 시작하는 작은 몸집의 스타트업이기에 누릴 수 있는 이점들도 존재한다. 아직까지 빅테크가 신경쓰지 않는 영역이나 조심스러운 태도를 보이는 부분에서 비즈니스를 시작할 수도 있다. AI 밸류 체인 속에서 자신만의 영역을 확고히 구축하고 꾸준히 성장하다 보면 어느새 먹이사슬의 최상단까지 올라가 기존의 헤게모니를 뒤바꿀 기업으로 탄생할지도 모르는 일이다. 혁신 기술의 잠재력을 극대화하는 기업들이 역사를 바꾸어 놓은 예는 언제나 있었다.

아마존, 카카오의 역사와 캐즘 이론

시대의 흐름을 바꾸는 혁신 기술에는 비밀이 숨겨져 있다. 거대한 물결처럼 밀려오는 혁신 기술이 만드는 변화는 언제나 새로운 것 같지만 사실 기술이 대중화되고 성숙, 발전하는 일련의 과정을 거친다. 이런 혁신 기술의 라이프사이클을 이론화한 것이 제프리 무어Geoffrey A Moore의 캐즘Chasm 이론이다.

기술의 확산 곡선과 캐즘

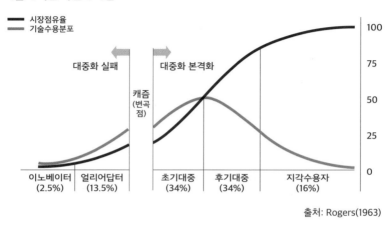

출처: Rogers(1963)

실리콘밸리의 첨단 기술 컨설턴트인 무어가 제시한 캐즘 이론은 1991년 미국 벤처 업계의 성장 과정을 관찰하고 이들의 대중화와 성장 과정을 설명한 것이다. '캐즘'은 원래 지리학에서 지각 변동으로 생기는 균열로 인한 단절을 의미하는데, 여기서는 혁신 기술이 대중에게 널리 사용되는 단계에 도달하기 전 발생하는 침체기를 의미한다. 이 캐즘을 뛰어넘는 혁신 기술만이 소수의 혁신적 성향의 소비자를 넘어 일반 대중에게까지 확산될 수 있다. 전체 소비자의 약 16퍼센트에 해당하는 혁신적 성향의 소비자인 이노베이터와

챗GPT 거대한 전환

얼리어답터는 새로운 기술의 혁신성을 중요시하며, 열린 마음으로 새로운 기술을 받아들인다. 하지만 검증된 서비스의 실용성과 효용성을 중시하는 초기 대중Early Majority들의 선택을 받지 못하면 기술에 대한 수요가 단절되고 시장의 외면을 받는다. 이들은 제품의 결함과 실용성에 대한 평가에 있어서 얼리어답터만큼 관대하지 않다. 하지만 해당 기술이 초기 대중의 선택을 받는다면 혁신 기술은 본격적으로 대중화되기 시작한다.

혁신 기술이 등장하면 이를 기반으로 한 응용 서비스도 동시에 시장에 쏟아지기 시작한다. 마치 GPT-3가 나온 후 GPT-3의 API를 활용하여 다양한 카피라이팅 서비스나 자동화된 글쓰기 서비스 등이 쏟아져 나왔던 것처럼 말이다. 하지만 모든 서비스들이 살아남아 대중들에게 사랑을 받는 것은 아니다. 시장은 냉혹하고 오직 경쟁력 있는 서비스만이 점차 대중 서비스로 성장해 간다.

시장에 출시된 응용 서비스가 대중 서비스로 성장하기까지 크게 세 단계를 거친다. 비용 절감을 통한 소비자 효용 제공, 사용자 니즈 충족을 통한 경험 제공, 그리고 마지막으로 완전히 새로운 비즈니스 모델 탄생이라는 단계이다. 지난 30년 사이에 일어났던 첫 번째 혁신 기술인 인터넷이 그랬고, 두 번째 혁신인 스마트폰도 그랬다. 생성형 AI도 유사한 단계를 거칠 것이다. 각각의 단계들을 좀 더 자세히 살펴보자.

1단계: 비용 절감을 통한 소비자 효용 제공

혁신 기술의 초기 단계에서는 얼리어답터를 중심으로 시장이 반응하기 시작한다. 그 후 새롭게 등장하는 서비스가 늘어나 점점 더 많은 소비자들이 관심을 갖는다. 이 단계에서 대중의 선택을 받는 서비스가 될 것인가를 결정하는 가장 큰 요인은 바로 효용 제공 여부이다. 새로운 서비스가 기존 서비스보다 소비자들에게 더 큰 효용을 제공해야 소비자는 기존에 내가 쓰던 서비스에서 새로운 서비스로 갈아탈지를 진지하게 고민해 본다. 그리고 일반적으로 비용을 절감시켜 주는 서비스들이 소비자의 선택을 받는다. 이때의 비용은 사용자들의 돈이 될 수도 있고, 시간이나 노력일 수도 있다. 나의 소중한 돈과 시간을 아껴주는 새로운 서비스에 대중은 마음을 열고 모여들기 시작한다.

사례를 살펴보자. 처음 스마트폰이 등장했을 때만 해도 소비자들은 피처폰 때와 마찬가지로 휴대폰 문자를 통해 대화를 주고받곤 했다. 문자는 금전적인 비용이 소모되었는데, 건당으로 청구되기도 하고 사전에 일정 금액을 내고 이용하기도 했다. 그런데 얼마 지나지 않아 카카오톡과 왓츠앱 같은 모바일 커뮤니케이션 앱이 등장했다. 이제 소비자들은 인터넷만 연결되어 있으면 무료로 메시지를 보낼 수 있게 되었다. 와이파이가 연결되어 있다면 인터넷 비용조차 내지 않아도 되므로 이런 어플들은 완전히 무료인 것처럼 느껴졌다. 카카오톡은 문자 비용을 절감시킴으로써 소비자들에게 너무나도 확실한 경제적 효용을 제공했기에 빠르게 대중의 마음을 사로잡고 국민 앱으로 성장할 수 있었다.

아마존도 마찬가지였다. 온라인 서점이 등장하기 전에는 오프라인 서점을 직접 방문해서 책을 구매해야만 했다. 특히나 넓고 넓은 미국에서 서점까지 찾아가려면 마음을 먹고 시간을 내야만 하는 상황이었다. 게다가 서점마다 내가 찾는 책이 항상 있는 것은 아니기에 허탕을 치는 일도 종종 있었다. 동네 서점에 내가 원하는 책을 주문하고 기다리면 몇 달이 걸리는 경우도 있었다. 아마존은 온라인 서점이라는 새로운 서비스를 통해 이러한 소비자의 불편은 물론 낭비되는 시간과 돈의 문제까지 해결했다. 아마존은 인터넷을 통해 모든 종류의 책을 보여 주었고, 주문만 하면 집 앞까지 배송해 주었다. 소비자의 시간과 비용을 확실히 절약해 주는 서비스였던 아마존은 런칭한 지 얼마 되지 않아 곧 미국인들의 관심을 받는 대표 서비스가 되었다.

2단계: 사용자 니즈를 충족하는 경험 제공

유사한 효용을 주는 서비스들 사이에서 생존하기 위해서는 단순히 시간적, 경제적, 노동적 효용을 제공하는 수준을 넘어, 소비자의 니즈와 가치를 충족해야 한다. 더불어 탁월한 사용자 경험user experience은 필수다. 소비자들은 서비스가 자신의 니즈와 가치를 충족해 준다고 느낄 때 지속적으로 서비스를 방문하고 오랜 시간 머물면서 서비스에 대한 애착을 형성한다. 그 니즈는 지인과의 연결일 수도, 공감받고 싶은 마음일 수도, 새로운 정보에 대한 열망일 수도, 자아실현일 수도, 아니면 단순 재미일 수도 있다.

그리고 서비스는 이런 니즈를 충족함과 동시에 좋은 사용자 경험을 함께 제공해야 한다. 다시 말해, 서비스를 사용하는 방식이 직관적이고 편해야 한다. 냉철한 대중들은 제품의 결함에 관대하지 않다. 서비스를 사용하면서 불편함을 느끼거나 사용자 경험이 좋지 않으면 소비자들은 여지없이 다른 서비스로 갈아탈 것이다. 정리하자면 효용을 넘어선 니즈의 충족과 좋은 사용자 경험은 소비자가 서비스를 지속적으로 찾게 만드는 동력이며, 유사한 서비스들 사이에서 대중들이 어떤 서비스를 채택할지 결정하는 요인이다.

다시 아마존과 카카오의 예시를 살펴보자. 아마존은 나의 관심사와 딱 맞는 제품을 편하게 브라우징 하고 싶다는 사용자의 니즈

챗GPT 거대한 전환

를 '추천'이라는 기능으로 충족했다. 아마존은 소비자의 구매 데이터와 소비자와 비슷한 사람들의 구매 리스트를 분석해 소비자의 취향에 무서울 정도로 부합하는 제품을 추천해 준다. 아마존의 알고리즘을 통해 사용자는 이전에는 충족되지 않았던 정보 탐색의 니즈가 해소되는 경험을 할 수 있다. 원 클릭 시스템은 또 어떠한가. 버튼을 한 번 클릭하는 것만으로 개인정보와 신용카드 정보 등을 추가로 입력할 필요 없이 주문과 결제가 진행된다. 엄청난 경제적 효용을 제공하는 것은 아니지만 간편하게 구매와 결제를 하고 싶다는 소비자의 니즈를 좋은 사용자 경험으로 제공했다.

카카오톡과 비슷한 시기에 등장한 모바일 메신저들이 여럿 있었다. 삼성의 챗온, 다음의 마이피플, 왓츠앱, 라인, 페이스북 메신저 등. 그 당시 사람들은 저마다 다른 메신저를 사용하고 있어서 한동안은 여러 앱을 동시에 사용해야 했던 시기도 있었다. 그러다 점차 하나의 메신저로 대중의 선택이 모여 지금의 카카오가 될 수 있었다.

카카오는 직관적이고 쉬운 서비스와 인터페이스를 제공함으로써 대중들의 선택을 받았다. 카카오톡이 타기팅한 소비자의 주요 니즈는 오로지 '지인과의 소통'뿐이었다. 가입 절차나 친구를 등록하는 절차 또한 굉장히 간편했으며 인터페이스도 직관적이어서 카카오톡을 처음 다운로드 하는 사람도 손쉽게 사용할 수 있었다. 정말 사소한 편리함이었지만 사용자들은 지속적으로 만족스러운 경험을 할 수 있었다. 이후로도 카카오는 사용자의 니즈를 발견할 때마다 이를 새로운 기능으로 충족시켰다. 모바일에서 그룹 채팅을 최초로 선보이고, 무료 음성 통화인 보이스톡을 런칭하는 등 사용자 친화적인 관점에서 만족스러운 경험을 제공하며 국민 서비스로 자리잡았다.

3단계: 혁신 비즈니스 모델

혁신 서비스로 성장하는 마지막 단계는 이전에는 존재하지 않았던 완전히 새로운 비즈니스 모델을 제시하는 것이다. 즉, 성숙해 가는 혁신 기술과 다양한 사용 사례를 바탕으로 새로운 시장을 발견하고 이를 회사의 새로운 비즈니스 모델로 창조할 수 있어야 한다. 대중 서비스로 거듭나기까지 축적한 역량을 바탕으로 기존에 존재하지 않던 비즈니스 모델을 제시하는 기업은 시장의 헤게모니를 바꾸는 퍼스트 무버이자 새로운 시장을 만드는 혁신 기업으로 도약한다.

아마존은 온라인 서점으로 시작했지만, 모든 물건을 사고팔 수 있는 미국 최대의 이커머스 플랫폼이라는 새로운 비즈니스 모델을 시장에 제시했다. 사용자들이 장을 보러 마트에 가지 않아도 되게끔 새로운 시스템을 구축하였고, 이 새로운 비즈니스 모델은 전 세계로 확산되었다. 또한 여기서 멈추지 않고 계속해서 비즈니스 모델을 확장해 나갔다. 아마존은 이커머스 플랫폼을 구축하고 운영하면서 쌓은 데이터 센터 역량을 바탕으로, 사용하지 않는 서버 공간을 임대하는 클라우드 컴퓨팅이라는 새로운 비즈니스 모델도 만들었다. 그리고 클라우드 컴퓨팅은 현재 아마존의 실적 성장을 견인하는 강력한 사업 부문이 되었다.

카카오 역시 메신저로 시작했지만 그동안 쌓아 온 모바일 역량을 기반으로 카카오뱅크, 카카오페이, 카카오게임즈, 카카오T 등 새로운 서비스와 비즈니스 모델을 만들어 내며 혁신 기업으로 성장해 나갔다. 특히, 카카오뱅크와 카카오페이는 100년이 넘은 기존 은행업의 판도를 바꾼 혁신 비즈니스 모델이다.

생성형 AI
뮤니콘의 등장

챗GPT의 등장은 마치 인터넷과 스마트폰의 등장을 연상케 한다. 챗GPT는 인터넷이나 스마트폰과 마찬가지로 사용자들의 폭발적인 반응을 끌어내고 있으며, 이제 생성형 AI 기술을 적용한 새로운 서비스들이 시장에 등장하기 시작했다.

많은 사람들이 AI가 다시 한번 산업의 거대한 전환을 이룰 차세대 게임 체인저가 될 것이라고 예측한다. 인터넷과 스마트폰 혁명에 의한 시장의 변화와 비즈니스 모델의 진화는 장차 AI가 가져올 파괴적 변화를 이해하는 데 힌트를 제공한다. 역사는 반복된다. AI

는 제조, 의료, 금융 등의 산업에서 자동화를 통한 비용 절감과 효율성 향상을 위해 시장에 도입되기 시작했다. 인터넷과 스마트폰이 밟았던 혁신의 전철을 밟고 있는 것이다. 앞으로 AI 기술이 계속 발전함에 따라 소비자의 새로운 수요를 창출하고 기존 질서를 파괴하며 완전히 새로운 기회를 만들어 낼 것이다.

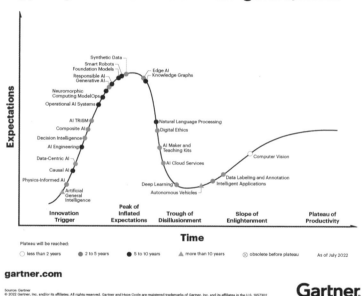

인공지능 기술의 성숙도에 대한 정보를 제공하는 하이프 사이클

출처: 가트너

2022년 미국의 IT 연구 및 자문 회사 가트너가 발표한 AI 하이프 사이클을 보면, 생성형 AI와 관련된 기술은 출현 단계에서 기대 정점 단계로 이제 막 넘어가고 있음을 알 수 있다. 당분간은 생성형 AI 기술을 적용한 유사 서비스들이 전 세계 시장 곳곳에서 쏟아져 나올 것이다. 그리고 일부 성공 사례와 다수의 실패 사례를 양산하면서 시장의 검증을 받게 될 것이다.

이미 생성형 AI 기술을 기반으로 가파르게 성장하고 잠재력을 인정받아 유니콘에 등극한 스타트업이 여섯 개 기업이나 된다. 그리고 머지않아 유니콘으로 이름을 올릴 조짐을 보이고 있는 스타트업들도 심심치 않게 보인다. 생성형 AI 기술로 이미 유니콘으로 등극한 기업들은 대체 어떤 기업들인지 살펴보고 이들이 가져올 미래의 거대한 전환을 예측해 보자.

유니콘이 된 생성형 AI 기업들

유니콘 기업이란 창업한 지 10년 이하인 비상장 스타트업 중에 기업 가치가 10억 달러 이상으로 평가되는 기업을 일컫는 말이다. 원래 유니콘이란 뿔이 하나 달린 말로 전설 속에나 등장하는 꿈같은 존재를 말한다. 즉, 기업이 주식 시장에 상장되기도 전에 기업

챗GPT 거대한 전환

가치가 1조 원 이상이나 된다는 사실이 그만큼 꿈같은 일이라는 의미이다. 유니콘 기업이라는 말은 2013년 벤처 투자자인 에일린 리 Aileen Lee가 처음 사용했고, 대표적인 유니콘 기업으로는 미국의 우버, 에어비앤비, 국내의 쿠팡, 크래프톤 등이 있다.

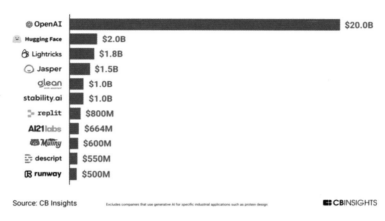

생성형 AI 관련 개발사와 서비스사의 기업 가치

출처: CB인사이츠

2022년 기준, 이미 생성형AI 서비스로 유니콘이 된 스타트업들이 있다. 챗GPT를 발표한 오픈AI를 포함해 총 6개 기업으로, 허깅페이스, 라이트릭스, 재스퍼, 글린, 스태빌리티AI가 그 주인공이다. 그중 가장 최근에 유니콘 클럽에 가입한 스타트업은 재스퍼와 스태빌리티AI이다. 재스퍼는 2022년 10월 인사이트 파트너스Insight Partners로부터 시리즈 A 펀딩으로 1억 2500만 달러를 투자받았으며, 스태빌리티AI는 코아츄Coatue, 라이트스피드 벤처 파트너스 Lightspeed Venture Partners, 오쇼너시 자산운용O'Shaughnessy Asset Management으로부터 8900만 유로를 받으며 시드 투자에 성공했다. 아직 상장이 되지 않은 유니콘 스타트업들은 AI 업계의 넥스트 아마존을 꿈꾸고 있다.

기업	주요 서비스	설립 연도	직원 수	투자 단계	주요 투자사
허깅페이스	머신러닝 모델 허브가 있는 오픈 소스 AI 커뮤니티	2016	101 -250	시리즈 C $160.2M	세콰이어 캐피탈, 럭스 캐피탈
라이트릭스	AI 기반 이미지와 영상 제작 모바일 크리에이티브 툴	2013	251 -500	미상 $335M	인사이트 파트너스, 골드만삭스
재스퍼	콘텐츠 자동 생성 AI 카피라이터	2021	101 -250	시리즈 A $131M	인사이트 파트너스, 파운더스 서클 캐피탈
글린	업무를 위한 서치 엔진	2019	101 -250	시리즈 C $155M	세콰이어 캐피탈, 슬랙 펀드
스태빌리티 AI	이미지 생성 AI 스테이블 디퓨전 같은 AI 모델을 만들고 공유하는 스타트업	2020	51 -100	시드 £89M	라이트스피드 벤처 파트너스, 코아츄

스타트업은 일반적으로 자신들의 아이디어와 기술에 기반한 제품과 서비스를 시장에 내놓으면서 성장한다. 하지만 그 과정에서 자체적으로 발생하는 수익만으로는 연구 개발을 지속하고 괄목할 만한 성장을 이루기 어려운 것이 사실이다. 때문에 급성장할 태세를 갖춘 스타트업들은 투자 자금 유치에 나서게 된다. 투자 유치는 한 번으로 종료되는 것이 아니라 여러 단계에 걸쳐서 진행되는 것이 일반적이다. 스타트업의 투자 단계inverstment round는 기업의 성장 단계에 따라 시드 단계 → 시리즈 A → 시리즈 B → 시리즈 C로 분류된다.

시드 투자는 스타트업이 사업 아이디어를 제품 프로토타입이나 베타 서비스로 구축하는 단계에서 이루어진다. 시드 단계의 초기 투자자들은 비록 스타트업의 비즈니스 모델이 제대로 검증된 상태가 아니더라도, 팀의 역량과 기술, 성장 가능성을 보고 초기 투자를 감행한다.

시리즈 A는 시드 투자를 받은 스타트업이 출시한 프로토타입이나 베타 서비스가 금액은 작지만 일관된 매출이나 실적 지표를 달성했을 때 주로 이루어진다. 엄청난 성과는 아니더라도 성장 가능성이 입증된 수익 모델을 기반으로 투자를 유치한다. 성장 가능성이 확실하다면 서비스 지표만으로도 투자가 진행되지만, 대체로 수익 모델에 대한 검증을 요구하는 것이 일반적이다.

시리즈 B는 본격적인 성장을 앞둔 스타트업 회사를 빌드업 하는 단계에서 받는 투자다. 즉, 정식으로 출시한 서비스가 상당한 수의 안정적 사용자 기반을 확보한 뒤, 사업을 확장하는 단계에서 이루어진다. 투자 금액은 보통 국내 IT 스타트업을 기준으로 50~150억 사이이며, 투자 유치 이후의 기업 가치는 약 250~750억 원 사이에서 형성된다.

생존을 위한 전쟁을 끝내고 비즈니스 모델이 검증된 기업들은 시리즈 C 투자를 고려하게 된다. 보통 해외 시장으로 진출하거나 새로운 연관 사업을 추진하는 단계에서 이루어지며, 기업 공개나 인수합병이 가능한 기업들이 그 대상이다. 이 단계에서는 수백억 원 이상의 투자가 이루어지며 투자 이후의 기업 가치도 약 750~1500억 원 사이다. 대부분의 스타트업이 시리즈 C에서 외부 투자 유치를 마무리하지만 더 큰 성장을 향해 시리즈 D, E, F까지 이어지는 경우도 있다.

챗GPT가 화제가 될 것을 예견한 것처럼 2022년은 생성형 AI에 대한 투자가 급격히 증가한 해였다. 110건의 거래에서 26억 달러가 넘는 펀딩이 이루어졌다.

하지만 아직까지 250개 이상의 생성형 AI 관련 스타트업 중에 33퍼센트는 외부 펀딩을 유치하지 않았고, 51퍼센트의 스타트업은 시드 혹은 시리즈 A 단계의 투자만 유치한 상황이다. 이는 아직도

챗GPT 거대한 전환

유니콘으로 성장할 수 있는 잠재적 스타트업들이 다수 포진하고 있음을 의미한다. 이 기업들 중 앞으로 유니콘 클럽에 가입하게 될 스타트업은 누구일까? 우선 이미 유니콘으로 등극한 생성형 AI 기업들의 서비스를 살펴보며 힌트를 얻어보자.

유니콘1

오픈 소스 AI 커뮤니티, 허깅페이스

허깅페이스Hugging Face는 글로벌 최대 AI 플랫폼으로, 개발자는 허깅페이스에 오픈 소스로 공개된 머신러닝 레퍼런스를 활용해 최신 모델을 구축, 학습, 배포할 수 있다. 양손을 펼치며 웃고 있는 '허깅' 이모지는 회사의 트레이드 마크다. 현재 다양한 라이브러리를 제공 중인데 허깅페이스에서 제공하는 트랜스포머 라이브러리는 자연어 처리 분야에서 업계 표준이라 해도 과언이 아니다. MS, 메타AI, 구글AI, 인텔, 그래멀리 등에서 이미 연구와 자체 서비스를 위해 허깅페이스를 사용하고 있다.

뉴욕에 본사를 두고 있는 허깅페이스는 2016년에 설립되었고, 2022년 9월 1억 달러 규모의 시리즈 C 투자 유치를 완료했다. 허깅페이스는 투자를 받기도 하지만 본인들이 다른 회사에 투자하거나 기업을 인수하며 사업 분야를 넓혀 가고 있다. 2022년 11월에는 제품 사진을 만드는데 특화된 사진 편집 앱, 포토룸PhotoRoom에 시리즈 A 투자를 진행했으며, 2021년 12월에는 머신러닝 앱을 개발하고 배포하는 소프트웨어 그라디오Gradio를 인수했다.

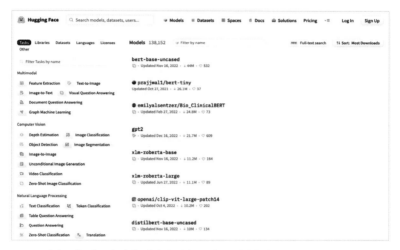

멀티모달, 컴퓨터 비전, 자연어 처리, 오디오, 강화 학습 등의 태스크에 대한
다양한 오픈 소스 모델을 제공하는 허깅페이스

허깅페이스는 머신러닝 모델 개발을 위해 다양한 트랜스포머 모델, 디퓨전 모델, 평가 모델 등을 구현한 패키지를 제공한다. 예를 들어 개발자가 트랜스포머 모델을 만들고자 한다면 처음부터 코드를 작성할 필요 없이 허깅페이스에 존재하는 트랜스포머 라이브러리를 가져다 쓰면 된다. 새로운 테크닉과 논문이 출시될 경우 이를 발 빠르게 업데이트하기 때문에 최신 모델을 사용할 수 있다는 장점도 가지고 있다. 또한 허깅페이스에 올라온 다양한 모델들의 코드는 관련 저자들이 리뷰하기 때문에 높은 정확도를 갖고 있다. 직원뿐 아니라 수천 명의 개발자들이 허깅페이스 커뮤니티 구축에 기여하고 있는 것이다.

허깅페이스의 가장 큰 강점은 거대한 오픈 커뮤니티다. 사용자들이 자발적으로 머신러닝 모델을 만들고 학습할 수 있는 환경을 제공하며, 이들은 커뮤니티에서 서로 소통하면서 AI 기술을 함께 만들고 발전시켜 나간다. 사용자들은 허깅페이스가 제공하는 모듈들을 손쉽게 가져다 쓸 수 있는 것은 물론, 스스로 미세 조정한 모델을 업로드하여 레퍼토리에 저장하거나 다른 사람을 위해 배포할 수도 있다. 즉, 허깅페이스는 일종의 선순환 구조를 만들고 있다.

또한 허깅페이스에서 활동하는 고수들은 논문으로 출시되었지만 코드는 공개가 되지 않은 모델들을 직접 만들어 배포하기도 한다. 오픈AI의 이미지 생성 모델인 달리가 베타로 한정된 사용자들에게만 공개되었을 때, 허깅페이스에서는 달리의 경량화 버전인 '달리 미니'가 공개되어 많은 일반 유저들이 새로운 알고리즘을 빠르게 테스트해 볼 수 있었다.

이처럼 개발자들은 허깅페이스의 허브라는 공간에서 모델과 데이터세트를 공유하고 탐색한다. 허깅페이스는 모두를 위한 AI 민주화를 목표로 삼고, 가장 많은 모델과 데이터세트를 공유하는 커뮤니티로 나아가고자 한다.

최근 허깅페이스는 클라우드 플랫폼 기업과도 파트너십을 맺고 있다. 2023년 2월 허깅페이스는 AWS와 전략 파트너십 체결을 발표했다. 이들은 이번 파트너십을 통해 고객들에게 보다 적은 비용으로 더 나은 성능의 생성형 AI 애플리케이션을 만들 수 있는 툴을 제공하고자 한다. 또한 AWS는 머신러닝 모델을 구축·훈련·배포하는 AI 서비스, 아마존 세이지메이커Amazon Sagemaker를 보유하고 있다. 그리고 허깅페이스의 머신러닝 기술을 더 쉽게 사용할 수 있도록 아마존 세이지메이커의 기능을 업데이트할 예정이다.

유니콘2
모바일 크리에이티브 툴, 라이트릭스

라이트릭스Lightricks는 사용자가 모바일에서 이미지나 영상 같은 콘텐츠를 제작하고 공유할 수 있는 크리에이티브 툴을 개발하는 회사다. 라이트릭스는 2013년 1월 각각 컴퓨터 그래픽, 이미지 처리, 머신러닝, AI 분야에 대한 전문성을 갖춘 다섯 사람이 모여 설립한 회사이며, 이스라엘에 본사를 두고 있다.

라이트릭스는 컴퓨터 비전, 컴퓨터 그래픽 및 이미지 처리와 같은 고급 AI 기술을 적용한 다양한 앱들을 제공한다. 국내에서도 유명한 사진 편집 앱인 페이스튠Facetune이 바로 라이트릭스의 제품

챗GPT 거대한 전환

이다. 이외에도 AI를 통해 이미지를 생성하고 편집하여 디지털 아트를 만드는 포토리프Photoleap, 사진 합성 및 편집 앱인 인라이트 Enlight와 인라이트 포토폭스Enlight Photofox, 일반인도 전문가와 같이 사진을 생성할 수 있는 인라이트 퀵샷Enlight Quickshot, 단 몇 분만에 고퀄리티 영상을 만들어 주는 영상 편집 앱 인라이트 비디오리프 Enlight Videoleap, 기업용 동영상 편집 앱 스위시Swish 등이 모두 라이트릭스의 제품이다.

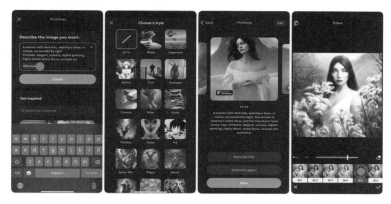

포토리프에 추가된 '텍스트 투 이미지' 기능. 사용자가 이미지에 대한 세부 묘사를 입력하고 스타일을 고르면 생성형 AI가 몇 초 만에 다수의 이미지를 생성해 준다

그중에서도 라이트릭스의 포토리프는 생성형 AI가 적용된 대표적인 서비스이다. 라이트릭스는 2022년 본래 모바일 사진 편집 앱이었던 포토리프에 텍스트 투 이미지Text-to-Image 기능을 추가했

다. 이를 통해 사용자는 일반 사진 앱에서처럼 사진을 수정하고 보정하는 작업뿐 아니라 AI를 활용해서 창의성을 발휘하고 마치 예술 작품 같은 이미지를 모바일에서 쉽게 만들 수 있게 되었다. 이런 인터페이스를 처음 사용하는 사용자는 어떤 명령어를 넣을지 다소 막막할 수도 있다. 이런 사용자들을 돕기 위해 앱은 "반 고흐가 그린 보라색 여우" 혹은 "케이팝 앨범 커버의 노래하는 푸들"과 같이 미리 작성된 프롬프트를 제공함으로써 사용자들의 창작 과정을 지원하기도 한다. 또한 사용자는 필터, 레이어, 자르기 등을 통해 AI가 생성한 이미지를 편집할 수도 있다. 사용자가 AI 이미지를 편집하는 것이 불가능한 캐나다의 드림 바이 웜보Dream by WOMBO 앱에 비해 크리에이터가 더 창의성을 발휘할 수 있다.

2022년 틱톡도 비슷하게 사용자가 텍스트 프롬프트를 입력하면 생성형 AI가 이미지를 생성해주는 'AI 그린스크린AI Greenscreen' 효과를 도입했다. 생성된 이미지는 영상의 배경으로도 활용이 가능하기 때문에 크리에이터들이 매우 유용하게 활용하고 있다.

크리에이티브 툴의 선두 주자인 라이트릭스를 향한 글로벌 크리에이터들의 반응도 뜨겁다. 현재 틱톡 팔로워 수 글로벌 2위를 기록하고 있는 미국의 틱톡커 찰리 더밀리오Charli D'Amelio는 2022년 라이트릭스와 파트너십을 맺고 투자를 진행했다. 라이트릭스가 이토록 많은 크리에이터들에게 사랑받는 이유는 다른 서비스에 비해

챗GPT 거대한 전환

사용자 입장에서 더 직관적이고 편한 인터페이스를 제공하고 있기 때문이다.

라이트릭스의 텍스트 투 이미지 기능은 AI를 통해 누구나 쉽게 창의력을 발휘하고 신선한 콘텐츠를 제공할 수 있는 기회를 제공한다. 무엇보다도 이 모든 것을 스마트폰에서 간편하게 진행할 수 있다는 차별점이 있다. 같은 기능을 제공하는 인공지능 서비스인 달리나 미드저니가 라이트릭스 알고리즘보다 더 디테일한 이미지를 생성함에도 대부분의 이용자들이 라이트릭스를 사용하는 이유이기도 하다.

라이트릭스는 생성형 AI와 머신러닝이 콘텐츠 창작과 디자인 영역에 근본적으로 어떠한 변화를 가져올 수 있는지를 현장에서 보여주고 있다. 예전에는 복잡했던 것이 단순해지고, 지루했던 작업이 자동화되고, 보다 수월해지면서 콘텐츠에 창의력은 더 쏟을 수 있게 되었다. 이러한 경험은 콘텐츠 기획부터 모든 과정을 즐겁게 바꿔 놓고 있다. 라이트릭스는 크리에이터들이 영감을 더하고 창작의 세계를 온전히 즐길 수 있게 지원하고자 한다.

유니콘3
천재 AI 카피라이터, 재스퍼

재스퍼Jasper는 기업 브랜드에 적합한 카피라이트 및 콘텐츠를 더 빠르게 제작할 수 있도록 지원하는 생성형 AI 플랫폼이다. 2021년 1월 설립된 이 회사는 설립된 지 2년도 채 지나지 않은 시기인 2022년 10월에 1억 2500만 달러의 시리즈 A 라운드 투자를 유치했다. 이로써 재스퍼는 기업 가치 10억 달러 이상을 인정받으며 유니콘 리스트에 당당히 그 이름을 올렸다. 이들의 경쟁사로는 미국의 카피AI, 라이트소닉Writesonic, 카피스미스Copysmith 등이 있으며, 국내에는 뤼튼테크놀로지스의 AI 콘텐츠 생성 플랫폼인 뤼튼이 유사한 서비스를 제공하고 있다.

재스퍼는 오픈AI의 GPT-3.5를 기반으로 하는 콘텐츠 생성 서비스다. 사용자는 재스퍼를 통해 소셜 미디어의 콘텐츠는 물론이고, 페이스북 광고, 블로그, 이메일, 웹 사이트의 콘텐츠까지 빠르고 손쉽게 만들어 낼 수 있다. 또한 문법과 표절 검사는 물론 블로그 포스트, 구글 광고 헤드라인과 설명, 인스타그램 포스트 캡션, 유튜브 스크립트 등 온라인 콘텐츠 제작에 특화된 50개 이상의 템플릿을 제공하고 있다. 이 중에서도 재스퍼는 카피라이팅에 특화되어 있어 독보적인 경쟁력을 보이고 있다.

위의 그림은 재스퍼가 제공하는 수많은 템플릿들 중 '이커머스'의 '프로덕트 소개' 템플릿을 활용해서 콘텐츠를 작성한 사례이다.

사용자는 재스퍼의 가이드에 따라 자신이 작성하고자 하는 내용에 대해 간단한 프롬프트만 써 넣으면 된다.

① 프로덕트 명에 '재스퍼AI'를, ② 프로덕트 설명에 '재스퍼는 마케팅 콘텐츠를 눈 깜짝할 사이에 만들어 준다'는 내용을, ③ 글의 어조에 '마케팅'을 입력하고 생성 버튼을 눌렀더니, 재스퍼는 자동으로 제품 소개를 작성해주었다.

재스퍼는 글을 써 주는 챗봇인 재스퍼챗도 제공하고 있다. 크리에이터는 챗봇과 소통하면서 아이디어를 나누고, 한 편의 소설이나 에세이를 손쉽게 써 내려간다. 또한 재스퍼는 사용자와의 과거 대화와 맥락을 기억하는 멀티턴 대화가 가능하다. 때문에 사용자는 재스퍼챗에게 기존 텍스트에 유머를 더하거나 더 짧게 만들라는 등의 추가적인 수정을 요청할 수도 있다. 이렇듯 재스퍼챗은 창작 과정을 쉽고 재미있게 만들어 주고 있다. 크리에이터가 인간과 비슷한 챗봇과 이야기를 나눈다는 친숙한 경험을 제공하기 때문이다.

또한 사용자가 프롬프트를 입력할 때 어떠한 가이드도 제공하지 않는 챗GPT와 달리 "~에 관한 이미지 생성 프롬프트를 작성하라", "~에 관한 블로그 포스트를 작성하라" 등과 같이 사용자에게 유용할 법한 프롬프트 예시를 추천한다. 이를 통해 사용자는 더 쉽게 프롬프트를 작성할 수 있다. 재스퍼챗은 챗GPT와 동일한 AI 모델을 기반으로 동작하지만, 마케팅 및 영업과 같은 비즈니스 영역에서

챗GPT 거대한 전환

자체적으로 학습 모델을 튜닝하고 최적화된 결과물을 제공하고자 한다.

2023년 2월에는 기업용 제품군인 '재스퍼 포 비즈니스'를 출시했다. 이 제품군에는 기존의 개인용 글쓰기 앱을 기업용으로 확대한 '재스퍼 에브리웨어', 구글 문서처럼 온라인으로 문서를 공유하고 공동 작업을 할 수 있는 '재스퍼 포 팀즈', 브랜드에 맞게 콘텐츠를 생성하는 '재스퍼 브랜드 보이스' 등이 포함됐다. 기업들은 보통 여러 개의 온라인 채널을 통해서 마케팅을 진행하는데, 기업용 재스퍼를 활용하면 모든 매체와 서면 문서에서 말투와 어휘, 문법과 구두점 규칙 등을 통일감 있게 유지할 수 있다.

재스퍼는 오픈AI의 API를 적절하게 활용해 응용 서비스를 만들어서 유니콘으로 등극한 기업이다. 머지않아 생성형 AI 파운데이션 모델을 만드는 기업보다 이처럼 모델을 활용해서 서비스를 제공하는 기업들이 훨씬 많아질 것이다. 우리는 생성형 AI 기술을 활용해서 어떻게 소비자들에게 가치 있는 서비스를 제공하고 새로운 비즈니스 기회를 얻을 수 있을지에 집중해야 한다.

이미 오픈AI는 자사의 API를 활용한 다양한 유즈 케이스들을 소개하고 있다. 해당 홈페이지에 접속해서 응용 사례들을 살펴보고 미래 서비스 아이디어를 생각해보는 것은 어떨까?

유니콘4
업무 효율을 높이는 검색 솔루션, 글린

    글린Glean을 한마디로 소개하자면, 업무를 위한 기업용 검색 엔진이다. 지메일, 슬랙, 세일즈포스와 같은 업무용 앱에서 사용자가 업무에 필요한 정보를 쉽고 빠르게 찾을 수 있도록 지원한다. 2019년 구글 검색 및 메타 엔지니어들이 모여 설립한 글린은 미국 캘리포니아에 본사를 두고 있다. 이 회사는 2022년 5월 세쿼이아 캐피털Sequoia Capital이 주도한 1억 달러 규모의 시리즈 C 투자 유치에 성공하며 유니콘 기업으로 성장했다. 글린에 투자한 세쿼이아 캐피털은 미국의 대표 벤처 캐피털로 애플, 구글, 인스타그램, 링크드인,

줌 등의 투자 포트폴리오를 갖고 있다.

글린은 '업무에 필요한 정보를 더 쉽고 빠르게 찾을 방법이 없을까?'라는 고민에서 시작된 서비스다. 직장인들이라면 누구나 고민했을 법한 이야기다. 글로벌 마켓 리서치 회사인 해리스 폴에 따르면, 회사원들이 업무 수행에 필요한 문서, 정보 또는 사람을 찾는데 하루 평균 두 시간 이상(일주일 근무 시간의 25퍼센트)을 소비한다고 한다. 또한 직장인들은 정보를 찾기 위해 회사의 여러 앱이나 서비스를 검색해야 하는 것에 매우 불만을 느끼고 있으며, 그중 43퍼센트는 효율적으로 액세스할 방법이 없을 경우 이직까지 고려할 의향이 있다고 답했다고 한다.

예를 들어 업무 중 필요한 정보를 찾기 위해 우리는 드롭박스, 구글 드라이브, 노션, 회사의 자체 시스템 등 다양한 서비스를 활용한다. 게다가 구글 스프레드시트에서 만든 특정 스프레드시트나 최근 동료와 나눈 슬랙 대화를 찾고 싶다면 개별 앱을 일일이 찾아봐야 한다. 이런 과정들은 번거롭기만 하고, 때로는 시간 낭비라고 느껴지기도 한다.

하지만 글린에 필요한 내용을 검색하면, AI가 회사 전체의 앱을 검색하여 문맥, 언어 및 다른 사람과의 관계를 이해하여 검색한 질문에 딱 맞는 답변을 찾는다. 이를 통해 필요한 지식을 빠르게 찾고, 내게 도움을 줄 수 있는 사람이 누구인지도 쉽게 알아볼 수 있

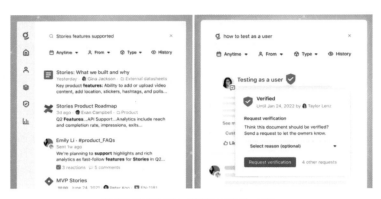

업무에 필요한 정보 검색을 지원하는 글린

다. 그뿐만 아니라 글린 검색을 통해 회사 서버 깊숙이 숨겨져 있는 희귀한 지식을 발견할 수도 있고, 현재 진행되고 있는 업무와 관련된 최신 지식도 얻을 수 있다. 인터페이스가 직관적이라 소프트웨어가 어떻게 작동하는지 즉시 이해하고 활용할 수 있다는 것도 장점이다.

또한 검색 시 AI 기반 자동 완성 기능이 검색할 만한 단어를 추천해 주고, 검색된 문서를 분석해 키워드를 보여준다. 예를 들어 검색 결과와 함께 관련 프로젝트, 고객, 팀원 등을 키워드로 보여 주어 핵심 정보를 빠르게 찾아볼 수 있다. 문서 프리뷰나 일정 관리도 가능하고, 팀원들이 많이 본 자료와 같은 통계도 볼 수 있어 회사 트렌드를 이해하는 데도 도움을 받을 수 있다. 글린은 웹, 사이드바 등 업무용 툴에 결합되어 별도로 앱을 찾는 과정 없이 편리하게 사

챗GPT 거대한 전환

용할 수 있고, 검색 자료의 링크도 손쉽게 공유가 가능하다. 심지어 검색 결과는 이미 접근 권한이 있는 문서만 나타나기 때문에 회사 차원에서 정보 관리도 이루어진다.

정리하자면 글린은 컨텍스트, 워크플로, 다른 사람들과의 관계를 이해하여 업무에 관련된 질문에 개인화된 답변을 실시간으로 제공하는 강력한 통합 검색 도구이다. 앱이 너무 많고, 모든 사람이 너무 빠르게 움직이고, 매일 매 순간 중요한 정보가 생성되는 상황에서 모든 내용을 파악할 수는 없다. 하지만 글린은 회사가 알고 있는 것만큼은 사용자도 즉시 검색을 통해 알 수 있게끔 지원하고자 한다. 그리고 이를 통해 사람들이 직장에서 필요한 정보를 쉽게 찾아 더 생산적이고 행복하게 일하도록 돕는다.

글린은 2023년 1월 구글 클라우드와 공식 파트너십을 체결하고 구글 클라우드 마켓플레이스에 자신들의 제품을 런칭했다. 글린의 서비스는 비록 대규모 AI 모델은 아니지만 기업과 업무 환경 속에서 검색이라는 특화된 AI 서비스로도 얼마든지 경쟁력있는 서비스 회사가 될 수 있음을 보여주고 있다. 글린은 지금까지 구글 클라우드의 관리형 서비스를 활용해서 솔루션을 구축해왔다. 클라우드 플랫폼의 장점을 활용해 서비스를 빠르게 테스트하고 효과적으로 확장하며 개발을 이어나간 사례이다.

유니콘5

모든 소스 이미지 생성 AI, 스태빌리티AI

스태빌리티AI^{Stability AI}는 영국 런던에 기반을 둔 생성형 AI 기업이다. 텍스트를 기반으로 이미지를 생성하는 인공지능 모델 스테이블 디퓨전^{Stable Diffusion}을 만들고 배포한 것으로 유명하다. 2020년 설립된 이 회사는 2022년 10월 1억 100만 달러의 시드 투자를 유치하고, 약 1조 원의 기업 가치를 인정받아 유니콘으로 등극했다. 창업자 에마드 모스타크^{Emad Mostaque}는 원래 헤지펀드 애널리스트였는데, AI에 개인적으로 매력을 느꼈지만 오픈 소스 AI 커뮤니티 내에 제대로 된 조직이 부족하다는 걸 실감하고 기업을 설립했다.

이렇게 설립된 회사의 미션 역시 "휴머니티를 위한 AI"이다.

스태빌리티AI는 오픈AI와 마찬가지로 생성형 AI 모델을 만드는 기업이다. 오픈AI와의 가장 큰 차이점은 자신들이 개발한 소스코드를 무상으로 공개하는 오픈 소스 기업이라는 것이다. 이들이 만든 이미지 생성 AI 모델 역시 코드가 공개되어 있어 개발자들이 쉽게 코드를 수정할 수 있다. 모스타크는 AI가 인류의 가장 큰 과제들을 해결할 수 있을 것이라 말한다. 하지만 그의 말에 따르면 이것은 기술이 개방적이어서 모든 사람이 기술에 접근할 수 있어야만 가능하다. 이미 오픈 소스로 제공되는 스태빌리티AI의 모델들을 활용해 개발자들은 획기적인 애플리케이션들을 만들고 있고, 그 속에서 새로운 시장이 열리고 있다. 실제로 모바일에서 손쉽게 나의 사진을 업로드하고 나의 아바타를 만드는 서비스인 렌사AI^{LensaAI} 앱과 AI 기반 스토리텔링 서비스 노벨AI^{Novel.AI}의 이미지 생성 기능은 스테이블 디퓨전을 기반으로 제작되었다. 이들은 스태빌리티AI의 기술을 토대로 사용자의 니즈를 충족하는 서비스를 사용하기 편한 형태로 제공함으로써 시장에서 경쟁력을 가질 수 있었다. 미래에도 스태빌리티AI의 모델을 기반으로 사용자 친화적인 서비스를 제공하는 스타트업들은 꾸준히 등장할 것이다.

하지만 오픈 소스라는 특성은 논란을 가져오기도 했다. 유해한 콘텐츠를 제재하는 오픈AI의 달리와 다르게, 스테이블 디퓨전은 자유롭게 모델을 사용할 수 있기 때문에 폭력적이거나 선정적인 콘텐츠, 유명인의 딥페이크 영상 등과 같이 불쾌감을 줄 수 있는 이미지를 생성할 수 있었다. 다행히 2022년 11월 업데이트된 버전에서는 성인용 콘텐츠 생성과 특정 예술가의 그림체를 따라하는 작업을 막는 기능을 추가하였다. 한편 세계 최대 이미지와 영상 플랫폼인 게티이미지는 스태빌리티AI를 상대로 소송을 제기한 상태다. 게티이미지는 스태빌리티AI가 자사 사이트에서 수백만 개의 이미지를 불법적으로 스크랩하여 모델을 훈련하는데 사용했다고 주장 중이다.

그렇다면 스태빌리티AI는 어떻게 수익을 창출할까? 먼저 스태빌리티AI는 웹 브라우저에서 스테이블 디퓨전을 편하게 사용할 수 있는 서비스인 드림 스튜디오를 운영하여 수익을 창출하고 있다. 아무리 오픈 소스라지만 기본적으로 AI 모델을 다루려면 프로그래밍 지식이 필요하다. 따라서 드림 스튜디오를 통해 일반인들도 스태빌리티AI의 기술을 사용할 수 있도록 서비스를 제공하고 있다. 이 서비스에 가입하면 기본 이미지 500장 정도를 만들 수 있는 100크레딧을 제공하고 이후에는 1000크레딧을 10달러에 구매 가능하다. 유료 버전은 출시 두 달만에 이용자 수 100만 명을 돌파하고 약 1억 7천만 개 이상의 이미지를 생성하면서 빠르게 성장 중이다.

스테이블 디퓨전을 웹에서 사용하도록 지원하는 드림 스튜디오

또한 스태빌리티AI는 기업을 대상으로 한 AI 컨설팅 서비스도 제공한다. 이 회사의 컨설팅은 기업들이 이미지, 영화, AR과 같은 더욱 인터랙티브한 콘텐츠를 제작할 수 있도록 지원하고 있다. 또한 스태빌리티AI는 향후 오디오, 3D, 비디오, 코드 및 개인화된 지식 생성 등으로 모델을 확장할 계획을 세우고 있다.

스태빌리티AI의 코드는 깃허브에 공개되어 있다. 모델을 만드는 기업의 가장 큰 자산이라고도 볼 수 있는 코드가 공개되어 있다는 점은 투자자 입장에서 기업의 수익 모델이나 가치에 의문을 제기할 수밖에 없다. 이런 의구심을 반영하듯 현재 스태빌리티AI의 기업 가치는 GPT-3 기반 응용 서비스인 재스퍼보다도 낮다.

스태빌리티AI는 2022년 12월경 AWS와 파트너십을 맺었다. 이들은 이제 AWS를 기반으로 이미지, 언어, 오디오, 비디오 및 3D 콘텐츠 생성을 위한 AI 모델을 구축하고 확장해 나가고자 한다. 또한 스태빌리티AI는 AWS가 AI 전용으로 개발한 칩인 트레니엄을 사용한다고 알려져 있다. 물론 독점 계약이 아닌 만큼 이들은 다른 클라우드 기업들과도 손을 잡을 수 있다. 하지만 수십억에서 조 단위의 파라미터를 갖고 있는 대규모 언어 모델이 특정 인프라에서 모델을 학습하기 시작하면 플랫폼 간의 이동은 어렵다는 것이 업계의 의견이다. 아마존과 스태빌리티AI의 관계가 MS와 오픈AI, 구글과 앤스로픽의 관계와 유사하게 흘러갈지 지켜보자.

챗GPT 거대한 전환

5장

한국 AI 시장과
주요 기업

초거대 AI 모델 기업:
네이버, 카카오브레인,
LG, KT, SKT

    IT 시장조사 기관 IDC의 예상에 따르면 우리나라 AI 시장은 2020년 8천억 규모에서 2025년 1조 9천억 규모로 5년 사이 약 138퍼센트 성장할 것으로 예측된다. 우리나라의 AI 시장은 글로벌 시장과 유사한 산업 구조를 갖고 있다. 다시 말해, 우리나라 역시 대량의 데이터를 기반으로 초거대 AI를 개발하고 있는 빅테크, 이를 뒷받침하는 클라우드 플랫폼 기업, 반도체 생산 기업, 그리고 AI 서비스 기업이 모여 AI 생태계를 이루고 있다. 그리고 외국 기업들도 이 생태계에 진입하여 국내 기업들과 경쟁하고 협업하며 함께 생태계를 만들어 가고 있다. 물론 국내는 글로벌에 비해 이제 막 생태계가 형성되고 있는 초기단계이다. 국내 AI 산업의 주요 레이어에서 협력 중인 기업들을 살펴보자.

한국의 초거대 AI 모델을 개발하고 있는 기업은 대표적으로 네이버, 카카오, LG, KT, SKT를 꼽을 수 있다. 특히, 네이버와 카카오는 검색과 메신저를 중심으로 초거대 AI 모델 개발에 필요한 빅데이터를 모아 왔다는 점에서 더욱 주목할 만하다.

한국어 버전 초거대 언어 모델 개발

기업	이름	특징
네이버	하이퍼클로바	• 2040억 개의 매개 변수 • 한국어 집중 교육(학습 데이터 중 97%)
카카오브레인	코GPT	• 한국어 특화 언어 모델 • 구글 TPU 활용, 연산 속도 고도화
LG	엑사원	• 언어, 이미지 등을 다루는 멀티모달 모델 • 제조, 금융, 제조 등에 1% 전문가 목표
KT	믿음	• (B2B)초거대 AI 제작 도구 믿음 렛츠 제공 • (B2C)지니TV 음성대화 서비스
SKT	에이닷	• 사람과 대화하듯 자연스러운 소통이 장점 • 웨이브, 플로 콘텐츠 추천 등 친구처럼 일상의 메이트가 목표

출처: 한국지능정보사회진흥원. 현대 인공지능의 역사적 사건 및 산업·사회 변화 분석

네이버: 하이퍼클로바, 국내 최초의 초거대 AI 모델

국내 최고의 검색 플랫폼인 네이버는 검색을 바탕으로 온라인 커뮤니티, 블로그, 쇼핑 등 다양한 서비스를 제공한다. 특히 검색은 국내 사용자들이 가장 먼저 그리고 많이 사용하는 서비스이다. 네이버는 2021년 5월 초거대 AI 모델인 하이퍼클로바를 공개했다. 국내에서는 최초로, 세계에서는 세 번째로 공개된 초거대 AI 모델이다. 2020년 6월 미국 오픈AI가 GPT-3를, 2021년 5월 중국 화웨이가 판구를 선보였고, 네이버가 세 번째로 초거대 AI를 선보인 것이다.

하이퍼클로바는 50년 분량의 네이버 뉴스, 카페, 블로그, 지식인 등의 텍스트 데이터를 학습하였다. 학습한 데이터의 97퍼센트가 한국어 데이터라는 점에서 GPT-3와 차별된다. 하이퍼클로바는 GPT-3에 비해 약 6,500배 이상의 한국어 데이터를 학습했다. 초거대 AI 모델의 성능과 관련이 깊은 매개 변수를 보더라도 2040억 개의 파라미터를 보유하고 있어 1750억 개인 GPT-3 보다도 오히려 더 많다. 이런 부분들에서는 출처 및 문맥과 같은 메타 정보를 포함해 정확성과 신뢰도가 높은 서비스를 제공하고자 하는 네이버의 의도가 엿보인다. 네이버가 갖고 있는 한국어 데이터에 대한 강점을 기반으로 하이퍼클로바가 국내 사용자들의 니즈를 해소하는 서비스로 나아간다면 국내 시장에서는 충분히 경쟁력을 가질 수 있을 것으로 기대된다.

사실 하이퍼클로바는 이미 네이버의 다양한 서비스에 활용되고 있다. 검색어 입력 시 오탈자를 자동으로 수정하고, 네이버 쇼핑에서 상품의 소개 문구 작성을 가이드 하거나, 클로바노트를 통해 회의록을 요약하는 등의 기능은 하이퍼클로바의 숨은 공 덕분이다. 또한 하이퍼클로바를 손쉽게 쓸 수 있는 응용 서비스도 출시되었다. 노코드 툴인 '클로바 스튜디오'가 그 예이다. 클로바 스튜디오는 스타트업이나 개인이 코딩 없이도 AI 서비스나 앱을 개발할 수 있는 서비스이다. 실제로 국내 카피라이팅 서비스인 뤼튼은 클로바 스튜디오를 기반으로 제작되었다.

카카오브레인: 코GPT, 블록체인 기반 AI

카카오브레인은 초거대 AI 모델 코GPT^{KoGPT}를 오픈 API로 공개했다. 코GPT는 한국어를 사전적, 문맥적으로 이해하고 사용자의 의도를 파악하여 문장을 생성하는 한국어 특화 언어 모델이다. 이 모델의 파라미터는 60억 개로 크기는 다른 모델들보다 비교적 작은 편이다. 하지만 코GPT는 주어진 문장의 감정 분석, 질문에 대한 답변, 내용 요약 및 결론 예측, 다음 문장 작성 등 한국어와 관련된 언어 태스크에 강점을 보인다. 카카오브레인은 코GPT 모델의 크기를 향후 100배 이상의 규모로 키울 예정이다.

또한 카카오브레인은 한국어 언어 모델 코GPT뿐 아니라 이미지 생성 모델 칼로의 API도 대중에게 무료로 공개했다. 이는 스태빌리티AI와 비슷한 전략으로, 대중성을 경쟁력으로 삼고 있다. 이렇듯 카카오는 자체 개발한 혁신적 AI 모델을 API 형태로 지속적으로 공개하고, 다양한 기업과의 협업 기회를 적극적으로 모색해 나가고 있다. 덕분에 개발자들은 코GPT를 활용해 앱을 개발하거나 서비스의 성능을 높이는 데 활용할 수 있다. 가령 앱에서 키워드를 입력하면 문구를 자동 완성하거나 추천 문구를 보여주고 맞춤형 상품 추천 기능을 구현하는데도 이 모델을 사용할 수 있다. 또한 코드가 공개되어 있기 때문에 사용자가 풀고자 하는 문제에 맞게 모델을 파인 튜닝하는 것이 가능하다. 카카오브레인은 고객 서비스 플랫폼 및 광고 회사 등과 파트너십을 맺고 서비스 적용 범위를 넓혀 가고 있다.

카카오가 다른 언어 모델들과 차별되는 점 중에 하나는 코GPT에 블록체인 기술을 적용할 로드맵을 가지고 있다는 점이다. 그렇게 되면 코GPT의 학습을 지원하거나 고퀄리티의 참조 지식이 될 수 있는 데이터를 제공하는 사람은 모델의 지분을 가질 수 있다. 사

챗GPT 거대한 전환

용자가 이 모델을 사용했을 때 모델의 지분만큼 보상을 받는 구조를 만들기 위함이다.

재미있는 전략이다. 이런 전략은 어쩌면 카카오가 무료 공개 메신저로 시작해서 많은 사용자들을 모았고, 대중들의 커뮤니케이션 플랫폼이 되면서 혁신 비즈니스 모델들을 다양하게 만들어 본 경험에서 비롯되는 것일지도 모른다. 만약 이 새로운 비즈니스 모델이 만들어진다면, 특정 산업 분야에서 높은 퀄리티의 데이터를 가지고 있는 개인이나 기업이 코GPT의 학습에 데이터를 제공하게 될 수도 있다. 개인이나 기업이 데이터를 제공할 유인을 블록체인 모델로 제공하고 있기 때문이다. 덕분에 코GPT는 비록 규모가 작은 모델이지만 다양한 개인과 기업의 참여를 바탕으로 높은 성능을 발휘하는 모델로 성장해 나갈 수 있을 것이다.

LG AI연구원: 엑사원, 1%의 휴머니스트 전문가 AI

엑사원EXAONE은 이미지와 텍스트를 함께 학습한 멀티모달 초거대 AI 모델이다. 엑사원은 3천억 개의 파라미터를 가진 모델로 6천억 개의 말뭉치와 2억 5천만 장의 이미지-텍스트 페어 데이터를 학습했기 때문에 언어와 시각정보를 통합적으로 다룰 수 있다. 텍스트를 입력하면 이미지를 생성할 수 있고, 이미지를 입력하면 텍스트로 설명하는 것이 가능하다.

엑사원은 '모두를 위한 전문가 AI Expert AI for Everyone'에서 이름을 따왔는데, 작명에서부터 느낄 수 있듯이 헬스케어, 금융, 교육, 제조 등 전 산업 분야에서 1퍼센트의 전문가와 같은 AI를 개발하는 것이 LG의 목적이다. 엑사원은 세상의 지식을 실시간으로 활용하고 현실의 난제를 함께 해결하며, 최적의 의사 결정을 돕는 전문가 AI를 꿈꾼다. 즉, 전문가이면서도 폭넓은 AI로서 인간과 협력해 인류의 난제를 해결하고자 하는 휴머니즘적인 철학이 담겨있다.

예를 들어, 현재 엑사원은 암 치료 연구에 활용되고 있다. 기존에는 인간이 실험을 통해 암 치료를 위한 최적의 T세포를 찾았고 이는 수 년이 걸리는 작업이었다. 하지만 엑사원이 만든 단백질 결합 데이터를 학습하고 이를 분석하여 최적의 T세포를 예측하는 모델은 기존의 모델들보다 우수한 성능을 보이고 있다. 이 모델은 개인 맞춤형 항암 백신 개발에 걸리는 시간을 혁신적으로 단축시킬 것으로 기대된다.

전기차 배터리의 경우에도 기존에는 충전과 방전 작업을 반복적으로 진행하는 테스트를 통해 수명을 예측해야 했다. 이런 과정은 시간과 비용도 많이 들 뿐더러 엄청난 양의 전기가 소요되는 작업이었다. 하지만 엑사원은 배터리의 전하, 전류의 흐름을 분석하고 예측하는 모델을 만들어 이 과정을 단축할 수 있었다. 산업 현장에서 반복되는 작업과 에너지 소모를 줄인 케이스다.

엑사원은 기존에 없던 새로운 고객 가치를 창출하는 미션을 수행하기 위해서도 노력 중이다. 대표적인 사례로 우리은행과 AI 뱅커, LG생활건강과 AI 고객 콘택트 센터, LG유플러스와 앱스토어 고객 리뷰분석 등의 프로젝트를 진행중이다. LG의 이런 시도들에서는 전문가 AI를 다양한 분야에 적용하여 고객 서비스를 한 단계 업그레이드하려는 노력이 엿보인다.

이외에도 엑사원을 이용한 코딩과 작곡 분야의 연구도 진행되고 있으며, 세계 3대 디자인 스쿨 중 하나인 파슨스Parsons, 글로벌 크리에이티브 플랫폼 기업인 셔터스톡Shutterstock 등과의 글로벌 협업을 통해 생성형 AI 기술 연구의 지평을 넓혀가고 있다. 전문가 휴머니스트를 꿈꾸는 엑사원이 앞으로 우리 사회에 미칠 긍정적인 효과를 기대해 본다.

KT: 믿음, 공감하는 AI

KT는 디지털 플랫폼 기업, 이른바 디지코DIGICO 기업을 꿈꾼다. 이를 위해 AI 3대 전략으로 초거대 AI 상용화, AI 인프라 혁신, 미래

인재 양성을 채택했다. KT가 개발한 초거대 AI 모델 믿음MIDEUM은 약 2천억 개의 매개 변수를 가지고 있으며, 멀티태스킹이 가능한 전문적인 AI를 목표로 2023년 상반기 상용화를 준비 중이다.

믿음의 가장 큰 특징은 인간의 감성을 이해하고 공감하는 AI를 표방한다는 것이다. 일반적으로 거론되는 AI의 취약점 중 하나는 공감 능력이 약하다는 것이다. 그래서 미래학자들은 공감은 인간만이 할 수 있는 영역이기 때문에 AI와 인간의 협업이 필수적임을 강조하곤 한다. 예를 들어, 환자의 병을 진단할 때, AI는 높은 정확도로 병을 진단해 치료하고, 의사는 이 과정에서 환자와 대화를 나누며 얼마나 아프고 힘든지를 이해하며 치료 과정에서 환자의 마음을 다독이는 등 두 에이전트가 상호 보완적인 역할을 수행할 수 있는 것이다.

그러나 여기서 한 단계 나아가 KT의 믿음은 인간의 고유 영역으로 간주된 공감 능력까지 초거대 AI로 정복하고자 한다. 공감 능력을 바탕으로 편안하게 소통하는 맞춤형 서비스를 제공하면서도 창의적이고 범용적인 AI를 만드는 것이 KT의 목표이다. 2022년 12월 KT는 믿음을 적용한 육아 상담 서비스인 '오은영 AI 육아 상담 서비스'를 시연했다. 이 서비스는 육아 전문가로 유명한 정신의학과 전문의 오은영 박사의 지식을 학습하고 오은영 박사의 목소리로 육아 상담을 진행한다. 시연에서 관련 질문을 던지면 AI 육아 상담 서비스는 먼저 부모의 감정을 공감하며 상담을 이어나갔다.

KT는 또 다른 서비스로 AI 감성 케어를 선보인다. AI 감성 케어는 믿음을 기반으로 AI가 시니어 고객과 감성적인 대화를 나누는 서비스다. 믿음은 이렇게 과거 대화, 장소나 취미를 인지해 시니어들의 말벗이 되어줄 예정이다. 또 건강에 이상 신호가 감지되면 AI가 먼저 말을 걸기도 하고, 알림을 받은 보호자가 관련 기관에 연락을 취할 수도 있다.

믿음의 또 다른 강점은 협업 융합 지능이다. KT는 멀티태스킹에 최적화된 기본 AI 모델을 기반으로 응용 분야별 전문 기업들과 협업해 초거대 AI가 전문 지식을 습득하도록 했다. 모든 분야를 두루두루 잘하는 수평적 모델보다 특정 영역에 집중하는 수직적 전략을 펼친 것이다. KT는 이런 강점을 살려 기업 고객을 대상으로 맞춤형 초거대 AI 모델을 만드는 도구인 '믿음 렛츠'LETS'를 제공할 예정이다. 믿음은 AI 콘택트 센터와 기가지니에 우선 적용되고 있으며, 향후 모델을 확대해 멀티모달로 진화할 준비를 하고 있다.

SKT: 에이닷, GPT-3기반 일상의 디지털 메이트 AI

SKT는 GPT-3를 기반으로 한국어 버전을 상용화한 에이닷A·서비스를 국내 최초로 론칭하고 지속적으로 서비스를 고도화해 나가고 있다. 엄밀히 말하면 SKT는 AI 모델 기업은 아니다. 초거대 언어 모델을 직접 개발하기 보다는 GPT-3와 같은 파운데이션 모델을 기반으로 서비스를 상용화 하는데에 초점을 맞추고 있다. 하지만 최근에는 이렇게 쌓아온 기술력과 노하우를 바탕으로 국립국어원과 협업하여 한국어에 최적화된 차세대 인공지능 언어 모델 GLM을 개발 중이기도 다. 이는 1500억 개의 매개 변수를 가진 초거대 언어 모델로 GPT-3에 버금가는 성능을 보일 것으로 기대된다.

SKT가 제공하고 있는 에이닷은 사용자 맞춤형으로 다양한 정보를 제공하여 사용자의 일상 관리를 돕는 서비스다. 아침에 사용자를 깨우는 일부터 출근, 식사, 업무 일정 등 일상 루틴을 케어하고, 사용자의 관심사나 취향을 파악해 맞춤형 정보를 제안한다. 번거로운 일들을 대신 처리해주고 사용자가 좋아할 만한 콘텐츠를 추천해 주기도 한다. 이런 기능들은 SKT의 음성 비서 누구NUGU와 비슷한 속성을 갖고 있다.

에이닷의 장점은 사람과 이야기하는 것처럼 자연스러운 소통이 가능하다는 점이다. 이를 위해 장기 기억 기술과 이미지 리트리벌 기술을 활용하고 있고 멀티모달 서비스를 적용 중이다. 장기 기억은 오래된 대화 중 중요한 정보를 별도로 저장해 두었다가 대화 중에 활용하는 기술이고 이미지 리트리벌 기술은 대화의 흐름상 가장 적합한 이미지를 찾고 소통에 활용하는 기술이다. 멀티모달은 텍스트뿐 아니라 음성, 이미지 등 다양한 데이터를 종합적으로 추론하는 방식으로 보다 입체적인 소통을 가능케 한다. 또한 편향되거나 부정확한 답변, 인식 오류 등에 대해서는 지속적으로 사용자 피드백을 통해 교정하면서 서비스를 고도화해 나가고 있다.

2023년초 SKT는 자신들이 보유한 슈퍼컴퓨터 '타이탄'을 기존 대비 두 배의 규모로 확장했다. 컴퓨터에 설치된 엔비디아의 GPU를 1,040개로 증설하였으며 초당 1경 7,100조 번의 연산 처리가 가능한 인프라를 구축했다. 이는 에이닷의 성능을 높여 가겠다는 적극적인 투자이다. 앞으로 에이닷에는 영어 학습, 사진 관리, 엑스퍼트 서비스 등의 기능도 추가될 예정이며, 외부 사업자들에게도 API를 오픈해 생성형 AI 생태계를 지속적으로 넓혀 가고자 한다.

클라우드 기업:
네이버 클라우드

    AI 산업의 인프라 격인 클라우드 분야에서 한국 기업은 해외 의존율이 상당히 높다. 공정거래위원회의 조사에 따르면 대표적인 클라우드 기업인 AWS와 MS 애저에 대한 의존율이 70퍼센트를 넘어간다. 국내 클라우드 기업으로는 유일하게 네이버 클라우드가 시장에서 의미 있는 시장 점유율을 갖고 있다. 네이버는 2021년 기준으로 시장 점유율을 7퍼센트까지 끌어올리면서 2년 만에 두 배의 성장을 보였다.

국내 클라우드 시장 1~3위 점유율 현황

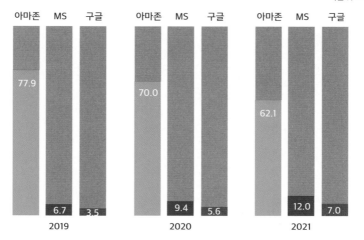

(단위 :%)

출처: 공정거래위원회

네이버는 '뉴 클라우드 전략'으로 AI 전쟁에 맞서고 있다. 그리고 그 전략의 일환으로 자사의 AI 사내 독립 기업인 클로바를 네이버 클라우드와 통합했다. MS가 오픈AI와 전략적 파트너십을 통해 GPT 모델 개발을 진행하고 챗GPT를 출시한 것과 같은 맥락이다. 그동안 네이버는 국내 최초 초거대 AI 모델인 하이퍼클로바를 기반으로 한 '클로바 스튜디오'를 자체 클라우드 기반으로 운영해 왔다. 이번 네이버 클라우드와 네이버 클로바의 통합으로 네이버의 초거대 AI 모델은 더 빠르게 진화할 것이다.

MS가 챗GPT 및 생성형 AI 모델을 자사 클라우드 서비스인 MS

애저와 결합하는 것처럼 네이버 클라우드도 클로바를 결합해 산업 분야별로 특화된 AI 솔루션을 만들고 이를 클라우드 상품으로 제공할 계획을 가지고 있다. 특정 산업과 관련된 데이터를 학습하고 이를 기반으로 한 AI 솔루션을 만들어 나갈 국산 클라우드, 네이버 클라우드의 행보를 기대해보자.

한편 2022년 6월 과기부는 초거대 AI 모델 활용을 위한 시범 서비스 공급자로 네이버 클라우드를 선정하고 시범사업을 진행하였다. 네이버 클라우드의 초거대 AI, 하이퍼클로바는 API 형태로 이용할 수 있도록 제공되었으며, 제공되는 대상은 공공·연구기관, 대학 및 대학원으로 다소 한정되었다. 동년 8월 추가로 스타트업 및 중소기업 등 기업으로 확대되어 진행되었고 앞으로도 생태계 활성화를 위한 지원이 계속될 것으로 기대된다.

챗GPT 거대한 전환

AI 반도체 기업:
삼성전자, 퓨리오사AI,
사피온, 리벨리온

한국은 반도체 강국이다. 반도체는 우리나라 수출 품목 1위로 전체 수출의 21퍼센트를 차지한다. 하지만 AI 반도체 시장에서는 글로벌 시장과 국내 시장 모두 한국 기업의 이름을 찾기가 힘들다. 우리나라 AI 기업들도 엔비디아의 AI 반도체를 주로 쓰고 있다. 앞에서 언급했듯, 최근 SKT는 슈퍼컴퓨터의 성능 향상을 위해 엔비디아의 GPU를 대량으로 구입해 증설에 활용했다.

한국 반도체가 유명한 부문은 메모리 반도체 영역이다. 그러나 AI를 비롯해 빅데이터 분석, IoT, 자율 주행 자동차 등 복잡한 연산에 필요한 AI 반도체는 시스템 반도체의 일종이다. 국내 기업도 이제 이 영역의 중요성을 실감하고 있다. 일례로 정부는 2030년까지 국산 AI 반도체의 국내 점유율을 80퍼센트까지 높이고, 기술 또한 세계 최고 수준으로 향상시킬 것이라 발표했다.

한국 AI기업 협력 현황

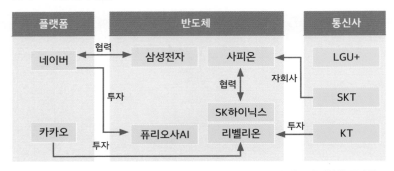

출처: 금융위원회, 중앙일보

엔비디아의 AI 반도체가 시장에서 압도적인 점유율을 차지하고 있지만 아직 기회는 있다. 엔비디아의 GPU는 AI 모델 추론에 많은 열과 과도한 전력 소모가 발생한다는 단점이 있다. 성능 향상과 더불어 비효율적인 전력 소모 개선이 가능하다면 엔비디아의 AI 반도체를 대체할 수 있을 것이다. 예를 들어, 신경망처리장치NPU는 정보를 종합적으로 판단해 명령을 내리는 인간의 뇌를 모방해 만든 데이터 처리 장치로, 딥러닝에서 복잡한 연산을 수행하는 데 유

챗GPT 거대한 전환

리한 기술이다. 또한 NPU는 대용량 멀티미디어 데이터와 AI 알고리즘 연산에 탁월해 CPU 및 GPU 대비 AI 컴퓨팅과 애플리케이션 구현에 유리함은 물론 전력 소비도 적다. 이러한 시장 기회를 포착하고 국내 AI 반도체 기업들이 NPU를 비롯해 다양한 AI 반도체 개발을 진행하고 있다. 만일 NPU 연구 개발에 성공한다면 엔비디아를 따라잡을 기회를 얻을 수 있을 것이다.

삼성전자는 AI 반도체에서도 차세대 메모리 개발에 집중하고 있다. PIM^{Processing in memory}은 메모리가 직접 연산 처리를 하도록 설계한 기술이다. 삼성전자는 AMD와 협력해 세계 최초로 PIM과 AI 프로세서를 하나로 결합한 HBM-PIM을 개발하기도 했다. HBM-PIM은 GPU 대비 평균 두 배의 성능을 50퍼센트의 전력으로 구현할 수 있다. 삼성전자는 PIM을 비롯해 AI 개발에 쓰일 수 있는 다양한 메모리 솔루션을 개발해 나갈 예정이다. 또한 네이버와도 파트너십을 맺었는데 네이버는 초거대 AI 운용 역량을 바탕으로 AI 솔루션을 개발하고 삼성전자는 하드웨어를 공급하는 방식이다.

사피온^{SAPEON}은 SKT의 자회사로, SK하이닉스와도 긴밀히 협업 중이다. 이 회사는 2020년 국내 최초로 AI 반도체 사피온을 개발하였고 이들의 주력 사업 역시 AI 반도체 설계 부문이다. 사피온의 강점은 NPU를 100퍼센트 자체 기술로 설계할 수 있는 역량을 갖추고 있다는 점이다. 이들은 2023년 AI 반도체 X330을 연내에 출시할 예정이라고 발표했는데, 이 AI 칩은 추론과 학습을 모두 지원하며 엔비디아의 GPU 대비 높은 성능이 기대된다. 이렇듯 국내 자체 기술로 엔비디아의 경쟁자 자리를 노리고 있는 기업도 있다.

퓨리오사AI는 2017년 창업한 반도체 스타트업이다. 이 기업은 2021년 AI 반도체 성능 경연대회에서 첫 번째 시제품인 워보이 Warboy로 추론 분야에서 엔비디아를 넘어서는 성능을 보이며 주목받기 시작했다. 워보이는 사진과 영상 데이터를 빠르게 분석하고 분류하는 고성능 컴퓨터 비전 활용에 적합하며, 현재 고객 테스트를 마치고 양산을 준비중이다. 또한 퓨리오사AI는 챗GPT와 같은 초거대 AI 모델을 타깃으로 하는 2세대 모델도 개발 중이다. 네이버의 투자를 받았고 삼성전자와도 협력하고 있으며, 데이터 센터와 엔터프라이즈 서버에서 AI 성능을 극대화할 수 있는 반도체의 개발을 목표로 하고 있다.

리벨리온은 2020년에 창업한 AI 반도체 스타트업이다. 파이낸스형* AI 반도체 아이온ION으로 업계의 주목을 받았고, 국내 최초로 언어 처리에 특화된 AI 반도체 보드 개발에 성공했다. 또한 2023년 데이터 센터를 겨냥한 AI 반도체 아톰ATOM을 출시했는데 이는

• 파이낸스형 AI 반도체는 주식 트레이딩 등 금융에 특화된 반도체로, 기존 반도체보다 주식 거래 속도는 향상시키면서도 전력소모는 낮추는 효과가 있다.

챗GPT 거대한 전환

NPU 기술을 적용한 반도체로, 트랜스포머 계열 초거대 언어 모델 지원이 가능하다. 리벨리온은 KT와 카카오의 투자를 받았고 KT 클라우드와 협력하여 초거대 AI 모델 개발을 지원한다. KT와 GPU팜을 구축하고 자체 개발한 AI 반도체를 접목할 계획도 가지고 있다.

AI 응용 서비스 기업:
뤼튼테크놀로지스, 프렌들리AI,
포자랩스, 스캐터랩

    CB인사이츠에 따르면 2022년 12월 기준으로 전 세계 AI 유니콘 기업 75개 중에 한국 기업은 단 한 개도 없었다. 조사 결과에 의하면 미국이 53개로 70퍼센트 이상을 차지하고 있고, 그 뒤를 중국이 따르고 있다.[24] 하지만 AI 전쟁은 이제 시작일 뿐이다. 생성형 AI 서비스로 성장 가능성을 보이고 있는 국내 기업을 소개한다.

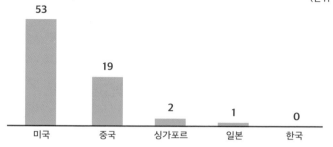

국가별 AI 유니콘 규모(2022년 12월 기준)

(단위 :개)

53 미국
19 중국
2 싱가포르
1 일본
0 한국

출처: CB인사이츠, 한경

AI 텍스트 생성 플랫폼 뤼튼테크놀로지스

2021년 설립된 뤼튼테크놀로지스Wrtn technologies는 텍스트 생성형 AI 스타트업이다. 2022년 50여 개의 스타일로 텍스트를 생성하는 AI 카피라이팅 툴 '뤼튼'을 출시했다. 사용자가 간단한 키워드를 입력하면 뤼튼은 빠르게 최적화된 콘텐츠를 생성한다. 마케터, 크리에이터, 이커머스 종사자들은 광고 문구, 블로그, 메일 작성 등 다양한 글쓰기 창작 영역에 뤼튼을 활용하고 있다. 뤼튼은 서비스 출시 1개월 만에 가입자 3만 명을 모았고, 2023년 2월 기준 약 7만 명 이상의 사용자가 이용 중이다. 결과물의 저작권은 사용자에게 귀속되며 개인적 용도 및 상업적 용도로도 활용이 가능하다.

뤼튼 사용 예시[25]

　뤼튼테크놀로지스는 글쓰기 과정을 훈련하는 소프트웨어인 '뤼튼 트레이닝' 서비스도 개발하였다. 이 서비스는 누구나 쉽고 체계적으로 글쓰기를 훈련할 수 있게 지원하는 도구이다. 글쓰기 주제 선정에서부터 집필 과정까지 AI가 사용자에게 질문을 던지거나 여러 아이디어를 제안하면서 창작 과정 전반을 돕는다. 뤼튼은 앞으로도 다양한 글쓰기 방법론을 개발하여 사용자에게 제공할 예정이다.

　뤼튼은 앞서 소개했던 미국의 재스퍼와 유사한 서비스이다. 재스퍼는 현재 기업 가치가 2조를 넘는 기업이다. 뤼튼에 따르면 그들은 월간 재스퍼의 약 70퍼센트 수준의 데이터를 생성하고 있으며, 데이터 생산량으로는 재스퍼에 크게 뒤처지지는 않는다. 뤼튼테크놀로지스는 이렇게 사용자들이 생성하는 데이터를 기반으로 다양한 AI 응용 모델을 만들어 성장하고 있으며, 향후 창작, 지식 산업 전반으로 서비스를 확장할 계획을 가지고 있다.

　　　　　　　　　　　　　　　　　　챗GPT 거대한 전환

5분 만에 작곡하는 AI 음원 솔루션 포자랩스

블라인드 테스트에서 20여 명의 업계 전문가는 인간 작곡가와 AI인 포자랩스가 생성한 음원을 거의 구분하지 못했다고 한다. 2018년 설립된 포자랩스POZAlabs는 2022년 서비스를 출시하며 본격적으로 사업을 시작해, 누구나 쉽게 음악을 창작할 수 있는 솔루션을 만들어 가고 있다. 포자랩스의 AI를 활용하면 생성형 AI로 음원 샘플을 만드는 것은 물론 생성된 샘플을 조합해서 음원을 만드는 것도 가능하다. 또 믹싱, 마스터링, 편곡 등 기존에 사람이 직접 했던 후처리 과정들도 AI를 통해 처리하고 있다. 포자랩스는 작업 시간을 줄이고 지속적인 알고리즘 개발을 통해 음악의 퀄리티를 높여가고 있다.

포자랩스는 AI 모델 학습에 필요한 음원 데이터를 직접 제작하고 있다. 그래서 빠르게 데이터를 수급할 수 있고 저작권 침해나 표절 등의 문제도 발생하지 않는다. 포자랩스는 2023년 1월 기준 AI 학습 음원 데이터 수를 67만여 개 확보하고 있다고 한다. 또한 2022년 9월에는 크리에이터를 위한 AI 배경음악 구독 서비스 '비오디오vio.dio'를 출시했다. 유튜브 등에서 활동하는 크리에이터들은 저작권이 있는 음악을 배경음악으로 사용하지 못하는데, 포자랩스는 이 지점을 뾰족하게 파고든 것이다. 이 서비스를 통해 크리에이터들은 자신들이 원하는 색감의 음악을 구독하여 사용할 수 있게 되었다.

포자랩스에 투자한 CJ ENM은 AI 음원을 프로그램 제작에 활용하려는 계획을 밝혔다. 또한 유명한 게임사인 크래프톤은 오디오 콘텐츠 플랫폼인 '오딕'에 포자랩스의 AI 음원을 활용하고 있다.

포자랩스는 2023년 세계 최고 권위의 AI 학회 '신경정보처리시스템학회NeurIPS'에 '샘플 조합 AI 음원 생성'이라는 제목으로 논문을 게재했다. 이 논문에서는 기존 음원 생성 모델이 지닌 불협화음 문제를 해결하는 방법을 소개하고 고퀄리티 음원 생성을 위한 메타데이터 열두 가지도 공개했다. 포자랩스가 음악계의 새로운 스탠다드를 만들 수 있을지 기대해보자.

생성형 AI 기반 챗봇 스캐터랩

2011년 설립된 스캐터랩Scatter Lab은 2020년 AI 챗봇 '이루다'를 출시했다. 이루다는 실제 사람의 대화 데이터를 학습해서 인간과 같은 응답을 하는 챗봇으로, 출시 3주 만에 83만 명의 가입자를 기록하며 대흥행을 이루었다. 이루다는 현실에 존재하는 친구 같은 챗봇을 목표로 했다. 하지만 이루다는 혐오 및 차별 발언과 데이터 수집 경로, 개인 정보 유출 등의 이슈로 개인 정보 보호 위원회의 제재를 받고 출시 21일 만에 서비스를 잠정 중단했다.

이러한 경험을 바탕으로 스캐터랩은 AI 윤리 준칙 다섯 가지를 세웠다. ① 사람을 위한 AI 개발, ② 다양한 삶의 가치 존중, ③ 함께 실현해가는 AI 기술의 구현, ④ 합리적 설명을 통한 신뢰 관계 유지, ⑤ 프라이버시 보호와 정보 보안 발전에 기여가 그것이다. 스캐터랩은 이 다섯 가지 준칙 위에 구체적으로 AI 챗봇 윤리 점검표를 만들고 책임감 있는 서비스 제공을 위해 노력 중이다. 그렇게 2022년 새롭게 출시한 이루다 2.0은 뻔한 답변을 하는 챗봇이 아니라 주체적인 페르소나를 입힌 모델로 세상에 등장했고, 2023년 2월에는 남성 페르소나 챗봇 '강다온'도 출시되었다. 강다온은 2030 세대와 소소한 일상을 공유하며 예의와 배려를 중요하게 생각하는 따뜻한 대화 상대를 지향하고 있다. 이외에도 현대인들에게 사색의 경험을 제공하는 모바일 셀프케어 '블림프', 행복한 연애를 위한 조언을 하는 '연애의 과학' 서비스도 제공중이다.

생성형 AI 개발 플랫폼 프렌들리AI

프렌들리AI^{FriendliAI}는 2021년 설립된 AI 플랫폼 회사다. 이 회사

는 딥테크형 스타트업으로 AI 관련 기술이 없더라도 누구나 클라우드에서 생성형 AI를 개발하고 서비스할 수 있도록 지원하는 곳이다. 이런 목적에서 런칭한 플랫폼 서비스 페리플로우PeriFlow는 AI 서비스 개발을 위해 '학습'과 '추론' 서비스를 지원한다. 학습은 생성형 AI를 빠르고 효율적으로 개발하는 기능이며, 추론은 AI 서비스를 활용할 때 발생하는 비용을 절감하는 서비스다. 프랜들리AI는 초거대 AI 모델의 효율 증진을 위한 오르카Orca 시스템도 선보였으며, 기술력과 사업성에서 높은 평가를 받고 있다.

앞서 소개한 기업들 외에도 텍스트, 음악, 동영상, AI 학습 데이터 분야에서 생성형 AI를 기반으로 다양한 국내 스타트업들이 서비스를 시작하고 있다. 물론 아직은 이제 막 시작하는 걸음마 단계이다. 그러나 한국 기업이 갖고 있는 강점을 기반으로 탄탄한 서비스를 빌드업하고, 곧 글로벌 시장까지 진출할 수 있기를 기대해 본다.

챗GPT 거대한 전환

그 외의 국내 생성형 AI 스타트업들

영역	기업명	사업모델	투자유치 및 주요투자사
텍스트	아티피셜 소사이어티	교육용 지문생성	7.5억 원(시드) 네이버D2SF, 카카오벤처스, 롯데벤쳐스
	올거나이즈코리아	기업 업무지원	198억 원(시리즈 B) 스파크랩, 에이티넘인베스트먼트, 스톤브릿지벤처스
	스켈터랩스	기업용 챗봇	397억 원(시리즈 B) 카카오벤처스, 스톤브릿지벤처스, KDB산업은행
동영상	딥브레인AI	가상인간 제작	495억 원(시리즈 B) KDB산업은행, IMM인베, 포스코기술투자
	네오사피엔스	가상인간 제작	318억 원(시리즈 B) BRV캐피탈매니지먼트, 컴퍼니케이파트너스
AI학습데이터	씨엔에이아이	이미지·동영상 합성데이터 제작	50억 원(프리 시리즈 A) 센타우리펀드, IMM인베스트먼트, KB인베스트먼트
	나니아랩스	2D3D 합성데이터 제작	2억 원(시드) 현대자동차그룹(제로원)

출처: 머니투데이[26]

한국 AI 기업의
생존 전략

2016년부터 2021년까지 총 5년간 벤처캐피탈VC의 AI 산업 투자 활동을 살펴보면 미국과 중국의 투자 건수와 규모는 실로 압도적이다. 미국은 투자 건수 16,368건으로 규모로는 1550억 달러에 이르며, 중국은 3,052건 (규모 약 620억 달러)으로 그 뒤를 잇고 있다. 미국과 중국이 AI G2라 불리는 이유를 짐작할 수 있는 규모다. 우리나라와 비교하자면 투자 규모는 미국이 한국의 약 75배, 중국은 약 31배 앞선다.[27] 어마어마한 자본이 미국과 중국 시장에 투입되고 있다. AI 분야에서 자본이 중요한 이유는 방대한 양의 데이터를

챗GPT 거대한 전환

학습하여 초거대 AI 모델을 개발하고 유지하는 데 천문학적인 비용이 발생하기 때문이다. 또한 AI를 개발하는 데 필수적인 인재와 기술력도 돈이 있는 곳에 모이기 마련이다.

그렇다면 미국과 중국이 큰 축을 차지하고 있는 AI 전쟁에서 한국 기업은 어떻게 생존할 수 있을까?

검색 시장을 제패했던 네이버의 전략을 되짚어 보자. 구글 검색이 정복하지 못한 3개국이 있다. 바로 중국, 러시아, 그리고 한국이다. 나스미디어에 따르면 2022년 인터넷 이용자 조사에서 네이버는 국내 검색 점유율 1위를 차지했다. 그 다음으로 유튜브, 구글이 뒤를 따른다. 구글 검색이 한국에 진출했을 때, 구글은 네이버보다 기술력, 한글 데이터, 자본, 관련 인재와 경험, 모든 면에서 앞서 있었다. 하지만 네이버는 이러한 격차를 극복하고 국내 검색 시장의 1위로 도약했다.

네이버는 국내 소비자의 감성과 니즈에 집중하고 이를 만족시키는 뾰족한 서비스를 제공했다. 네이버 실시간 검색은 지금 유행하는 토픽을 알고 싶은 한국인들의 니즈를 저격한 서비스였다. 또한 네이버 지식인은 기존 단순 검색에서 사용자가 스스로 필요 정보를 모으고 종합해야만 하는 방식을 순식간에 바꿨다. 궁금한 내용에 대해 질문을 던지면 전문가가 답변을 달아주는 새로운 검색은 키워드 검색으로 만족할 수 없었던 소비자들의 마음을 사로잡았다. 검색 플랫폼과 연동된 네이버 카페, 블로그, 스마트스토어도 네이버 검색을 찾게 되는 이유다. 이런 사용자 니즈를 저격한 다양한 모델들로 네이버 검색량은 급격히 증가하기 시작했다. 네이버는 이렇게 검색의 순환 구조를 만들면서 검색 시장의 지배력을 강화해 나갔다.

AI도 마찬가지다. 네이버 검색이 특정 소비자 타깃의 니즈를 뾰족하게 파고들었듯이, 불특정 다수의 소비자를 만족시키는 것이 아니라 구체적인 소비자의 니즈를 노린다면 충분히 승산이 있다. 모든 분야에 활용 가능한 AI가 아니라 미디어 AI, 엔터테인먼트 AI, 금융 AI, 교육 AI, 의학 AI와 같은 특정 분야에 특화된 AI 서비스 개발에 집중하는 전략을 생각해 볼 필요가 있다.

AI 반도체 시장에도 기회는 있다. 시장에는 '후발 주자 우위 효과'라는 것이 있다. 시장을 선점한 기존 기업은 규모가 커지면서 혁신 기술과 시장에 대한 순발력이 떨어지는 순간이 올 수 있다. 이때 후발 주자는 시장의 흐름과 방향이 명확해지는 시점에 혁신 기술에 대한 고객의 수요를 확인하고 전략적으로 진입해서 오히려 선발 주자를 따라잡는 기회를 잡을 수 있다. 이것이 후발 주자 우위 효과이다. 인텔과 AMD보다 25년가량 늦게 설립된 엔비디아가 현재 AI 반도체 시장을 장악하고 있는 것도 이런 후발 주자 우위 효과를 잘 이용한 덕분이다. 그런데 이제 AI 반도체 시장에서 엔비디아

챗GPT 거대한 전환

는 새로운 선발 주자로 자리잡았다. 앞서 살펴보았듯 엔비디아의 GPU는 전력 소비량과 비용적인 면에서 경쟁력이 낮다. 한국 기업이 이런 엔비디아의 한계를 기회로 삼는다면 또 다른 후발 주자 우위 효과를 누리고 새로운 선발주자로 떠오를 수 있을 것이다.

한국은 자본과 기술력, 그리고 시장 모든 면에서 아직은 언더독이다. 따라서 후발 주자로서 전략적으로 시장에 진입해야 함은 물론 미디어나 엔터테인먼트 같이 글로벌 시장에서 강점을 가진 영역에서 새로운 기회를 찾아야 한다. 그리고 막대한 자본이 필요한 거대 AI 모델 자체나 클라우드와 같은 인프라 비즈니스 보다는 이를 활용하는 생성형 AI 서비스에 기회가 더 많이 있을 것이다. 전쟁의 시작이다. 선택과 집중이 필요한 때이다.

GENERATIVE
PRE-TRAINED
TRANSFORMER

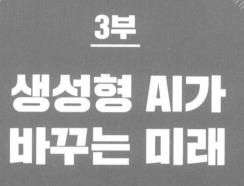

3부

생성형 AI가
바꾸는 미래

6장

생성형 AI
글로벌 서비스

파운데이션 모델과
응용 AI 서비스

현재 시장에는 출시되어 있는 다양한 생성형 AI 응용 서비스는
크게 두 가지 형태로 분류할 수 있다. 생성형 AI 모델을 만든 기업
이 직접 엔드투엔드End-to-End 응용 서비스(4-1)*를 제공하거나, 공
개된 생성형 AI 모델의 API와 소스코드를 바탕으로 다양한 응용 서

- 생성형 AI 산업에서 엔드투엔드 기업은 자체 AI 모델을 갖고 있음은 물론 이 모
  델을 기반으로 최종 사용자를 위한 응용 애플리케이션까지 제공하는 회사를 뜻
  한다.

챗GPT 거대한 전환

AI 생태계 대분류 레이어

4	AI 서비스
1	초거대 AI 모델 기업
2	클라우드
3	AI 반도체

세부 분류 및 예시

4-1	4-2
End-to-End 애플리케이션 Midjourney, Runway	응용 애플리케이션 Jasper, Copilot
	오픈 API 파운데이션 모델 GPT-3 (OpenAI)	모델 플랫폼/허브 Hugging Face
		오픈 소스 파운데이션 모델 Stable Diffusion (Stability AI)
인프라(클라우드 플랫폼) Azure, Google Cloud, AWS
하드웨어(반도체) Nvidia, Intel, GraphCore

비스를 개발하는 것(4-2)이다. 현재 제공되고 있는 대부분의 AI 응용 서비스들은 파운데이션 모델의 오픈 API 또는 오픈 소스로 제공되고 있다고 해도 과언이 아니다.

스타트업들은 주로 빅테크 기업이 만든 파운데이션 모델을 활용해 새로운 서비스를 만든다. GPT-3나 람다, 하이퍼클로바 등의 파운데이션 모델을 활용하면 복잡한 모델 개발 과정 없이도 일반 기업과 개인이 초거대 AI 모델이 적용된 나만의 서비스를 만들 수 있다.

그렇다면 우리는 왜 AI 모델을 만드는 기업이 아니라 응용 서비스를 만드는 기업을 주의 깊게 바라보아야 할까? 그건 바로 이런 서비스 회사에서 유튜브나 인스타그램 같은 텐배거^{Ten Bagger} 기업이 탄생할 수 있기 때문이다. 요즘 투자자들이 많이들 찾고 있는 '텐배거 기업'이란, 내가 투자한 돈의 열 배 수익을 돌려줄 수 있는 기업을 의미한다. 기존 산업 구분에 갇히지 않는 완전히 새로운 서비스와 비즈니스 모델을 제시하는 기업이 1000퍼센트 수익률을 달성하는 텐배거 기업이 될 수 있다.

물론 다수의 초기 서비스들은 당장의 수익 모델을 만들 수 없는 것처럼 보일 수 있다. 이는 2006년 구글이 유튜브를 16억 5천만 달러에 인수할 때도 마찬가지였다. 당시 유튜브는 명확한 비즈니스 모델이 없었고 수익을 내지도 못하고 있었다. 전통 미디어 회사의 간부들은 구글의 선택을 비웃었고, 당시 MS의 CEO 스티브 발머는 다음과 같이 말했다. "유튜브는 16억 달러라는 막대한 금액을 정당화할 비즈니스 모델이 없습니다. 그리고 저작권자들은 어떻게 됩니까? 유튜브에 올라온 콘텐츠의 대부분은 누군가가 소유한 지적재산입니다."[28] 하지만 유튜브는 막대한 트래픽을 현금으로 바꾸는데 성공했고 현재 구글의 가장 안정적인 비즈니스 모델이다. 지금 생성형 AI 서비스 기업들은 2006년의 유튜브와 비슷하다. 이들 중 지금의 유튜브보다도 성장할 기업은 누구일까?

챗GPT 거대한 전환

대규모 언어 모델 쥬라식을 만드는 이스라엘 스타트업, AI21랩스

생성형 AI 서비스 기업을 살펴보기 전에 중요한 파운데이션 모델 기업을 하나 짚고 넘어가자. 바로 2017년 설립된 이스라엘의 AI 기업 AI21랩스이다. 이 기업은 2022년 7월에 6억 6천만 달러 이상의 기업 가치를 인정받고, 6400만 달러의 시리즈 B 투자 유치에 성공했다.

AI21랩스는 대규모 언어 모델 '쥬라식Jurassic-1'을 발표했다. 쥬라식은 1780억 개의 파라미터를 갖고 있으며, AI21랩스와 파트너십을 맺고 있는 AWS를 통해서도 사용 가능하다. AI21랩스는 쥬라식을 기반으로 애플리케이션과 서비스를 구축할 수 있는 플랫폼인 AI21스튜디오를 출시했다. 이 플랫폼은 1780억 개의 파라미터로 구성된 점보 버전과 경량화 된 라이트 버전을 제공한다. AI21스튜디오에서는 GPT-3와 비슷하게 사람과 유사한 텍스트를 생성할 수 있을 뿐 아니라 질의응답, 텍스트 분류, 테이블 변환, 요약, 코드 생성과 같은 다양한 태스크가 가능하다. 쥬라식은 고유한 25만 개의 토큰 어휘뿐 아니라 다중 토큰으로 구성된 표현식, 구문, 엔티티* 등도 모델에 포함했다. 이처럼 다중 토큰을 사용했기 때문에 텍스트 표현에 더 적은 수의 토큰이 필요하며, 이로 인해 계산 효율성이 향상되는 효과를 갖고 있다.

AI21랩스는 오픈AI와 마찬가지로 대규모 언어 모델을 만드는 회사다. 따라서 모델을 고도화하기 위해 인프라를 제공할 수 있는 빅테크와의 협력이 점점 더 필요해질 수밖에 없다. 특히 빅테크 기업들이 클라우드를 통해 AI 스타트업에 대한 투자와 제휴를 공격적으로 추진하고 있는 최근의 상황 속에서 AI21랩스가 과연 아마존과 더 적극적인 협력 체계를 구축할지 지켜보자.

파운데이션 모델을 활용한 AI 응용 서비스

파운데이션 모델을 활용해서 서비스를 출시한 대표적인 기업으로는 앞에서 소개한 미국의 재스퍼나 국내의 뤼튼테크놀로지스가 있다. 해당 기업들은 파운데이션 모델 사용량에 따라 비용을 지불하고 있지만 부담스러운 수준은 아니며, 지출되는 비용을 고려하여 서비스 사용료를 책정하고 있다. 언어 모델 GPT-3의 경우 단어의

- 엔티티는 미리 정의된 서로 구별이 가능한 개체를 의미한다. 자연어 처리에서 엔티티는 일반적으로 인명, 장소, 기업, 제품, 금전적 가치 등의 개체를 지칭하는 명사 또는 명사구이다.

조각인 토큰에 따라 비용을 지불한다. GPT-3도 하나의 모델만 있는 것이 아니라 에이다^{Ada}, 배비지^{Babbage}, 퀴리^{Curie}, 다빈치^{Davinci}라는 네 개의 모델을 갖고 있는데, 네 모델의 비용이 모두 다르다.

이처럼 생성형 AI 열풍을 주도하는 시장의 주인공 중 하나는 재스퍼나 뤼튼테크놀로지스 같은 애플리케이션 회사들이다. 최종 사용자들을 직접 상대하는 애플리케이션 회사들 중에는 이미지 생성, 카피라이팅, 코드 작성 관련 부문에서 연간 매출 1억 달러를 달성한 사례들도 있다. 그리고 이런 AI 응용 서비스 기업들 중에서 더 예리하게 사용자의 문제를 해결하고 새로운 시장을 발굴하는 기업이 넥스트 유니콘, 넥스트 텐배거로 도약할 것이다.

(텍스트)

카피를 쓰고 고객 문의에 음대하는 AI: 카피AI, 뮤터니, 멕스트

재스퍼를 따라잡기 위해 가격으로 승부수를 띄운 카피AI

카피AI^Copy AI^는 비즈니스 고객을 위한 AI 기반 카피라이팅 툴을 제공한다. 카피AI의 자동화된 툴을 사용하면 고객은 단 몇 초 만에 마케팅 문구를 생성할 수 있다. 카피AI의 플랫폼은 소셜 미디어, 헤드라인, 블로그 아이디어 등에 대한 자동 작성 기능을 제공하여 디지털 에이전시, 카피라이터, 이커머스 브랜드가 콘텐츠를 만드는 데 투입하는 시간을 절약함은 물론, 고객 트래픽이 매출에 연결될

챗GPT 거대한 전환

수 있도록 지원한다.

카피AI는 지금은 유니콘 기업이 된 재스퍼와 유사하다. 두 기업 모두 AI 기반 카피라이팅 플랫폼을 제공하며, 플랫폼의 작동 방식도 비슷하다. 먼저 소비자는 카피AI의 템플릿 중에 하나를 선택한다. 다음으로 홍보하고 싶은 브랜드와 제품 설명에 대한 내용과 함께 메시지의 어투를 설정하면 카피AI가 자동으로 콘텐츠를 만들어준다. 소비자는 이렇게 만들어진 여러 개의 결과물을 바탕으로 쉽게 콘텐츠를 완성할 수 있다.

카피AI의 카피라이팅 툴[29]

대신 카피AI는 재스퍼 대비 낮은 가격과 무제한 사용이라는 강점을 앞세워 소비자들을 설득한다. 카피AI에 따르면 재스퍼를 사용했을 때보다 월 83~92퍼센트의 비용을 절약할 수 있다. 사실 카피AI는 재스퍼보다 1년 먼저 설립된 기업이다. 하지만 기업 가치, 투자 금액, 직원 수 등 여러 측면에서 명백한 재스퍼의 팔로워다. 게다가 재스퍼는 카피AI보다 더 긴 글을 작성할 수 있으며, 블로그 글 지원, 키워드 설정 등 더 고도화된 기능들을 제공한다. 이런 한계를 인지하고 카피AI는 무엇보다 강력한 소비 유인인 가격으로 재스퍼에 도전장을 내밀고 있는 것이다. 작은 기업들 입장에서는 처음부터 재스퍼를 채택하기보다 카피AI의 서비스를 통해 다양한 테스트를 해보는 것이 효과적일 수 있다. 후발 주자인 카피AI가 마케팅 시장에서 어떻게 차별점을 살려 재스퍼와 경쟁할지 지켜보자.

개발자 없이 웹 사이트를 만드는 뮤터니

뮤터니Mutiny는 비즈니스 웹 사이트를 최고의 수익 채널로 전환하도록 돕는 서비스다. 오늘날 기업들은 고객 유입을 위해 보통 1조 달러 이상을 지출하지만, 지출한 20달러 중 19달러는 수익으로 전환되지 않는다. 이런 문제를 해결하기 위해 뮤터니는 마케터가 엔지니어 없이도 수요를 수익으로 전환할 수 있도록 지원하는 노코드 AI 플랫폼을 제공한다. 이를 위해 데이터 분석부터 AI 기반 추천 및 콘텐츠 작성에 이르기까지 마케터가 수익을 창출할 수 있는 다양한 기능을 구현했다. 2018년 설립된 이 기업은 6억 달러의 기업 가치를 인정받고 2022년 4월 시리즈 B 투자 유치에 성공했다.

이렇듯 뮤터니는 원래도 AI 기반으로 사이트 최적화 툴을 제공하던 회사지만 최근 생성형 AI를 적용한 새로운 기능을 선보였다. 바로 GPT-3를 기반으로 웹 사이트의 헤드라인이나 설명을 추천하는 기능이다. 이 기능은 타깃 고객의 관심과 참여를 이끌어낼 수 있는 카피를 추천함으로써 마케터들에게 유용한 인사이트를 제공한다.

뮤터니의 개발팀은 GPT-3에 기반한 카피라이팅 추천 툴을 만들기 위해 그들이 어떻게 프롬프트 엔지니어링을 수행했는지를 설명한다. 맨 처음 회사명, 회사 목적, 현재의 헤드라인을 GPT에게 제공하고 새로운 헤드라인 생성을 요청했을 때는 성능이 좋지 않았다고 한다. 하지만 회사에 대한 세부 설명과 잘 작성된 예시를 추가적으로 제공하자 더 훌륭한 헤드라인을 뽑아내는 것을 확인할 수 있었다.

예를 들어 GPT에게 "스타트업을 대상으로 한 '카르타'의 웹 사이트 헤드라인을 작성해 줘. 현재 헤드라인은 '주식. 단순화.'야"라고 요청했더니 다음과 같은 헤드라인을 추천해 주었다. "이제 모금을 멈추고 장비를 갖춰야 할 때", "주식의 변화, 왜 카르타일까요?", "거래". 한눈에 봐도 그다지 참신한 카피는 아니라는 걸 알 수 있다. 뮤터니의 직원들은 이후 수차례 프롬프트를 수정했다. 그리고 몇 번의 시행착오를 거쳐 회사에 대한 상세한 설명과 함께 잘된 예시들을 제공한 결과, GPT가 "스타트업을 위한 주식 관리 간소화", "비상장 기업의 주식 관리를 위한 다섯 가지 필수 도구", "스타트업을 위한 간편한 주식 관리"와 같이 더 발전된 결과물들을 생성하는 것을 확인할 수 있었다. 예시와 세부 설명을 추가 입력하는 것만으로도 더 현실적이고 고객의 맥락에 맞는 헤드라인이 탄생한 것이다.

챗GPT에 빠르게 대응한 브랜드 관리 플랫폼 회사, 엑스트

검색창에 직접 검색어를 입력하는 사람은 단순히 웹을 브라우징하는 사람보다 1.8배 높은 구매 의향을 갖고 있으며, 세 배 이상의 비용을 소비한다. 하지만 대부분의 비즈니스 웹 사이트의 검색 기능은 키워드 매칭 기반이기 때문에 소비자가 원하는 응답을 제공하지 못하는 경우가 많고, 이는 소비자 이탈로 이어진다. 이런 문제를 해결하기 위해 엑스트Yext는 비즈니스 고객을 위해 AI를 기반으로 작동하는 검색 솔루션을 만들었다. 엑스트는 회사가 고객이나 직원의 모든 질문에 대답할 수 있도록 지원하는 온라인 브랜드 관리 플랫폼을 제공 중이다.

엑스트는 2014년 이미 시리즈 F 단계 투자 유치를 완료했으며, 2016년 딜로이트가 선정한 북미 500대 기업 중 60위에 올랐고, 2017년 기업 공개IPO에 성공하며 뉴욕증권거래소에 데뷔한, 기술 기반 온라인 브랜드 관리 분야에서 잔뼈가 굵은 회사다. 엑스트는 2021년 3억 5470만 달러의 매출을 기록했으며, 미국 국무부와 세계보건기구 등이 엑스트의 솔루션을 사용하고 있다. 또한 버라이즌, 메리어트, 레고 등도 이 회사의 고객이다.

이미 시장의 주류이며 안정적인 수익을 내고 있는 엑스트는 챗GPT의 출시에 빠르게 대응하여, 2023년 2월 AI 챗봇인 엑스트챗 Yext Chat의 출시 계획을 발표했다. 엑스트는 이 챗봇이 비즈니스를 위한 챗GPT라고 소개한다. 챗GPT는 대규모 언어 모델에 기반한 챗봇이 지금까지의 어떤 기술보다 훨씬 일관성 있고 유용한 대화가 가능하다는 사실을 세상에 증명했다. 하지만 기업이 이 기술을 쉽게 활용할 수 있는 방법은 아직 존재하지 않기 때문에 엑스트가 비즈니스를 위한 챗GPT를 선보인다는 것이다. 엑스트챗은 자체 기술이 아닌 오픈AI의 GPT-3를 기반으로 동작하며*, 마케팅, 커머스, 고객 지원 등에 활용할 수 있도록 다른 텍스트 생성 모델도 함께 결합할 예정이다. 해당 시스템이 출시된다면 예약 시스템이나 슬랙을 포함한 기존 플랫폼에 통합될 수도 있다. 병원은 환자의 예약을 위해, 상거래 비즈니스 오너는 주문 상태를 확인하거나 반품

---

* 이후 챗GPT의 API가 공개되면 엑스트 또한 챗GPT 기반으로 제공할 가능성이 높다.

정책에 대한 질문에 응답하는데 엑스트챗을 활용할 수 있다.

또한 엑스트가 갖고 있는 사내 데이터베이스 정보가 담긴 지식 그래프(직원, 위치, 제품 이벤트, 매장 내 프로모션, 주차장 입구/출구 등에 대한 데이터)를 함께 활용한다면 챗봇이 소비자에게 더 정확한 정보를 제공할 것이다. 예를 들어 현재 챗GPT에게 자동차 보험 견적을 물어보면 챗GPT는 보험 회사를 검색하고, 각 회사에서 견적을 받은 뒤 비교해서 선택하라는 굉장히 평이한 응답을 생성한다. 하지만 특정 보험 회사의 웹 사이트에 방문해서 해당 질문을 하는 고객은 이런 포괄적인 답변을 원하지 않는다. 만일 엑스트챗에 지식 그래프가 추가된다면 직접 각 회사의 견적을 비교해 주고 최적의 상품 링크를 제공할 수도 있을 것이다. 그리고 이런 디테일한 정보 제공은 자동차 보험에 가입하는 소비자의 액션으로까지 이어질 것이다.

(이미지)
인간 예술가를 이긴
AI 아티스트:
달리2, 미드저니

오픈AI의 이미지 생성 AI, 달리2

    오픈AI의 이미지 생성 AI인 달리2는 사용자가 입력한 텍스트를 기반으로 이미지를 생성해주는 AI 시스템이다. 초현실주의 화가 살바도르 달리와 픽사의 캐릭터 월-E를 합성한 달리DALL-E라는 이름처럼 이 AI는 독창적이고 사실적인 이미지를 만들 수 있다. 달리가 많은 사람들의 사랑을 받는 이유는 아주 간단하고 직관적인 인터페이스 때문이다. 검색창처럼 생긴 텍스트 상자에 우리가 만들고 싶은 이미지를 말로 표현하고 '생성' 버튼을 누르면 몇 초 만에 네 개의 이미지가 뚝딱 생성된다.

달리를 이용하는 사용자는 프롬프트를 입력할 때, 텍스트로 된 설명에 이미지 스타일을 결합할 수 있다. 예를 들면 아래 그림처럼 '말을 타는 우주 비행사'라고 대상을 설명한 뒤, 설명한 대상에 포토리얼리즘 스타일, 앤디 워홀 스타일, 연필 드로잉 등 다양한 스타일을 결합할 수 있다. 그리고 달리2는 생성된 이미지에 대한 편집 기능 또한 제공한다. 이 기능을 활용하면 그림자, 반사, 텍스처를 고려하면서 요소를 추가하거나 제거할 수 있어 사용자가 원하는 세부 사항들을 이미지에 반영할 수 있다.

포토리얼리즘 스타일   앤디 워홀 스타일   연필 드로잉

다양한 스타일로 이미지 생성을 지원하는 달리2[30]

나아가 2022년 8월 출시한 아웃페인팅 기능은 우리의 상상의 지평을 넓혔다. 이는 원래 이미지의 경계를 넘어서 비슷한 스타일

챗GPT 거대한 전환

로 시각적 요소를 추가하거나 새로운 방향으로 이미지를 전개하는 기능으로, 사용자가 기존의 프레임 너머로 창의력을 확장할 수 있게 된 것이다. 요하네스 페르메이르의 명작《진주 귀고리를 한 소녀》에 달리2의 아웃페인팅 기능을 사용하여 그림과 상상력의 지평을 넓힌 결과물을 보면 감탄이 절로 나온다.

Original: Girl with a Pearl Earring by Johannes Vermeer
Outpainting: August Kamp

요하네스 페르메이르의 《진주 귀고리를 한 소녀》에
아웃페인팅 기능을 사용하여 확장한 이미지[31]

달리는 혐오, 폭력, 노출과 같은 유해한 내용을 담은 이미지 생성을 금지한다. 또한 특정 정치인과 관련된 이미지나 딥페이크도 생성이 불가하다. 이런 제한 조항에서는 안전하고 신뢰할 수 있는 AI 시스템을 만들겠다는 오픈AI의 방향성을 엿볼 수 있다.

크리에이터들은 달리를 활용해서 새로운 형태의 창작물을 쏟아내고 있다. AI가 인간 아티스트를 완전히 대체하는 것이 아니라 협업을 통해 새로운 시너지를 내고 있는 것이다. 달리를 시작으로 인간의 전유물이라고 여겨졌던 창작이라는 분야가 어떻게 진화해 나갈지, 그리고 인간과 AI 사이의 협업을 돕기 위한 어떤 새로운 툴들이 탄생할지 기대해본다.

미술 대회에서 1등을 차지한 그림을 생성한 미드저니

2022년 8월, 콜로라도 주립 박람회 미술 대회의 디지털아트 부문에서 게임 기획자인 제이슨 앨런이 제출한 그림 '스페이스 오페라 극장Theatre D'opera Spatial'이 1위를 차지했다. 그러나 이 대회에는 놀라운 반전이 있었다. 해당 작품은 텍스트를 입력하면 이미지를 생성해주는 AI '미드저니Midjourney'로 제작된 것이었다. 이 그림이 미드저니의 작품이라는 사실은 제이슨이 해당 내용을 본인의 트위터에 올리면서 사람들에게 알려지게 되었다. 이 사건으로 미술계는 미술 대회에서 AI의 사용이 창의적인 예술로 간주되어야 하는지, 아니면 부정행위로 간주되어야 하는지에 대한 논쟁으로 뜨거웠다.

미드저니는 AI에 기반해 예술 작품을 생성하는 알고리즘과 프로그램을 만드는 독립 연구소이다. 미드저니는 연구소명과 동일한 이

챗GPT 거대한 전환

름의 AI 프로그램인 미드저니의 베타 버전을 2022년 7월 공개했다. 미드저니는 알고리즘 개발은 물론 시스템 구축에서 응용 서비스 제공까지 겸하는 엔드투엔드 서비스 기업으로 볼 수 있다. 미드저니를 창업한 데이비드 홀츠는 2011년 리프 모션이라는 기술 회사를 설립하고 12년 동안 회사를 운영하다 2022년 지금의 미드저니를 창업한다. 미드저니는 기술을 상상력을 위한 엔진으로 바라보며, 인간의 상상력을 확장하기 위한 다양한 프로젝트를 수행 중이다.

미드저니는 특이하게도 음성 통화, 채팅, 화상 통화를 지원하는 커뮤니케이션 플랫폼 디스코드를 이미지 생성을 위한 플랫폼으로 사용한다. 미드저니의 디스코드 채널에 가입하고 채팅창에 텍스트로 프롬프트를 입력하면 시스템이 자동으로 이미지를 만들어 주는 방식이다. 처음 가입하면 무료로 25크레딧이 제공되며 모든 이미지는 디스코드의 공개 대화방에서 생성된다. 무료 크레딧을 모두 사용한 후에는 만들고자 하는 이미지의 수와 비공개 여부에 따라 비용을 지불해야 한다. 미드저니가 소셜 플랫폼에서 서비스를 제공하는 것은 사용자들이 서로의 이미지를 보며 영감을 얻고 함께 작품을 만드는 사회적인 경험을 제공하기 위함이라고 한다.

(오디오)

개인화된 음악을 만들고
텍스트로 작곡하는 AI:
AI뮤직, 뮤직LM

애플이 인수한 스타트업 AI뮤직

2022년 2월, 애플은 영국의 작은 AI 음악 스타트업 AI뮤직AI Music을 인수한다. AI뮤직은 2016년에 설립된 스타트업으로 음악의 소비 방식을 바꾸기 위해 기존 음악의 형태를 변경하는 데 집중해 왔다. 이 기업은 개인 맞춤형 사운드 트랙을 생성하는 것은 물론 사용자의 상황에 맞게 음악을 새롭게 만들어내는 기술을 갖고 있다. 예를 들어 AI뮤직을 사용 중인 사람이 잠이 들어 심장 박동이

챗GPT 거대한 전환

낮아지면 알고리즘은 신체 변화를 감지하고 재생 중인 음악을 수면에 도움이 되는 음악 트랙으로 전환한다. 또한 달릴 때는 노래의 템포를 높이고 걸을 때는 템포를 낮추는 등의 변형도 가능하다. 한 단계 더 나아가 기존 음악을 사용자의 취향에 맞는 다양한 편곡으로 제공할 수도 있다. 평소 듣지 않는 장르의 노래를 가져와 AI 기술을 통해 사용자의 취향에 맞는 음악으로 재탄생 시키는 것이다. 이런 기술을 AI뮤직은 '맥락형 AI Contextual AI'라고 지칭한다.

AI뮤직의 맥락형 AI 기술은 사용자의 시공간 맥락에 따라 맞춤형 음악을 제공한다. 가령 아침에는 어쿠스틱 버전을, 저녁에는 재즈 버전의 음악을 재생하는 방식이다. 이제 이 스타트업을 인수한 애플은 AI뮤직의 이런 기술들을 애플 피트니스와 애플 TV와 같은 다양한 자사 서비스에 접목할 것으로 예측된다. 앞으로는 음악 AI 기술을 통해 애플 TV 프로그램의 사운드트랙을 만들거나 애플 피트니스에서 운동을 위한 음악을 생성해 제공할 수도 있다. 애플이 자사 콘텐츠에 AI 음악을 입혀 또 어떤 새로운 제품을 시장에 선보일지 기대가 된다.

텍스트를 음악으로 만드는 구글의 AI 음악 서비스, 뮤직LM

구글은 텍스트를 음악으로 변환하는 새로운 AI, 뮤직LM^{MusicLM}을 소개했다. 이 음악 생성 AI는 28만 시간 분량의 음악 데이터세트를 학습했으며 다양한 악기, 장르 및 컨셉의 혁신적인 음악 트랙을 자동으로 생성할 수 있다. 사용자의 의도에 맞는 텍스트를 입력하면 이 모델은 몇 분 동안 일관된 스타일이 유지되는 24kHz의 고음질 음악을 생성한다. 예를 들어 "아케이드 게임의 메인 사운드트랙"이라고 입력하면 빠른 템포의 경쾌한 일렉트릭 기타가 인상적인 게임 음악이 생성된다. 이렇게 만들어진 음원은 게임 음악답게 기억하기 쉬운 반복적인 멜로디에 예상치 못한 사운드가 포함되어 있어 재미를 더하는 특징을 가지고 있었다.

그림과 설명을 기반으로 음악을 생성하는 뮤직LM

뮤직LM은 또한 이미지에 대한 설명을 다소 복잡한 텍스트로 입력을 해도 이에 어울리는 음악을 생성한다. 노래, 휘파람 또는 허밍으로도 노래를 생성할 수 있는데, 사용자가 멜로디를 흥얼거리며 AI 알고리즘을 훈련시켜 자신이 원하는 비트를 얻는 것이 가능하다. 아쉬운 점이 있다면 아직까지 뮤직LM이 생성한 노래의 가사는 다소 무의미한 내용을 읊는 경향이 있다는 점이다. 현재 구글은 저작권 문제 등으로 인해 뮤직LM을 공식 서비스로 출시할 계획을 밝히지는 않았다. 음악계에서는 AI 알고리즘을 어떻게 취급할지 그리고 저작권과 관련된 법률을 어떻게 정립할지에 대해 논쟁의 여지가 있는 상황이다.

그동안 대부분의 일반 대중들은 소수의 누군가에 의해 제작된 음악을 즐기기만 했다. 하지만 어쩌면 가까운 미래에는 자신만의 음악적 취향을 반영해 직접 음악을 만들고 즐기는 시대가 올지 모른다. 뮤직LM은 생성형 AI가 앞으로 어떻게 음악계를 변화시킬지를 예고하는 신호탄이다.

(영상)
단어와 이미지로
새로운 영상을 생성하다:
런웨이, 리프레이즈AI

동영상 생성 모델의 서막을 연 런웨이

런웨이Runway는 머신러닝 기반의 영상 편집 및 생성 기능을 제
공하는 콘텐츠 제작 플랫폼이다. 주로 비디오 자동화와 합성 미디
어에 중점을 두고 있으며 크리에이티브 산업에서 비주얼 미디어
제작에 투입되는 비용을 절감하고자 한다. 런웨이는 텍스트를 이미
지로 변경해주는 모델인 스테이블 디퓨전을 공동으로 개발한 기업
으로, 이미 검증된 기술력을 갖고 있는 스타트업이기도 하다. 2018

년 처음 설립된 이후로 AI 기반의 동영상 편집 기술들을 개발해 왔으며, 실제로 런웨이의 기술은 크리에이터들뿐만 아니라 CBS와 같은 주요 방송사에서도 사용하고 있다.

2022년 12월에 런웨이는 5억 달러의 기업 가치를 인정받아 5000만 달러 규모의 시리즈 C 투자 유치에 성공했다. 쇼피파이, 트위치, 노션, 칸바 등 화려한 포트폴리오를 소유한 벤처 캐피털인 펠리시스Felicis Ventures가 이번 투자를 리드했다. 온라인 개발 환경을 제공하는 레플릿Replit의 창업자 암자드 마사드Amjad Masad와 넥스트jsNext.js 웹 개발 프레임워크 유지 관리 서비스 버셀Vercel의 CEO이자 창업자인 기예르모 라우흐Guillermo Rauch와 같은 개인 투자자도 런웨이의 미래에 투자했다.

2023년 2월, 런웨이는 텍스트를 입력하거나 특정 이미지를 참조하여 기존의 영상을 새로운 영상으로 변환하는 AI 모델인 젠-1Gen-1을 출시했다. 이 AI 모델을 활용하면 길을 걷는 사람의 영상에 '클레이메이션 스타일'이라는 텍스트 프롬프트를 추가하여 클레이메이션 인형이 걸어다니는 영상으로 바꾸거나, 눈 위를 점프하는 남자의 영상에 달과 우주인 사진을 추가하여 달 위를 점프하는 우주인의 영상으로 바꾸는 것이 가능하다. 젠-1은 이미지나 프롬프트의 스타일을 동영상의 모든 프레임에 적용할 수 있는 스타일라이제이션 모드, 뼈대만 있는 목업mockup을 완전히 스타일화된 애니메이션으로 렌더링하는 스토리보드 모드, 영상에서 피사체를 분리해 텍스트 프롬프트로 피사체만을 수정하는 마스크 모드, 텍스처가 없는 렌더링에 사실적인 출력물을 입히는 렌더 모드, 그리고 마지막으로 젠-1을 커스터마이징할 수 있는 모드를 제공할 계획이다.

입력한 텍스트나 이미지를 기반으로 비디오 스타일을 변환하는 젠-1[32]

런웨이는 2022년 이미지 생성의 폭발적 성장과 열기를 2023년에서는 비디오 생성이 이어갈 것이라 선언한다. 비디오 생성 모델로는 메타의 메이크어비디오Make-A-Video, 구글의 이매젠 비디오Imagen Video와 페나키Phenaki, 드리믹스Dreamix 정도가 있다. 하지만해당 모델들은 샘플 영상과 논문 정도만 공개되었기에 아직 대중적 파급력까지 이어지지는 못했으며 연구자들 사이에서 회자되는

챗GPT 거대한 전환

정도에 그쳤다.

이제 런웨이를 시작으로 생성형 비디오 모델을 일반 사용자들이 사용할 수 있게 되면서 비디오 생성 영역에서도 대중의 관심은 물론 새로운 유즈케이스가 쏟아질 것이라고 예상한다. 더불어 이미지 생성 AI의 큰 축을 이끌어 나가고 있으며 영상 생성 모델 역시 준비 중인 것으로 알려진 스태빌리티AI의 영상 모델이 함께 공개가 된다면 그 사회적 파급력은 배가 될 것이다.

물론 예상되는 어려움도 분명하다. 영상 모델은 이미지보다 많은 크레딧이 소모되기 때문에 소비자에게 얼마를 과금해야 할 것인가라는 문제는 서비스 수익화 차원에서 빠른 시일 내에 해결해야 하는 숙제다. 영상의 경우 적어도 1초에 24프레임 이상은 나와야 하기에 단 10초짜리 영상을 만들기 위해서는 이미지 한 장을 만드는데 필요한 비용의 최소 240배가 필요하다. 여기에 해상도와 시간, 이미지 생성을 위한 스텝 등을 늘리면 비용은 금세 기하급수적으로 증가할 수도 있다. 런웨이는 비즈니스적으로 매우 중요한 '비용'이라는 문제를 어떻게 풀어나갈까? 그리고 경쟁자들은 런웨이의 이런 행보에 어떻게 대응할까? 2022년 텍스트 모델 전쟁에 이어 2023년 펼쳐질 비디오 모델 전쟁에서 런웨이의 행보를 주목해 보자.

디지털 아바타를 활용한 전문 동영상 제작이
가능한 리프레이즈AI

리프레이즈Rephrase는 생성형 AI를 통해 전문적 동영상을 손쉽게 제작할 수 있는 툴을 제공한다. 이 기업은 AI를 기반으로 동영상을 생성하는 기저 기술을 연구하는 딥테크 스타트업이지만 디지털 아바타가 적용된 B2C와 B2B 애플리케이션도 함께 제공 중이다. 작동 방식은 간단하다. 사용자가 텍스트를 입력하면 음성과 비디오가 합성된 디지털 아바타가 탄생한다. 2019년 설립된 이 회사는 2022년 9월 1060만 달러 규모의 시리즈 A 투자 유치를 달성한다. 리프레이즈는 새롭게 유치된 투자금을 통해 엔지니어링, AI, 제품, 영업, 마케팅 등 여러 분야에 걸쳐 인력을 채용하고 역량을 강화할 계획이다. 그리고 샌프란시스코에 본사를 두고 있는 만큼 북미 지역을 중심으로 입지를 확장할 것이라 전했다.

리프레이즈의 플랫폼은 사용자가 텍스트를 입력하면 몇 분 만에 전문가 수준의 동영상을 생성해 준다. 구체적인 서비스 단계는 다음과 같다. 먼저 리프레이즈가 제공하는 디지털 아바타 중 하나를 선택한 뒤, 아바타에 입히고 싶은 메세지를 입력한다. 그후 리프레이즈의 모델이 렌더링을 진행해 비디오가 자동으로 생성된다. 사용자는 별도의 음성 녹음 없이 서비스에서 제공하는 텍스트-음성 변환 모듈을 사용할 수 있으며, 리프레이즈AI는 현재 총 15개의 언어를 지원 중이다. 또한 얼굴 랜드마크 매핑 기술을 통해 디지털 아바타의 자연스러운 얼굴 표정과 움직임을 구현한다.

인도 등명제를 맞아 제작된 광고는 리프레이즈의 기술이 적용된 성공적 유즈케이스 중 하나다. 이 광고에는 인도의 유명 영화 배우인 샤룩 칸의 디지털 아바타가 사용되었는데, 생성형 AI 기술을 통해 샤룩 칸이 인도 현지의 개별 매장을 홍보하는 초개인화된 광고가 탄생한 것이다. 이로 인해 지역의 작은 소상공인도 인도 최고의 스타를 그들 매장의 앰버서더로 만드는 효과를 누릴 수 있었으며, 제품의 매출은 약 35퍼센트 증가했다. 생성형 AI 기술을 이커머스와 잘 결합해서 대중의 관심을 얻고 비즈니스 효과를 누림은 물론 지역 경제까지 살린 좋은 사례다. 리프레이즈는 비디오 생성 기술과 영상 제작 툴 외에도 인플루언서의 디지털 IP 구축 사업을 시도하는 등 다양한 비즈니스 모델을 발굴해 나가고 있다.

(코드)
개발자의 짐을 덜어주는 AI: 코파일럿

깃허브의 코파일럿Copilot은 코드 자동 생성 서비스로 2022년 6월 출시된 이후 많은 개발자들의 사랑을 받고 있다. 개발자의 반쪽과도 같은 AI 프로그래머인 코파일럿은 코드 작성 에디터에서 실시간으로 코드와 함수를 제안함은 물론, 코드 한 줄 자동 완성부터 전체 코드 블록 작성까지 다양한 기능을 제공 중이다. 2022년 깃허브의 조사에 따르면 88퍼센트의 개발자가 코파일럿이 개발자의 생산성을 향상시켰으며, 96퍼센트가 코파일럿으로 반복적인 업무를 더 빠르게 처리할 수 있다고 응답했다.

깃허브의 코파일럿은 오픈AI의 코덱스^{Codex}에 기반하고 있다. 코덱스는 자연어를 코드로 번역하는 모델로 비공개 베타 버전이 제공 중이다(2023년 2월 기준). 코덱스는 특정 작업 수행에 필요한 컴퓨터 프로그램의 명령어인 커맨드를 자연어로 해석하고 사용자 대신 커맨드를 실행할 수 있다. 코덱스는 GPT-3의 후손 격인 모델이다. GPT-3가 자연어 프롬프트에 대한 응답으로 자연어를 생성한다면, 코덱스는 GPT-3의 자연어 이해 능력을 상당 부분 갖추고 있지만 코드를 생성한다는 점이 다르다. 코덱스의 학습 데이터는 자연어와 함께 공개적으로 사용 가능한 수십억 줄의 소스코드를 포함하고 있다. 코덱스는 파이썬에 가장 탁월한 성능을 보이지만 이외에도 자바스크립트^{JavaScript}, PHP, 루비^{Ruby}, 타입스크립트^{TypeScript}, 쉘^{Shell}을 포함한 12개 이상의 프로그래밍 언어를 지원한다. 오픈AI 코덱스의 목표는 사람의 의도를 더 잘 이해하는 컴퓨터를 만들어서 모든 사람이 프로그래밍으로 더 많은 일을 할 수 있도록 돕는 것이다.

코파일럿이 어떻게 작동하는지를 좀 더 자세히 살펴보자. 우선 개발자가 작성하고자 하는 코드의 로직을 설명하면 코파일럿이 개발자의 의도를 구현하는 코드를 생성하고 제안한다. 그림에서는 '텍스트의 감성을 분석하는 코드를 웹 서비스를 사용해서 작성해 달라'는 개발자의 요청에 코파일럿이 곧바로 타입스크립트라는 프

```
TS sentiments.ts        ∞ write_sql.go    🐍 parse_expenses.py    💎 addresses.rb
1  #!/usr/bin/env ts-node
2
3  import { fetch } from "fetch-h2";
4
5  // Determine whether the sentiment of text is positive
6  // Use a web service
7  async function isPositive(text: string): Promise<boolean> {
8    const response = await fetch(`http://text-processing.com/api/sentiment/`, {
9      method: "POST",
10     body: `text=${text}`,
11     headers: {
12       "Content-Type": "application/x-www-form-urlencoded",
13     },
14   });
15   const json = await response.json();
16   return json.label === "pos";
17 }
     🔓 Copilot
```

파란색 영역이 코파일럿 사용자 명령에 따라 자동으로 코드를 생성한 부분이다

로그래밍 언어로 코드를 작성하는 것을 확인할 수 있다. 이런 식으로 반복적인 코드 패턴을 만드는 일은 코파일럿에게 맡기고 개발자는 구조를 개선하는 등 소프트웨어 개발에 있어서 더 중요한 일에 더 많은 시간과 노력을 할애할 수 있다. 또한 개발자가 온라인에서 코드 예제나 함수를 일일이 검색할 필요가 없으므로 많은 시간과 노력이 절약된다. 코파일럿은 비주얼 스튜디오Visual Studio, 네오빔Neovim, 젯브레인IDEJetBrains IDE와 같은 인기 있는 코드 편집기에서도 지원되기 때문에 개발자가 다른 도구로 전환할 필요 없이 본인이 선호하는 코딩 환경 내에서 사용할 수 있다는 장점도 갖고 있다.

챗GPT 거대한 전환

물론 코파일럿이 완벽한 코드를 작성하는 것은 아니며 코파일럿이 생성한 코드가 100퍼센트 개발자에 의해 수용되는 것도 아니다. 깃허브에 따르면 개발자는 코파일럿이 생성한 코드의 26퍼센트 정도를 수락했으며, 개발자의 코드 파일 중 평균 27퍼센트 정도가 코파일럿을 통해 생성되었다. 파이썬의 경우 코파일럿을 통한 코드 생성 비율이 40퍼센트까지 올라가기도 한다. 하지만 코파일럿은 생성한 코드를 별도로 테스트하지 않으며 더 이상 사용되지 않는 라이브러리를 제안할 수도 있기 때문에 개발자가 직접 테스트를 거치는 단계가 필수적이다. 그럼에도 이런 한계를 명확히 이해하고 코파일럿을 활용한다면 더 효율적으로 코딩 작업을 수행할 수 있을 것이다.

MS보다 앞서 대화형 검색을 선보인 스타트업: 유닷컴

유닷컴You.com은 구글에 대항해 검색 엔진 재편을 노리는 스타트업이다. 이곳은 세일즈포스의 수석 과학자 리차드 소처를 포함한 두 명의 전직 세일즈포스 직원이 설립한 회사로 2021년 세일즈포스의 CEO 마크 베니오프 주도의 2000만 달러의 시드 투자를, 2022년 2500만 달러의 시리즈 A 투자 유치를 완료했다. 유닷컴은 현재 검색 엔진에서 제공되는 과잉 정보와 검색 결과에 대한 신뢰 문제를 해결하고자 한다. 이를 위해 유닷컴은 광고에 최적화된 결과가 아닌 사용자 의도에 부합하는 결과를 우선적으로 제공하여 사용자가 진정으로 원하는 정보를 빠르게 찾을 수 있도록 돕는다.

유닷컴은 궁극적으로 구글의 대항마 자리를 노린다. 유닷컴의 CEO 리차드 소처는 구글이 폐쇄적이고 독점적인 검색 엔진이며, 광고 수익 극대화라는 목표 달성을 위해 사용자를 상대로 AI를 무기화 했다고 비판한다. 또한 AI가 사용자를 조작하여 광고를 클릭할 때까지 사이트에서 최대한 많은 시간을 보내도록 유도하는 것은 이상적이지 않다고 지적한다. 이와 반대로 유닷컴은 개방형 검색 플랫폼으로, 사용자에게 광고 폭격을 가하는 대신 사용자의 요구를 충족시키는 것을 가장 중요하게 생각한다고 밝혔다. 또한 유닷컴은 사용자들에게 검색 엔진 선택권이 있음을 강조한다. 같은 운영체제와 브라우저를 사용하더라도 다른 검색 엔진을 사용할 수 있는 기회와 권리가 있다는 것이다. 유닷컴은 아직 수익화 방법을 고민 중이지만 구글이나 빙 같은 광고 중심의 방식은 아닐 것이라고 밝혔다. 오히려 덕덕고^{DuckDuckGo®}와 유사한 비공개 광고를 검토할 계획이라고 전했다. 또한 에세이와 블로그를 작성해 주는 기능

● 2008년에 출시된 덕덕고는 사용자의 개인정보를 수집하지 않는 검색 엔진으로, 유명한 구글과 같은 검색 엔진의 대안으로 인기를 얻었다. 덕덕고 역시 구글과 비슷하게 키워드 광고를 통해 수익을 창출한다. 하지만 사용자의 개인정보를 저장 및 분석하지 않고 광고를 제시하기 때문에 사용자와 관련이 적은 광고가 제시될 수 있다.

에 대한 구독 모델이나, 주식 차트를 표시할 때 주식 앱을 연동하는 등 서드 파티 앱과의 연동을 통한 수익 모델을 고려 중이다.

유닷컴은 2022년 12월 생성형 AI를 도입했으며, 대화형 검색인 유챗은 유닷컴의 가장 특별한 기능이다. 사용자가 유챗을 통해 정보를 검색하면 유챗은 온라인의 수많은 정보를 텍스트로 요약함과 동시에 출처에 대한 레퍼런스를 함께 표시한다. 사용자는 레퍼런스의 하이퍼링크를 통해 출처에서 정보의 세부 내용을 확인할 수 있다. 이는 생성형 AI가 갖고 있는 가장 큰 한계인 정확도와 할루시네이션 문제를 일정 부분 극복한 것이다. 유챗은 멀티턴 대화도 지원하여, 사용자는 유챗이 제시한 정보를 바탕으로 연속적인 대화를 이어갈 수 있다. 가령 유챗이 추천한 컴퓨터 정보를 표로 정리해 달라고 하면 표로 정리해서 보여주고, 유챗이 추천한 많은 제품 중에서 하나만 추천해 달라고 하면 하나의 제품을 이유와 함께 추천해 준다. 이외에도 유닷컴은 에세이, 소셜 미디어 포스트, 블로그 등의 글쓰기, 코드 생성, 이미지 생성 등 생성형 AI를 활용한 기타 기능들도 제공하고 있다.

유닷컴은 멀티모달 검색을 통해 서비스를 더욱 발전시킬 계획이다. 계획이 실현될 경우, 사용자 질문의 성격에 따라 텍스트뿐 아니라 이미지나 영상, 그래프, 표와 같은 다양한 접근법을 활용하여 질문에 더 적합한 응답을 생성할 수 있다. 예를 들어 "CRM 시장 점유

챗GPT 거대한 전환

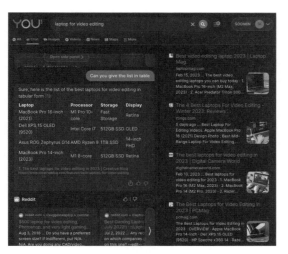

멀티턴이 가능한 유챗 검색. 유챗이 제공한 정보를
테이블 형태로 요약해달라는 사용자의 요청을 잘 수행한다

율이 가장 높은 회사는 어디인가요?"라고 질문하면 "세일즈포스"라
는 텍스트 답변이 표시되고, "세일즈포스의 주가는 얼마인가요?"라고
질문하면 텍스트 대신 주가 차트가 표시되는 방식이다. 이처럼 대규
모 언어 모델은 텍스트뿐 아니라 코드, 표, 그래프, 대화 등 다양한 형
태의 데이터를 학습하고 생성할 수 있다는 점에서 우리의 검색 경험
을 더 풍부하게 할 수 있다. 유닷컴이 새로운 검색 경험을 어떻게 펼
쳐 나갈지 그리고 정말 구글의 대항마로 성장할 수 있을지 지켜보자.

강력한 인사이트를 위한
합성 데이터 생성:
모스틀리AI, 그레텔

생성형 AI로 합성 데이터를 만드는 모스틀리AI

오스트리아 빈에 위치한 모스틀리AI^{Mostly AI}는 AI 모델 개발과 소프트웨어 테스트를 위한 합성 데이터 분야를 선도하는 기업 중 하나다. 모스틀리AI가 만든 합성 데이터는 많은 세부 정보가 포함되어 있기에 회사의 실제 고객 데이터만큼 현실적이다. 하지만 개인을 식별할 수 있는 데이터는 없기 때문에 기업이 GDPR*과 같은 개인 정보 보호 규정을 준수할 수 있다는 장점이 있다. 2017년 설

챗GPT 거대한 전환

립 후 빠르게 성장 중인 이 회사는 북미와 유럽의 은행 및 보험사와 협력하고 있으며, 기업이 합성 데이터를 통해 비즈니스 가치를 창출할 수 있도록 지원한다. 2022년 1월 3110만 달러 규모의 시리즈B 투자 유치를 완료했다.

가트너에 따르면 2024년까지 AI에 활용되는 데이터의 약 60퍼센트는 합성 데이터가 될 것이다. 합성 데이터란 원래 데이터 소스와 수학적으로 혹은 통계적으로 유사한 속성을 지니도록 인위적으로 생성한 데이터로, 실제 데이터보다 더 실제 같다는 특징을 갖고 있다. 고품질 데이터 수집은 많은 시간과 비용이 소요되는 반면 합성 데이터는 라벨이 지정된 데이터를 무제한으로 생산할 수 있다는 강점 때문에 주목받고 있으며, 많은 기업들이 합성 데이터라는 분야에 뛰어들고 있다. 여기에는 모스틀리AI 뿐 아니라 금융 데이터를 생성하는 헤이지Hazy, 이미지 처리 데이터에 특화된 신서타익SynthetAIc, 그리고 데이토마이즈Datomize, 신서시스AISynthesisAI, 스카이엔진AISkyengineAI와 같은 기업들도 가세하고 있다.

이러한 장점에도 불구하고 합성 데이터가 갖고 있는 대표적 한계는 생성에 사용된 알고리즘에 따라 만들어진 데이터가 편향될

- 개인 정보 보호 규정(General Data Protection Regulation). 2018년부터 EU에서 시행된 EU의 개인 정보 보호 강화 목적의 통합 규정을 의미한다.

수 있다는 것이다. AI가 더 많은 매개 변수를 통합할수록 데이터는 공정성과 거리가 멀어질 수밖에 없다. 즉, 모델이 고도화될수록 오히려 편향이 증폭될 수 있다. 또한 합성 데이터는 실제 데이터의 통계적 속성을 모델링하는 알고리즘을 기반으로 생성되는데, 아무리 그 알고리즘이 뛰어나다고 할지라도 실제 데이터가 내포하고 있는 현실의 풍부함과 복잡성은 결코 포착할 수 없다. 따라서 합성 데이터로 학습된 모델은 현재까지는 실제 데이터로 학습된 모델만큼 정확하거나 효과적이지 않다는 한계가 존재한다.

데이터 합성부터 변형, 분류까지 API로 제공하는 그레텔

그레텔Gretel은 개발자가 데이터를 통해 모델을 빠르게 빌드하고 다른 사람과 안전하게 공유할 수 있도록 돕는 서비스다. 그레텔은 익명화된 합성 데이터를 생성하는 기술을 통해 프라이버시 문제를 해결함은 물론 데이터가 모자라서 모델 개발에 어려움을 겪는 병목 문제를 해결하는 데 집중하고 있다. 앞에서 언급했듯이 합성 데이터에 개인을 식별할 수 있는 민감한 정보가 포함되지 않기 때문에, 개발자는 프라이버시 침범에 대한 염려 없이 모델과 애플리케이션을 빠르게 개발할 수 있다.

챗GPT 거대한 전환

합성 데이터 생성 완료 후 생성된 결과에 대한
품질과 프라이버시 보호에 대한 척도를 제공한다

데이터 합성 플랫폼은 그레텔의 메인 비즈니스 모델이다. 그레텔은 우리에게 익숙한 행과 열로 구성된 표 데이터뿐 아니라, 텍스트와 같은 비정형 데이터, 금융 분야에서 자주 활용되는 시계열 데이터, 다수의 테이블과 데이터베이스를 연동하는 관계형 데이터, 그리고 심지어 이미지 데이터의 합성 기술까지 제공한다. 무엇보다 이 모든 것을 코딩 없이 몇 번의 클릭만으로 끝낼 수 있다. 사용자는 먼저 합성 데이터 생성에 사용될 소스 파일을 업로드 한다. 그 후 그레텔이 제공하는 기본 모델을 활용하거나, 학습률, 배치 사이즈, 에포크 등의 세부 파라미터를 튜닝한 새로운 모델을 설정한다.

모델이 설정되면 '훈련 시작' 버튼으로 원본 데이터세트에 머신러닝 모델을 학습시켜서 원본 데이터와 통계적으로 유사한 합성 데이터를 생성할 수 있다. 이렇게 생성된 합성 데이터세트에 대해서는 품질 점수와 프라이버시 보호 레벨 정보가 제공된다.

머신러닝 모델에서 데이터는 너무나도 중요하기 때문에 합성 데이터 분야는 앞으로도 빠르게 성장할 것이다. 이를 증명하듯 2019년 설립된 그레텔은 2021년 10월 5250만 달러 규모의 시리즈 B 투자를 유치했다. 가트너는 합성 데이터가 AI 모델에 사용되는 데이터의 주요 형태가 될 것이며, 앞으로 합성 데이터 없이 고품질의 AI 모델을 만들기는 어려울 것이라고 전망했다. 합성 데이터는 특히 대규모 데이터 수집이 어렵고 프라이버시 문제 때문에 접근하기 힘든 헬스케어나 의료 같은 분야에 강점이 있을 것이다. 국내에서 합성 데이터 비즈니스를 하는 기업으로는 위암 학습 데이터를 생성하며 메디컬 분야까지 진출한 씨앤에이아이, 제조업을 위한 3D 합성 데이터를 자동으로 생성하는 나니아랩스, 데이터 분석뿐 아니라 데이터 생성까지 책임지는 드림투리얼이 있다.

챗GPT 거대한 전환

말하는 대로 인터페이스를
만들어 주는 AI:
갈릴레오AI

갈릴레오AI^{Galileo AI}는 유저 인터페이스를 자동으로 만들어 주는 AI 툴이다. 이 서비스는 사용자가 만들고자 하는 인터페이스를 텍스트로 입력하면 생성형 AI를 통해 자동으로 인터페이스를 생성해 준다. UI 구성요소, 이미지, 콘텐츠를 자동으로 결합하여 사용자가 빠르게 모바일 앱을 디자인할 수 있다. 다음 페이지의 그림과 같이 사용자가 프롬프트에 반려견 산책 앱의 온보딩 화면이라고 입력하면 갈릴레오AI는 강아지 사진과 앱 이름 그리고 앱에 대한 설명이 들어간 페이지를 자동으로 생성한다. 보다 상세한 요청도 가능하다. '댄 브라운과 그의 책 리스트가 포함된 독서 앱의 프로필 페이지' 생성을 요청했더니 댄 브라운이라는 프로필 아래 책 리스트는 물론 사용자가 별도로 입력하지 않은 별점과 팔로워 항목까지 AI가 문맥을 고려해서 자동으로 완성해 주는 것을 확인할 수 있다. 또한 사용자는 AI가 생성한 인터페이스를 직접 수정할 수도 있다. AI가 일차적으로 만들어 준 프레임을 바탕으로 내가 만들고자 하는 서비스의 방향에 맞게 세부 튜닝이 가능한 것이다.

뿐만 아니라 갈릴레오AI는 사용자가 만드는 앱 스타일에 맞는 일러스트레이션을 생성해 준다. 적합한 아이콘이나 일러스트를 위해 별도 작업을 할 필요 없이 AI가 만들어 준 이미지를 그대로 사용할 수 있다. 또한 대규모 언어 모델을 활용해서 서비스의 맥락을 이해한 뒤, 서비스의 카피나 세부 설명을 자동으로 채워 주기도 한

다. 기획 단계에서 더미로 남겨두었던 필드를 AI가 자동으로 완성해 더 높은 완성도의 프로토타입을 완성할 수 있는 것이다.

갈릴레오AI는 아직 별도의 법인이 설립되지 않은 상태이며, 현재 가장 핫한 인터페이스 애플리케이션인 피그마에서 플러그인 형태로 제공될 예정이다. 갈릴레오AI와 같은 생성형 UI 디자인 툴은 제너레이티브 디자인의 새로운 분야로 볼 수 있다. 제너레이티브 디자인이란 건축, 제조, 구조 엔지니어링 분야에서 널리 사용된 접근법으로, AI를 활용해 주어진 문제에 맞는 수천 가지 디자인 변형을 반복적으로 생성한 뒤, 사람이 최상의 결과를 선별하는 분야이다. 그리고 이제 인터페이스 디자인에도 제너레이티브 디자인과 같은 접근법이 접목되고 있다. 특히 모바일 앱 같은 경우 아이폰3gs가 탄생한 이후로 수많은 모바일 앱들이 생겨났고, 이들 사이에 정형화가 가능한 디자인 패턴이 존재하기 때문에 제너레이티브 디자인이 잘 작동할 수 있는 분야기도 하다. 갈릴레오AI 외에도 피그마에서 동작하는 매지션Magician 그리고 지니어스Genius by Diagram와 같은 생성형 디자인 툴들도 새롭게 등장하고 있다. 이런 도구들이 피그마나 스케치 같은 기존의 애플리케이션에 붙어서 동작할지 아니면 별도의 서비스로 출시될지 그 동향을 유심히 지켜보아야 할 것이다.

AI와 '대화하는 법'을
판매하는 마켓플레이스:
프롬프트베이스

챗GPT의 등장을 계기로 인공지능과 얼마나 잘 대화하느냐가 개인의 역량과 생산성을 결정하는 시대가 왔다. 그로 인해 생성형 AI로부터 높은 퀄리티의 결과물을 얻어낼 수 있도록 프롬프트의 입력값을 잘 구성하는 프롬프트 엔지니어링이 새로운 분야로 떠올랐고, 좋은 프롬프트를 사고 파는 프롬프트 마켓플레이스도 탄생했다. 이는 챗GPT가 낳은 새로운 비즈니스 모델이다. 프롬프트 엔지니어를 위한 마켓플레이스인 프롬프트베이스PromptBase에서는 몇 줄의 프롬프트를 구매하여 생성형 AI 모델에 활용할 수 있다. 챗

GPT 프롬프트뿐 아니라 달리, 미드저니, 스테이블 디퓨전 등의 이미지 생성형 AI의 프롬프트도 활발히 거래되고 있다.

기본적으로 생성형 AI는 이미지 생성 혹은 텍스트 생성을 위해서 사용자의 프롬프트가 필요하다. 사용자가 입력하는 텍스트인 프롬프트는 "스케이트보드를 타는 소년"처럼 단순할 수도 있지만, "스케이트보드를 타는 소년의 생생한 사진, 광각 렌즈, 야외 사진, 황금 시간대의 일몰 사진, 광각 렌즈, 소프트 포커스, 아이폰6로 촬영, 2007년 플리커에 게시됨"과 같이 아주 상세할 수도 있다. 전자보다는 후자가 더 디테일하며 퀄리티가 높은 이미지를 생성할 수 있을 것이다.

우리가 눈으로 보는 것을 컴퓨터가 알아듣는 언어로 표현하기 위해서는 기계와 대화할 수 있는 기술이 필요하다. 이런 기술을 구매하기 위한 시장이 바로 프롬프트베이스이다. 프롬프트를 사고 판다는 아이디어가 다소 생소할 수도 있다. 하지만 이 논리는 회사의 온라인 콘텐츠가 구글 검색 결과에서 더 높은 순위를 차지하도록 돈과 인력을 투입하는 검색 엔진 최적화와 큰 흐름에서 유사하다.

그럼에도 여전히 프롬프트를 돈을 주고 구매한다는 발상이 황당한 이야기처럼 들릴 수 있지만 홈페이지에서 판매되는 상품들의 퀄리티와 가격을 생각해 보면 생각보다 합리적이다. 현재 6.99달러에 판매 중인 레트로 푸드 스티커 이미지 파일은 기업용 판촉물을 만드는데 사용할 수 있고, 1.99달러짜리 일러스트레이션 책 표지도 독립 출판을 준비하는 사람에게 유용하게 활용될 수 있다. 이처럼 상품들의 질이 유지될 수 있는 것은 프롬프트베이스가 프롬프트의 신빙성을 위해 내부 검토 프로세스를 거치고 있기 때문이다. 마켓플레이스에 등록된 모든 프롬프트는 사람이 직접 검토하며, 일관된 결과를 안정적으로 생산하지 못하는 프롬프트는 이 단계에서 탈락한다.

게다가 다양한 스틸 사진을 생성할 수 있는 프롬프트는 저작권 걱정 없이 마음 놓고 이미지를 사용할 수 있다는 점에서 아주 매력적이다. 틱톡 비디오 스크립트, 비즈니스 모델 생성기, 책 작성, 유튜브 생성기 등은 챗GPT의 인기 프롬프트로, 콘텐츠를 만드는 사람이라면 솔깃할 만하다. 물론 앞으로 풀어야 할 과제들도 남아 있다. 현재 프롬프트베이스는 20퍼센트의 수수료를 받고 프롬프트 판매자는 수익의 80퍼센트를 가져가는 구조로 되어 있다. 하지만 AI 작품이나 프롬프트의 저작권에 대한 문제는 합의가 되지 않은 영역이다.

챗GPT 거대한 전환

신생 기업들의
미래 가치 포착 전략

    지금까지 한 개의 파운데이션 모델 기업과 열다섯 개의 생성형 AI 응용 서비스를 만드는 기업들을 살펴보았다. AI 응용 서비스들이 성장세를 계속 유지할 수 있을지, 또 성장하는 만큼 이익도 낼 수 있을지에 대해 고개를 갸우뚱하는 이들도 있다.

    스타트업은 AI 산업에서 어떻게 미래 가치를 포착할 수 있을까? AI 모델이나 서비스를 만드는 것은 대규모 인프라와 비용이 소모되기 때문에 대기업만이 할 수 있는 것이라 생각하기 쉽다. 하지만 AI 분야에서 대기업 대비 스타트업이 갖는 강점 또한 분명히 존재한다.

첫째로 스타트업은 대기업보다 더 공격적으로 서비스를 시장에 선보일 수 있다. AI가 아무리 발전한다고 할지라도 언제나 오류의 가능성을 내포하고 있기 때문에 대기업은 AI 서비스 배포에 신중할 수밖에 없다. 하지만 스타트업은 상대적으로 이런 부담감이 덜하다. 그래서 더 파격적인 서비스를 빠르게 소비자에 선보이고 시장에 진출할 수 있다. 클레이튼 크리스텐슨 교수의 '파괴적 혁신' 이론에 따르면 대기업들은 언제나 파괴적 혁신을 일으키는 스타트업에게 위협을 받았다.[33] 특히 새로운 기술로 새로운 시장을 개척하는 급진적 혁신Radical innovation은 아예 새로운 서비스와 산업을 창조하기도 한다. 급진적 혁신이 시장에서 통하면 이 시장의 문을 연 기업은 해당 산업의 퍼스트무버가 된다. 이런 식으로 스타트업은 고객의 니즈를 빠르게 찾고 대기업이 간과하거나 차마 진입하지 못했던 새로운 시장에 발 빠르게 진입함으로써 새로운 기회를 노릴 수 있다. 마치 인터넷 서점이라는 새로운 시장에 진입했던 아마존이나 기존의 휴대폰과 완전히 다른 스마트폰을 통해 시장을 점령한 애플처럼 말이다.

둘째로 스타트업은 빠르게 서비스를 출시함으로써 데이터 플라이휠Data flywheel 효과를 누릴 수 있다. 데이터 플라이휠은 더 많은 사용자를 통해서 확보한 데이터로 더 나은 알고리즘을 구축하고,

챗GPT 거대한 전환

개선된 알고리즘에 기반해 더 나은 제품을 만들어 더 많은 사용자를 확보하는 선순환 구조를 의미한다. 시장 선점 효과를 누린 스타트업이 서비스 개발에 필요한 사용자 데이터를 더 많이 모으고 이를 AI 서비스 개선에 활용한다면 충분히 대기업을 앞지를 수 있는 경쟁력을 가질 수 있다.

셋째로 새롭게 탄생하는 제품이 기존 시장 분류에 잘 맞지 않는 경우, 스타트업은 새로운 시장 발굴을 통해 서비스 선점 기회를 노릴 수 있다. 기존 카테고리에 분류되지 않는 새로운 서비스는 완전히 새로운 프레임워크와 인터페이스가 필요할 것이다. 예를 들면 2008년 처음 제시되었던 공유 경제 개념이 그 사례다. 재화나 공간 같은 소유물 혹은 경험과 재능을 다수의 개인이 서로에게 빌려주고 공유하는 온라인 기반 개방형 비즈니스 모델은 기존의 카테고리로는 분류가 불가능하였다. 마찬가지로 생성형 AI 시대의 인간과 AI의 협업은 이전 세대에서는 존재하지 않았던 완전히 새로운 협업 방식이다. 스타트업은 이로 인해 만들어질 새로운 비즈니스 모델을 찾고 새롭게 포지셔닝해 볼 수 있다.

한편으로는 기술 개발을 위한 시장의 진입장벽이 낮아지는 순간을 포착해 서비스를 출시하는 전략도 취할 수 있을 것이다. 2010년부터 2020년 사이 AI 학습 모델을 위한 컴퓨터 처리 능력은 매년 열 배씩 증가해 왔다. 이는 약 2년마다 컴퓨팅 능력이 두 배씩 증가한다는 무어의 법칙보다 다섯 배 빠른 성장이다. 2017년 이미지 분류 모델인 레스넷-50^{ResNet-50}과 같은 모델을 훈련하기 위해서는 1,000달러 정도의 비용이 소요되었지만, 2019년에는 단 10달러로 훈련이 가능해졌다. 하드웨어와 소프트웨어 기술은 물론 IC칩과 시스템 설계 기술의 급격한 발전으로 딥러닝 모델 훈련에 들어가는 비용이 현격히 감소한 것이다.

기술 발전에 따른 비용 감소는 신생 기업의 AI 시장 진입 문턱을 낮출 것이다. 현재 초거대 AI 모델을 개발하고 운용하는 데는 천문학적인 비용이 든다. 일례로 GPT-3 훈련에는 약 500만 달러가 투입되었다고 한다. 하지만 약 2~3년 뒤에 유사한 성능의 모델을 개발하는 데 드는 비용은 생각보다 투자해 볼 만한 비용일수도 있다. 머지않아 스타트업도 적은 비용으로 AI 모델을 만들고, 적절한 타이밍을 포착해서 시장에 진입하고 빠르게 따라가는 전략을 구사하게 될지도 모른다.

생성형 AI를 둘러싼 거대한 시장에서 당분간은 많은 도전자들이 계속해서 등장하고 겨루는 판세가 이어질 것으로 보인다. 앞으로 어떻게 생성형 AI 생태계 질서가 정리되고 판이 짜일지가 흥미로운 관전 포인트이다.

챗GPT 거대한 전환

7장

산업과 시장의
지각변동

파괴적 혁신의
리셋 모먼트

　혁신 기술은 새롭게 소비자 효용을 창출하면서 비즈니스 방식을 변화시키고 때로는 새로운 시장을 만들어 산업의 지형을 바꾼다. 하지만 무엇보다 중요한 사실은 혁신 기술이 등장하는 초기에는 이러한 변화의 상당 부분을 예측하기 어렵다는 것이다. 기술 혁신이 일어나면 이전에는 전혀 상상하지 못했던 사회·경제적 양상, 시장 그리고 심지어 문화의 변화까지 나타난다. 이렇게 혁신 기술로 인해 모든 것이 다시 시작되는 것 같은 순간이 찾아오는데 이를 '리셋 모먼트'라 부른다.

제1차 산업혁명 18세기	제2차 산업혁명 19~20세기 초	제3차 산업혁명 20세기 후반	제4차 산업혁명 21세기 초반
증기 기관 기반 기계화 혁명	전기 에너지 기반 대량 생산 혁명	인터넷 기반 지식 정보 혁명	정보 기술 기반 초연결 혁명

산업혁명의 흐름

역사적 변곡점이라고도 부를 수 있는 리셋 모먼트는 산업혁명과도 연결된다. 증기 기관의 발명으로 촉발된 1차 산업혁명, 전기를 발견하며 시작되었던 2차 산업혁명에 이어, 3차 산업혁명은 컴퓨터와 인터넷에 의해 도래하였다. 인류에게는 폭발적인 정보 처리 능력과 보다 정교해진 자동화 공정이 갖추어졌고, 온라인을 통해 전 세계 어디든 연결이 가능해졌다. 이제는 국가라는 물리적 경계를 넘어 온라인을 기반으로 한 글로벌 빅테크들이 등장해 세계 경제에 영향을 미치기 시작했다.

4차 산업혁명은 2016년 세계 경제 포럼WEF: World Economic Forum에서 등장한 용어로 빅데이터, AI, 로봇, 사물인터넷, 무인항공기, 3D 프린팅, 나노 기술 등의 기술이 융합하여 이루는 초연결을 의미한다. 하지만 이 기술 중 열쇠가 될 혁신 기술이 과연 무엇인지에 대해서는 논쟁이 있었다. 최근 '메타버스'가 한동안 화두였던 것도, 현실을 초월한 가상세계를 의미하는 메타버스가 리셋 모먼트를 가져오는 기술이 아닐까 하는 기대감 때문이었다.

AI는 우리가 실감할 수 있는 방식으로 4차 산업혁명을 완성할 혁신 기술로 기대되고 있다. 그리고 그 중심에는 초거대 AI와 생성형 AI가 있다. 2016년 3월 구글 알파고는 이세돌과의 바둑 대결에서 4승 1패로 승리하며 AI 시대가 곧 시작될 것임을 알렸다. 그리고 2022년 챗GPT의 등장은 생성형 AI가 우리의 모든 것을 바꿀 수 있음을 실감케 한 계기가 되었다. 리셋 모먼트가 다가왔음을 우리는 직감하고 있다.

생성형 AI의 산업 침투

통계 조사 기관 마켓앤마켓MarketsandMarkets은 2021년 AI 시장 규모를 금융분야(19.4%), IT(16.5%), 소매 및 전자 상거래(14.8%), 의료 및 생명과학(14.1%), 운수 및 물류(8.6%), 국방 및 공공(10.2%), 제조(7.7%), 에너지(6.5%), 그 외 분야(2.1%)로 분석했다. 또한 향후에는 의료 및 생명 과학 부문이 가장 높은 성장세를 기록할 것으로 예측했다. 이는 AI가 방대한 데이터에 기반해 의사의 진단을 보조하는 역할을 수행할 수 있어 특히 의료 분야에서 각광받고 있기 때문이다. 따라서 앞으로 의료 분야처럼 AI의 데이터 분석으로 인간의 수고

챗GPT 거대한 전환

세계 AI 시장규모 추이

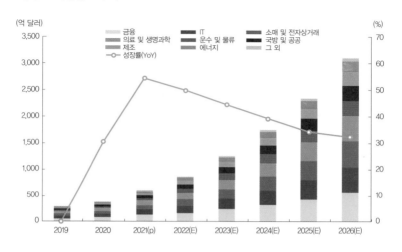

출처: MarketandMarkets(2021), 하이투자증권

를 확연하게 절감시켜, 더욱 가치 있는 의사 결정을 내리게 도와줄 수 있는 산업 분야에 AI가 가장 활발하게 적용될 것임을 짐작할 수 있다.

　그렇다면 생성형 AI는 또 어떤 산업 분야에 활발히 적용될 수 있을까? 2023년 1월 기준 오픈AI의 생성형 AI 기술을 비즈니스에 활용하고 있는 기업은 벌써 902개나 되는 것으로 집계되었다. 스타티스타에 따르면 기술 분야 기업이 28퍼센트로 오픈AI의 기술을 가장 많이 활용하고 있으며, 그 뒤를 이어 교육이 23퍼센트, 비즈니스 서비스가 11퍼센트를 차지한다. 그다음으로는 제조(10%), 금융(5%), 리테일(4%) 분야 순으로 오픈AI의 기술이 활발히 활용되고 있다.

전략 기술 트렌드 예측으로 유명한 가트너는 생성형 AI가 적용될 산업 분야를 어떻게 전망할까? 2023년 가트너는 생성형 AI가 활발하게 적용되고 있는 산업으로 다음의 다섯 가지를 꼽았다. 신약 설계, 재료 과학, 반도체 설계, 데이터 합성, 부품 설계가 그것이다.

신약은 보통 개발부터 시장에 선보이기까지 약 18억 달러의 비용이 필요하다. 이 가운데 1/3은 신약 설계에 소요되는 비용이며, 이 단계에만 무려 3년에서 6년 정도의 시간이 필요하다. 생성형 AI는 신약을 설계하는 이 기간을 수개월 단위까지 단축하며 비용을 획기적으로 줄일 수 있을 것이라 예측된다.

재료 과학과 관련성이 높은 자동차, 항공 우주, 방위, 에너지 등의 산업 분야에서는 '인버스 디자인'을 통해 완전히 새로운 소재를 찾는 작업에 AI가 활용될 수 있다. 인버스 디자인이란 제품이 필요로 하는 물성을 정의하고, 이로부터 역으로 해당 물성을 가질 가능성이 높은 소재를 찾거나 만들어 내는 방법이다. 이 역시 데이터 분석이 중요한 과정이므로 생성형 AI가 중요한 역할을 수행할 수 있다.

반도체 또한 설계 단계에서 테스트를 거쳐 양산에 이르기까지 오랜 시간의 투자가 요구되는 분야이다. 생성형 AI는 이 과정에서 반도체의 설계를 최적화할 수 있는 디자인을 빠르게 만들어 냄으로써 몇 주씩 소요되었던 전문가의 제품 개발 라이프사이클을 단 몇 시간까지도 줄일 수 있을 것으로 기대된다.

지금까지는 개인 정보 보호 이슈 때문에 데이터 분석을 진행하기 어려운 분야가 있었다. 하지만 생성형 AI를 활용하면 실제 데이터의 통계적 특성을 파악하여 만들어 낸 가상 데이터 혹은 합성 데이터를 토대로 데이터 분석을 진행해 이런 문제를 해결할 수 있다. 예컨대, 의료 데이터에서 개인 정보를 제외하고 실제와 유사한 가상 데이터를 생성하여 연구 분석을 진행할 수 있는 것이다.

마지막으로 생성형 AI를 이용하여 성능, 재료, 제조 방법 등 특정 목표와 제약 조건을 충족하는 최적화된 부품을 설계할 수도 있다. 예를 들어, 자동차 제조 업체에서는 생성형 AI로 최적화된 부품을 설계함으로써 최종 제품인 자동차의 연비 향상을 이룰 수도 있다.

또한, 가트너는 2022년 기준 아직까지는 마케팅 메시지의 2퍼센트만이 생성형 AI를 통해 만들어지고 있지만 2025년에는 대형 기업의 아웃바운드 마케팅 메시지 중 30퍼센트가 생성형 AI의 도움을 받을 것이라고 예측한다. 그뿐만 아니라 영화 산업에서는 2030년 주요 블록버스터 영화의 90퍼센트가 생성형 AI로 만들어질 것이라 예견하기도 했다.[34]

그렇다면 시장의 돈은 어디를 향하고 있을까? 벤처 캐피탈은 지난 3년간 생성형 AI 서비스에 약 17억 달러 이상을 투자했는데, 헬스케어의 신약 개발 부문과 IT 분야 소프트웨어 코딩 부문에 가장 많은 자금이 몰렸다. 투자자들은 생성형 AI가 헬스케어와 IT 분야에서 성과를 낼 것이라 기대하고 있는 것으로 보인다. 현재는 생성형 AI가 주로 인간의 노력을 보조하는 영역에 초점이 맞춰지고 있다. 하지만 기술이 보다 성숙해지는 단계가 되면 그동안 해결하지 못했던 산업 문제에 도전하는 사례가 늘어날 것이다.

아직까지 생성형 AI가 어떤 산업에서 잠재력과 파급력을 갖고 있는지 섣불리 예단하기는 어렵다. 시장이 형성되는 초기 단계이기 때문이다. 그럼에도 불구하고 산업 각 분야에서 생성형 AI를 통한 혁신은 전반적으로 가속화되고 있으며, 다양한 산업 분야에서 수많은 활용 사례가 등장하고 있다. 폭풍전야와 같은 리셋 모먼트에 산업별로 조금씩 고개를 내밀고 있는 생성형 AI 서비스들을 살펴보고, 앞으로 이 분야들이 어떻게 바뀌어 갈지 생각해 보자.

챗GPT 거대한 전환

초개인 맞춤형 교육의 대중화

사례: 스픽

　현재 생성형 AI가 가장 활발하게 논의되고 있는 산업은 교육 분야이다. 특히 챗GPT의 출시는 교육계에 대혼란을 초래했다. 학생들이 챗GPT를 사용해서 제출한 에세이로 받은 성적을 SNS에 인증한 사례들이 화제였듯이, 생성형 AI가 숙제를 대신하는데 활용되고 있기 때문이다. 교사와 학교 관리자들은 이를 부정행위로 간주했고, 미국 뉴욕시 교육청은 아예 학교 컴퓨터와 네트워크에서 챗GPT 액세스를 차단했다. 교육계에서 챗GPT와 같은 생성형 AI를 엄청난 위협으로 느끼는 것도 이해는 간다. 이렇게 만들어진 과제들은 학생이 스스로 학습하고 사고하여 만들어 낸 결과물이 아니라 타인이 대신 만들어 낸 것과 다를 바 없다는 것이다.

하지만 생성형 AI는 교육을 혁신할 수 있는 보조 수단으로 활용될 수도 있다. 우리가 가르치고 배우는 방식 자체를 변화시킬 수 있는 잠재력을 가지고 있으며, 보다 다수의 사람들이 이 기술을 통해 맞춤형 교육 혜택을 누릴 수도 있기 때문이다. 이미 생성형 AI를 활용해 개인 과외 수준의 고품질 교육을 경제적인 비용으로 누릴 수 있는 서비스를 출시한 기업도 존재한다.

AI 선생님과의 영어 수업: 스픽

스픽Speak은 스픽이지랩스가 제공하는 음성 인식 기반 영어 학습 서비스이다. 이 서비스에서는 생성형 AI 모델을 적용해 만들어진, 진짜 원어민 선생님 같은 AI와 자유롭게 영어 회화를 연습할 수 있다. 스픽은 사용자의 언어 수준이나 학습 목적에 따라 다양한 코스를 제공하고 있다. 예를 들어 AI 튜터와 '새 친구 사귀기'라는 상황으로 대화를 나눈다면 AI 튜터는 처음 보는 친구가 꺼낼 법한 화제로 말을 걸어온다. 사용자가 영어로 대답을 하면 AI 튜터는 사용자의 답변을 이해하고 사람처럼 대화를 이어 나간다. 대화 중간에 맥락과 관계없는 이야기를 꺼내도 실제 사람처럼 대응한다. 대화가 끝나면 새 친구 사귀기 대화에서 미션으로 주어졌던 이야기를 다 잘 나누었는지, 총 몇 개의 단어를 사용했고 전체적인 수준은 어땠는지 등을 평가해 준다. 그리고 사용자의 답변 하나하나에 대해서도 답변의 내용과 길이, 그리고 발음의 개선점을 알려 준다. 마치 인간 원어민 선생님과 이야기하는 것처럼 AI 튜터와 영어 회화 수업을 진행하고 어색한 표현이나 문법을 교정 받을 수 있다.

스픽의 AI 튜터와 '새 친구 사귀기' 대화를 진행하고 결과를 리뷰한 모습

스픽의 생성형 AI 모델은 원어민의 영어 음성 데이터와 100만 명이 넘는 한국인의 영어 음성 데이터를 학습한 모델이다. 이 모델은 음소 인식 기술을 활용해서 사용자의 음성을 즉시 발음 기호로

변환하고 음소 단위로 음성 분석을 한다. 그리고 인식한 사용자의 발음 기호와 모범 발음 기호를 실시간 대조 분석하여 사용자에게 피드백을 전달한다. 이를 통해 사용자는 내 발음의 어떤 부분을 고쳐야 하는지 이해하고 반복적으로 연습할 수 있다. 또한, 스픽은 매일 1만 분(약 166시간) 이상 수집되는 한국인의 영어 음성 데이터를 학습하여 계속적으로 모델을 정교화해 나가고 있다.

미국 샌프란시스코에 본사를 두고 있는 스픽이지랩스는 한국에 가장 먼저 스픽을 출시했다. 처음에는 한국을 포함해 일본, 대만, 말레이시아 등 여러 국가에서 테스트를 진행했는데 그중 한국 사용자들이 가장 큰 관심을 보였다고 한다. 스픽이지랩스는 한국의 영어 교육에 대한 의지와 새로운 기술에 대한 오픈 마인드를 이해하고 서비스 진출을 위한 첫 시장을 한국으로 결정했다고 한다.

스픽은 생성형 AI 기술을 활용해서 환경이나 경제적 여건 등에 상관없이 누구나 언어를 배울 수 있는 서비스를 만들고자 한다. 말하자면 생성형 AI를 통해 교육의 민주화를 이루고자 하는 셈이다. 2022년 11월 약 2,700만 달러 규모의 시리즈 B 투자를 유치했는데, 이 투자에는 오픈AI도 참여했다. 스픽은 앞으로 오픈AI와 기술적 제휴를 맺고 서비스를 더욱 고도화해 나갈 예정이다. 이후에는 일본어, 스페인어, 프랑스어 등 다양한 언어로도 확장할 계획이다.

교육은 생성형 AI가 가장 빠르게 적용될 것이라고 기대되는 분

챗GPT 거대한 전환

야다. 언어 학습 외에도 생성형 AI는 교육의 보조 도구로써, 혹은 맞춤형 교육 콘텐츠 제작 등을 위해 활용될 수 있다. 실제로 미국 오리건주의 한 고등학교 영어 교사가 챗GPT를 에세이 수업의 보조 도구로 활용한 사례가 있다. 19세기 단편 소설 두 편을 비교, 대조하는 에세이 과제에서 학생들은 챗GPT를 사용하여 개요를 구성하라는 미션을 받았다. 학생들은 챗GPT가 제시한 초기 답변을 바탕으로 챗GPT와 추가 질문을 주고받으면서 개요를 완성하고, 완성된 개요를 자필로 작성해서 제출했다. 이 과정에서 학생들은 단편 소설을 더 깊이 이해할 수 있었고, 챗GPT와 상호 작용하며 더 유용한 결과물을 이끌어내는 방법도 배울 수 있었다고 한다. 생성형 AI가 학생들의 창의력 발휘를 돕는 교육 보조 수단으로 활용된 사례이다. 어찌 보면 보조 교사들이 학생 개개인에게 붙어 학생의 질문에 답변하며 에세이 작성을 도운 것과 유사한 효과로도 볼 수 있다.

생성형 AI는 또한 개인 맞춤형 학습 계획과 콘텐츠를 제공할 수 있는데, 이를 통해 전 세계 누구나 초개인화된 교육을 받을 수 있다. 글로벌 온라인 학습 마켓플레이스인 유데미udemy에는 이미 교사들이 어떻게 챗GPT를 교육에 활용할 수 있는지를 다루는 강의가 여럿 판매되고 있다. 이 강의들에서는 챗GPT로 텍스트, 오디오, 비디오를 포함한 다양한 교육 콘텐츠와 고품질의 개인화된 수업

자료를 빠르게 생성하는 방법, 대화형 활동을 만들어 학생들의 참여를 높이는 방법, 그리고 과제에 대한 피드백 제공처럼 반복적이거나 시간이 많이 소요되는 작업을 챗GPT로 대체하는 방법에 대한 팁을 제공한다. 만약 학생이 수학 수업에서 특정 주제에 어려움을 겪고 있다고 가정해 보자. 교사는 이 학생이 어려움을 겪고 있는 문제에 대한 단계별 가이드를 챗GPT로 만들고, 연습 문제를 생성하여 학생의 이해를 도울 수 있다. 이렇듯 생성형 AI는 학생 개개인의 강점 및 약점을 반영함은 물론, 학습 스타일에 맞춘 콘텐츠를 생성하여 보다 개인화된 교육을 제공할 수 있다.

심지어 생성형 AI는 방과 후 과외 교사나 토론 파트너로도 활용이 가능할 것이다. 특히, 가상 교육과 훈련에 생성형 AI를 활용하면 학습자가 안전하면서도 현실적인 가상 환경에서 실습과 교육을 경험하는 새로운 기회가 열릴 수 있다. 이 기술은 시간, 장소, 비용의 장벽을 제거함으로써 사람들이 전 세계 어디에 있든 양질의 교육 및 훈련 기회에 더 쉽게 접근할 수 있도록 도울 것이다. 게다가 학습자의 특정한 요구 사항에 맞춰 가상 교실, 가상 실습실 및 가상 시뮬레이션을 만들고 즉석에서 조정하며 최적화할 수도 있다. 이처럼 생성형 AI는 교육을 재창조하며 또 다른 길을 열고 있다.

학교나 조직에서 챗GPT를 교육에 사용하기로 결정했다면, 사용법과 적용 범위 등에 대한 명확한 가이드라인을 먼저 수립해야 한다. 예를 들어 학교는 챗GPT를 적용하는 것이 적절한 경우와 그렇지 않은 경우에 대한 지침을 사전에 규정함으로써 교육자와 학생들의 혼란을 미연에 방지할 수 있을 것이다. 나아가 학생의 에세이에 피드백을 제공하는 방식으로 교실 수업을 보완하거나, 비판적인 질문을 던지는 방법을 훈련하는 등 생성형 AI를 공식 커리큘럼에 효과적으로 통합하는 방법에 대한 연구도 이루어져야 할 것이다.

이제 AI는 업계의 필수 도구
사례: 카피스미스, 카피몽키

　광고와 마케팅은 생성형 AI 서비스에 큰 관심을 갖는 산업 중 하나이다. 생성형 AI가 새로운 콘텐츠를 만드는데 특화된 만큼 기존의 인간 마케터나 카피라이터가 하던 일들을 대거 자동화할 수 있기 때문이다. 앞서 언급했듯이 2025년에는 마케팅 메시지 작성에 생성형 AI가 30퍼센트까지 활용될 것으로 가트너는 예측하고 있다. 현재 생성형 AI를 도입한 카피라이팅 서비스에 회사의 비전이나 브랜드 컨셉을 입력하면 즉석에서 이에 적합한 광고 카피나 마케팅 메시지를 만들어 주고 있다.

쉽고 빠른 카피라이팅 전문가: 카피스미스

카피스미스Copysmith가 사용자들에게 어필하는 포인트 중 하나는 '빈 페이지 앞에서 멍하니 시간을 보내고 있지 말라'는 메세지이다. 카피스미스에 당장 떠오르는 키워드를 넣는 것만으로도 카피라이터, 블로거, 마케터는 빠르게 창의적인 아이디어를 얻고 점점 더 풍성하게 콘텐츠를 만들어 갈 수 있다고 강조한다. 카피스미스는 창의력이 풍부하든 그렇지 않든 누구나 쉽고 빠르게 광고 콘텐츠 작성을 시작할 수 있게 도와준다고 홍보한다.

카피스미스는 GPT-3를 기반으로 카피라이터와 AI 전문가가 함께 설계한 카피라이팅 서비스이다. 이 서비스는 사용 케이스에 따라 분류한 50개 이상의 템플릿을 제공한다. 또한 원하는 템플릿이 없는 경우 맞춤형 콘텐츠를 생성하는 것도 가능하다. 사용자가 해야 하는 일은 단지 몇 개의 키워드를 입력하는 것뿐이다. 브레인스토밍, 리서치, 초안 작성, 편집, 교정 등의 과정에 필요한, 지루하고 시간이 많이 걸리는 노력을 획기적으로 줄여준 것이다. 이렇게 AI의 도움을 받아 매력적인 카피를 순식간에 생성한 사용자는 추가적으로 콘텐츠의 완성도를 높일 수 있다. 이를 위해 카피스미스는 광고, 소셜 미디어부터 블로그 게시물까지 단어 수 및 가독성까지 체크해 준다. 또한 표절 검사기가 내장되어 있어서 작성한 카피를 검증하는 데도 활용할 수 있다.

카피스미스의 또 다른 특징은 팀원들과 함께 공동 작업을 할 수 있다는 점이다. 서비스의 UI에서 콘텐츠 작업에 팀원을 할당하고 작업 상태를 설정하기만 하면 쉽게 작업을 공동으로 진행할 수 있다. 카피스미스는 크롬 브라우저의 확장 프로그램도 제공하고 있고, API로도 활용이 가능하다.

카피스미스는 2020년 설립된 미국 스타트업으로, 쉽게 배포할 수 있는 AI 서비스를 통해 고객의 성장을 촉진하겠다는 목표로 설립되었다. 2021년에 자신들의 서비스를 구글 애즈Google Ads에 통합하는 기능을 출시했고, 현재는 생성형 AI 기반 카피라이팅 플랫폼을 구축하기 위해 새로운 기능과 콘텐츠 템플릿을 지속적으로 만들어 나가고 있다.

온라인 스토어 판매자를 위한 카피라이팅 도우미: 카피몽키

카피몽키CopyMonkey는 생성형 AI를 통해 스마트 스토어 운영자를 지원하는 서비스이다. 지구상에서 가장 크고 강력한 온라인 쇼핑몰을 꼽으라면 사람들은 아마존을 떠올릴 것이다. 카피몽키는 몇 초 만에 아마존 판매자 페이지에서 제목과 설명을 생성하고 이를

챗GPT 거대한 전환

판매와 마케팅에 최적화하도록 돕는다. 알고리즘이 키워드에 알맞은 글머리와 설명을 생성하고, 고객이 검색하는 모든 중요한 키워드를 놓치지 않도록 도와준다. 또한 효과적인 판매를 위해 키워드를 유기적으로 구성하도록 판매자를 가이드한다.

카피몽키 홈페이지. 생성형 AI 기능이 적용된 우측 화면[35]

　카피몽키는 지속적으로 상품 등록 최적화를 가이드하기 위해 경쟁 업체의 성공 요인을 분석하고 모범 사례를 제시하기도 한다. 카피몽키를 이용하는 판매자는 검색 빈도와 클릭 및 전환율을 확인하여 실적이 좋은 키워드는 유지하고 반대의 경우는 관련성이 높고 잠재력이 있는 키워드로 업데이트 할 수 있다. 카피 문구 역시 AI가 판매 결과를 바탕으로 개선 사항을 제안한다. 카피몽키는 아마존 전용 리스팅 솔루션 이외에도 일반적으로 이커머스 제품 디자인을 생성하는데 활용할 수 있는 AI 솔루션도 제공하고 있다. 온라인 스토어 판매자들이 시장을 조사하고 제품을 마케팅하기 위해

들였던 노력, 그리고 웹 사이트를 디자인하는 데 소모했던 시간과 비용까지도 절감할 수 있는 서비스를 선보이는 중이다.

　생성형 AI 서비스는 전례 없는 규모의 아이디어와 콘텐츠를 생성할 수 있는 강력한 도구이기 때문에 광고와 마케팅 분야에서 주목받고 있다. 더 짧은 시간에 더 많은 작업물을 생산하고 싶거나 결과물의 품질을 높이고 싶을 때 생성형 AI는 훌륭한 도구가 될 수 있다. 참신한 카피라이팅과 새로운 컨텐츠는 광고와 마케팅의 핵심이라고 할 수 있는데, 그 초안을 생성형 AI 서비스를 통해 작성하고 새로운 아이디어를 얻을 수 있다. 생성형 AI는 방대한 양의 데이터를 분석하고 이를 기반으로 콘텐츠를 생성하기 때문에 개인이 가진 경험과 지식을 뛰어넘는 아이디어를 제공할 수 있다. 키워드 분석, 마케팅 아이디어 도출, 카피라이팅 최적화, 마케팅 메시지 작성, 시장 조사 요약, 전자상거래용 제품 설명 작성 등 광고와 마케팅 분야에서의 활용 사례는 무궁무진하다.

완전히 바뀐 창작의 방식

사례: 노벨AI

생성형 AI는 새로운 콘텐츠를 빠르게 생산하면서 콘텐츠 창작의 세계를 뒤흔들고 있다. 미국 매거진 와이어드Wired의 기자는 '생성형 AI가 거의 모든 것을 디자인하는 방식을 바꿀 것이다'라고 이야기했다. 2022년 10월 기준, 오픈AI의 달리2는 150만 명의 사용자가 매일 200만 개 이상의 이미지를 생성하고 있으며, 2023년 2월 기준으로 미드저니의 공식 디스코드 서버에서는 1300만 명의 사용자가 활동 중이다.

이야기와 그림을 만드는 예술가: 노벨AI

노벨AI^NovelAI는 GPT 모델을 기반으로 동작하는, 상상력과 스토리텔링을 위한 월 구독 서비스이다. 2021년 6월 15일 베타 버전을 출시했으며, 2022년 10월 3일에 이미지 생성 기능을 출시했다. 스토리 작성과 이미지 생성이라는 두 가지 기능을 갖고 있는데, 고퀄리티의 애니풍 일러스트레이션을 만들 수 있는 이미지 생성 기능이 특히 인기를 끌었다. 주로 삽화가 필요한 웹소설 업계에서 노벨AI를 빠르게 채택하고 있다.

노벨AI는 텍스트 기반으로 이미지를 생성해주는 기본 기능 외에도 사용자의 창작 활동을 지원하기 위한 다양한 기능을 도입 중이다. 대표적으로는 'Paint New Image' 기능이 있다. 사용자가 노벨AI 캔버스에 가이드와 컨셉을 대략적으로 그린 뒤, 텍스트 프롬프트를 입력하면 AI가 자동으로 컨셉과 프롬프트에 맞는 이미지를 완성해 준다. 사람은 창작의 큰 방향을 가이드하고 AI는 세부 내용을 완성한다는 측면에서 인간과 AI의 협업을 지원하는 유용한 프레임워크로 주목받고 있다.

노벨AI는 이미지 생성을 위해 소스코드가 공개된 스테이블 디퓨전 모델에 단보루^Danbooru의 데이터를 학습시켰다. 단보루는 2D 일러스트를 게시하고 공유하는 사이트로, 풍부한 태그 데이터를 갖고

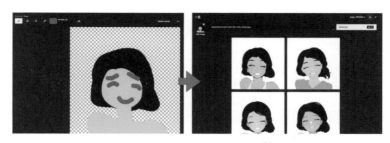

노벨AI의 Paint New Image 기능[36]

있어 학습에 용이하다. 하지만 현업 작가들의 저작물이 대거 포함되어 있으며, 규제 없이 그림들이 무단 공유되는 사이트인 만큼 안정성과 저작권 관련 이슈가 있는 것이 사실이다. 노벨AI 서비스 약관에 따르면 생성된 모든 콘텐츠는 사용자가 개인이든 기업이든 상관없이 사용자의 소유라고 명시되어 있다.

노벨AI는 이미지 생성뿐 아니라 텍스트 기반의 스토리텔링 기능도 제공한다. 사용자가 입력한 문장을 바탕으로 AI가 다음 이야기를 연이어 작성하는 기능이다. 마치 롤플레잉 게임처럼 사용자가 설정한 세계관과 소재를 바탕으로 인간과 AI가 흥미로운 이야기를 함께 만들어간다. 창작이 고독한 싸움이 아니라, AI와 함께 하는 즐거운 공동 작업이 된 것이다. 스토리 작성을 위한 언어 모델은 GPT를 기반으로 하고 있다.

짧게 언급했듯 노벨AI가 안고 있는 대표적인 문제는 역시 저작권 문제이다. 2022년 10월 노벨AI가 해킹을 당해 프로그램 설계도를 비롯한 소스코드가 유출되는 사고가 발생했다. 이 소스코드를 활용해 국내 일부 사용자들이 유명 일러스트레이터의 작품을 도용하여 AI 모델 학습에 사용하기도 했다. 그 결과 AI는 특정 작가의 스타일과 매우 유사한 작품들을 무제한적으로 생산했다. 하지만 스타일이나 화풍을 모방하는 것은 현재 저작권법에 위반되지 않기 때문에 작가들은 이런 사태에 대해 어떠한 조치도 취할 수 없었다. 데이터 학습 과정에서 발생할 수밖에 없는 저작권 침해나 모델의 보안에 대한 이슈는 노벨AI뿐 아니라 생성형 AI를 만드는 모든 기업들이 풀어 나가야 하는 숙제다.

생성형 AI의 사용자는 자신이 원하는 방향으로 콘텐츠가 만들어지게끔 프롬프트를 통해 AI를 잘 이끌어야 한다. 프롬프트가 구체적이고 창의적일수록 더 고퀄리티의 결과물이 나온다. 아마존에는 이미 달리, 미드저니, 스테이블 디퓨전 관련 이미지 프롬프트 책이 다수 출간되었고, 앞 장에서 살펴본 프롬프트베이스처럼 프롬프트를 돈 주고 거래할 수 있는 마켓플레이스도 등장했다. 따라서 '프롬프트 엔지니어링'은 지금보다 똑똑한 차세대 AI가 등장할 때까지는 특히 창작 영역에서 가장 중요한 기술이자 직무로 자리 잡을 가능성이 높다.

또한 프롬프트는 한두 번의 입력으로 끝나지 않는다. 모델이 이미지나 텍스트와 같은 콘텐츠를 생성하면 다시 사람이 이를 평가하고 편집하는 파인 튜닝 작업이 이루어져야 하는데, 특히 이미지 생성 모델은 상당히 긴 과정의 프롬프트 엔지니어링을 거쳐야 한다. 미술전에서 1등을 차지한 제이슨 앨런과 미드저니의 합작품은 무려 80시간 이상, 900개 이상의 습작으로부터 탄생한 결과이다. 제이슨은 원하는 그림을 얻을 때까지 프롬프트를 계속해서 미세 조정한 뒤, 어느 정도 원하는 결과물이 나왔을 때 어도비 포토샵과 AI툴을 활용해 이미지의 품질과 해상도를 높였다. 그렇게 완성된 세 개의 작품이 캔버스에 인쇄되어 세상에 드러난 것이다.

이처럼 창작의 영역은 AI가 가장 빠르게 발전하고 있는 부분이지만 동시에 여전히 인간의 개입이 필수적인 분야이다. 이런 흐름에 맞게 창작과 콘텐츠 분야의 생성형 AI는 사용자와 AI 사이의 협업을 증진하고, 사용자가 AI를 활용해서 더 좋은 결과물을 만들 수 있도록 지원하는 방향으로 흘러가고 있다.

사용자 제작 콘텐츠에서
AI 제작 콘텐츠로
사례: 디스크립트, 타입캐스트

유튜브와 같은 소셜 미디어의 등장은 콘텐츠 제작 및 배포 패러다임의 변화를 가져왔다. 과거에는 주류 미디어 회사가 콘텐츠 제작을 주도하여 TV 프로그램과 뉴스 등을 다수의 시청자에게 배포했다면, 소셜 미디어의 등장은 사용자 제작 콘텐츠UGC: User Generated Content의 시대를 이끌었다. UGC는 전문 미디어 회사가 아닌 소셜 미디어 플랫폼의 일반 사용자가 직접 제작하고 배포하는 콘텐츠를 의미한다. 특히 유튜브는 무수히 많은 사용자들이 자신의 콘텐츠를 업로드하고 공유하는 대표적인 UGC의 허브로 자리 잡았다.

여기서 한 단계 나아가 생성형 AI의 출현은 다시 한번 콘텐츠의 패러다임에 전환을 일으키고 있다. 10년이 넘는 시간 동안 온라인을 점령했던 UGC의 시대가 이제 AI 제작 콘텐츠의 시대로 전환될 것이라는 기대감이 증폭되고 있는 상황이다. 생성형 AI는 특히 콘텐츠 소비자의 취향과 목적을 고려한 대량의 콘텐츠를 빠르게 생산하는 데 적합하다. 이는 대량의 콘텐츠를 신속하게 생산하는 능력이 매우 중요한 미디어 산업에 특히 중요한 영향을 미칠 것으로 예상되고 있다.

음악, 그래픽, 영상 등 멀티미디어 영역에도 생성형 AI 기술을 활용한 서비스가 속속 공개되고 있다. 2022년 10월 페이스북으로 알려진 메타는 입력한 텍스트를 동영상 클립으로 만들어 주는 AI 솔루션 메이크어비디오Make-A-Video를 공개하였다. 이 AI의 시연에서는 '타임스퀘어에서 춤추는 로봇'이라는 텍스트를 입력해 만든 영상을 소개했다. 일주일 뒤, 구글도 초당 24프레임, 1280x768 해상도의 동영상을 생성할 수 있는 이매젠 비디오Imagen Video를 공개했다. 이매젠에 문장을 적어 넣으면 일차로 저해상도 비디오를 생성한 뒤, 단계별로 프레임 및 해상도 향상 작업을 거쳐 최종 영상을 생성한다.

메타 AI '타임스퀘어에서 춤추는 로봇' 영상 스틸 사진
vs 구글 이매젠 '접시를 닦는 곰 인형' 영상의 스틸 사진

비전문가를 위한 미디어 편집 올인원 AI 솔루션, 디스크립트

디스크립트는 미디어 편집을 위한 간단하고 직관적인 생성형 AI 솔루션이다. 동영상이나 팟캐스트를 작성, 녹화, 편집하고 공동으로 작업하거나 공유하는 데 유용하게 쓸 수 있다. 디스크립트에 미디어나 녹음 파일을 업로드하면 소리를 텍스트로 즉시 변환해 주고, 변환된 텍스트를 화면에서 조정하며 미디어 클립을 직접 편집할 수 있다. 클릭 한두 번으로 불필요한 단어나 공백을 삭제할 수도 있다. 이를 통해 그동안 많은 인력과 시간이 소요되었던 콘텐츠 제작이 여러 가지 측면에서 간소화될 수 있다.

디스크립트는 팬데믹 기간 급격히 성장한 디지털 비디오 시장을 겨냥해 비디오 편집 기능도 제공한다. 기본적인 영상 편집뿐 아니

챗GPT 거대한 전환

라 배경 제거, 스크립트 편집 등의 다양한 기능을 제공한다. 전문가 수준의 편집 도구에 익숙하지 않은 팟캐스터와 비디오그래퍼를 대상으로 하는 이 플랫폼은 사용자가 오디오와 비디오 파일을 드래그하여 프로그램에 복사하기만 하면 손쉽게 음악, 사진 및 기타 콘텐츠와 함께 조합할 수 있도록 돕는다.

디스크립트는 "주요 사용자는 전문가가 아닌 사람들, 즉 도구가 너무 복잡하고 시간이 많이 걸려서 동영상을 만들지 않는 사람들이라고 생각합니다."라고 말한다. 즉 편집에 어려움을 겪고 있는 모든 평범한 사람들에게 이 서비스를 전파하려는 목적을 갖고 있다. 미국 샌프란시스코에 본사를 둔 디스크립트는 2017년에 설립되었고, 오픈AI 스타트업 펀드가 주도하는 시리즈 C 단계의 펀딩을 받았다. 유튜브를 운용하고 있는 구글 클라우드와 협력하고 있으며, 미디어 콘텐츠 편집 분야에서 어도비와 같은 대기업뿐 아니라 리덕트비디오Reduct.Video와 같은 스타트업과도 경쟁 중이다.

실수하지 않는 가상 성우 타입캐스트

2017년 창업한 한국의 스타트업 네오사피엔스는 AI 기반 음성 합성 솔루션을 제공하는 기업이다. 2019년 4월 이 기업은 생성형

AI 기술을 적용한 타입캐스트Typecast의 베타 서비스를 시작하였다. 사용자가 타입캐스트에 텍스트 문장을 입력하면 가상 캐릭터의 음성과 영상이 합성된 비디오가 생성된다. 콘텐츠 분위기 등에 따라 원하는 유형의 캐릭터를 선택할 수 있다. 또한 캐릭터의 목소리 톤, 속도, 배경 등을 선택할 수 있으며, 만들어진 영상을 사용자가 자유롭게 편집할 수도 있다.

2018년 북미정상회담을 앞두고 미국 대통령 도널드 트럼프의 음성을 추출해 마치 그가 실제로 한국어로 말하는 것처럼 구현한 영상이 화제가 되면서 네오사피엔스의 기술이 주목을 받았다. 많은 네티즌들이 해당 영상에 관심을 보이며 인터넷에 공유하면서 네오사피엔스는 대중들에게 널리 알려지게 되었다.

네오사피엔스의 기술과 서비스는 이미 미디어 업계에서 활발히 적용되고 있다. 일례로 NS홈쇼핑은 타입캐스트의 가상 성우를 자체 콘텐츠에 활용 중이다. TV 홈쇼핑 및 T커머스 방송 등에서 쇼호스트가 방송을 진행하는 사이사이에 가상 성우가 제품 정보 나레이션을 담당하는 방식이다. 또한 구독형 독서 플랫폼인 밀리의 서재도 네오사피엔스의 AI 성우 서비스를 이용해 오디오북을 제작하고 있다. 스튜디오에서 오디오북을 녹음하고 편집하기까지 기존에는 보통 3주가량의 시간이 소요됐다. 그러나 AI 성우를 이용해 이를 2~3일로 단축했고, 이로 인해 오디오북의 대량 생산이 가능해

챗GPT 거대한 전환

졌다. 네오사피엔스는 미디어 산업 외에도 교육 자료 및 콘텐츠 등을 제작하는 기업들과도 협업 중이다.

생성형 AI는 아직 전문가가 만든 콘텐츠 만큼 고퀄리티의 영상을 생성하지는 못하고 있다. 하지만 기술력이 성숙하는 단계에 이르면 멀티미디어 영역에서도 고도화된 모델을 기반으로 다양한 서비스가 나올 것으로 기대된다. 다만 구글과 메타는 텍스트를 영상으로 바꾸는 AI의 소스코드는 공개하지 않았다. 유명인이나 지인을 합성하는 악용 사례를 우려한 결정이다.

대표적인 미디어 매체인 뉴스의 경우에도 생성형 AI 서비스의 혜택을 누릴 것으로 보인다. 데이터 수집과 같은 저널리즘의 단순 업무는 생성형 AI를 활용해 자동화하고, 기자와 편집자는 스토리라인 등에 집중하는 것이다. 이제 미디어 업계에서 AI는 일종의 필수 도구가 되었다. 이 새로운 도구를 얼마나 잘 활용하는지가 경쟁력이 되는 시대가 온 것이다.

몇 초 만에 완성되는
콘셉트 디자인

사례 : 플레어AI, 칼라

미국의 자동차 제조사 제너럴모터스General Motors는 차량 무게를 줄이기 위해 생성형 AI를 디자인에 사용했다. 3D 설계 기업인 오토데스크Autodesk와 협력하여 약 150개의 새로운 시트 브래킷 디자인을 생성하고, 이를 통해 기존의 부품보다 40퍼센트 더 가볍고 20퍼센트 더 튼튼한 최종 디자인을 선택할 수 있었다. 스포츠 의류 브랜드인 언더아머Under Armour는 나무 뿌리에서 영감을 받아 유연성과 안정성이 이상적인 조화를 이루어 격렬한 훈련에 적합한 신발을 제작했다. 이 신발을 제작하는 과정에서 생성형 AI 디자인을 통해 기존에는 불가능했던 기하학적 구조를 3D 프린팅으로 구현하였고, 이전보다 훨씬 짧은 시간 내에 제작까지 완료할 수 있었다고 한다. 프랑스의 산업 디자이너 필립 스탁Phillipe Starck은 한 가지 간단한 질문을 생성형 AI에게 던졌다. 어떻게 하면 최소한의 재료로 우리 몸을 편안하게 해줄 수 있을까? 그리고 AI의 답변을 바탕으로 심미성과 기능성을 모두 잡은 파격적이면서도 매우 효과적인 의자 디자인을 최종적으로 탄생시킬 수 있었다고 이야기했다. 이렇듯 이미 디자이너들은 생성형 AI와의 협업으로 디자인에 접근하고 있으며, 설계 최적화부터 상업적으로 허용되는 미학에 이르기까지 디자인의 과정을 혁신하고 창조성을 더해가고 있다.

말하는 대로 완성되는 제품 디자인 플레어

플레어Flair.ai는 브랜드에 어울리는 제품 배경 디자인을 생성하는 AI 솔루션이다. 제품 사진을 업로드하고 브랜드와 어울리는 배경에 대한 설명을 작성하면 몇 분 안에 제품과 배경이 결합된 컨셉 이미지를 완성해 준다.

예를 들면, 다음 페이지의 이미지는 각각 "안개와 나무로 둘러싸인 자연의 언덕과 바위 위에 서 있는 위스키 병", "어두운 공기 방울과 그림자 그리고 반사되는 빛으로 둘러싸여 물 아래를 떠다니는 케이스"를 입력해서 얻은 디자인 결과물이다. 사용자는 위스키 병과 케이스 사진만 직접 업로드하였고, 플레어는 제품과 잘 매칭되는 배경을 생성하고 이 둘을 조합했다.

Whiskey bottle standing on top of a
natural hill and rocks surrounded by
trees and fog in the background.

container floating underwater
surrounded by dark bubbles and
dark shadows, light refracting

기존에는 이와 같은 제품 브랜드 콘텐츠를 만들기 위해서는 많은 비용과 노력이 요구됐다. 스튜디오를 빌리고 소품을 특수 제작해야만 했다. 물속에서 제품을 촬영하기 위해서는 특수한 카메라를 사용해야 하는 경우도 있었다. 하지만 플레어를 활용할 경우 제품 사진만 있으면 이러한 노력을 아낄 수 있다. 사용자는 구현하고자 하는 디자인에 대한 명확한 표현을 프롬프트에 입력하는 정도의

챗GPT 거대한 전환

노력만 하면 되는 것이다. 이때 디자인에서는 장비나 전문 지식보다 적절한 프롬프트 작성이 오히려 더 중요한 기술이 된다.

무엇보다 유용한 점은 처음에 생각한 컨셉 디자인과 실제 촬영한 결과가 달라 마음에 들지 않았을 때, 큰 비용을 들이거나 시간을 지체하지 않고 즉시 수정해 새로 디자인을 할 수 있다는 점이다. 만약 우리가 스튜디오를 대여해 특수 제작한 소품을 가지고 촬영을 마쳤는데 다시 처음부터 시작해야 하는 상황이라면 제품 출시 일정을 늦춰야 할 수도 있을 것이다. 하지만 생성형 AI 서비스는 사용자들이 마음껏 시도하고 실패할 수 있는 환경을 제공한다.

AI 디자인 비서, 칼라

2022년 예술 감독 폴 트릴로Paul Trillo는 비주얼 아티스트 샤야마 골든과 생성형 AI 서비스 달리2를 사용하여 수백 가지 의상을 생성하는 AI 패션쇼를 열었다. 패션쇼 영상에서는 가상의 모델이 1초에 수 벌씩 다양한 컨셉과 느낌의 의상을 선보인다. 그는 트위터에서 이 작업을 '의상 및 패션 디자인 아이디어를 브레인스토밍하는 흥미로운 방법'이라고 표현했다. 이렇듯 생성형 AI는 이미 패션계에서 화두가 되고 있는 주제이다.

폴 트릴로의 트위터에 공개된 달리2를 활용한 가상 패션쇼[37]

생성형 AI는 아니지만, AI를 패션에 시도했던 사례들은 꽤 있었다. 2017년 온라인 쇼핑 서비스 스티치픽스Stitch Fix는 기존 소비자의 데이터를 바탕으로 패션 디자인 알고리즘 AI를 개발해 '하이브리드 디자인Hybrid Design'이라는 브랜드를 런칭했다. 이 브랜드는 기존 상품에서 인기를 얻었던 특성들을 트렌드에 맞게 결합하여 새로운 제품을 디자인했는데, 이렇게 만들어진 일부 제품은 99퍼센트의 판매율을 기록하기도 했다. 스파 브랜드로 유명한 에이치앤엠H&M도 맞춤형 드레스를 디자인하는 AI 패션 디자이너 '코디드 쿠튀르Coded Couture'를 선보인 바 있다. 이처럼 패션 산업에서는 데이터를 분석하고 트렌드를 예측하기 위한 도구로 AI의 도입을 시도하고 있다.

2016년에 설립된 패션 플랫폼 칼라CALA는 2022년 10월 AI를 자사 플랫폼에 추가한다고 발표했다. 칼라의 AI 서비스는 디자이너의 스케치, 프로토타입 제작, 신제품 생산을 돕는 솔루션이다. 이는 달리의 API와 통합한 최초의 서비스이자 패션 업계에서 최초로 선보

챗GPT 거대한 전환

이는 기능으로 디자이너는 전체 스케치나 3D 렌더링 없이 텍스트 입력을 통해 패션 아이디어를 이미지로 구현할 수 있다. 패션 업계의 디지털 트랜스포메이션을 이끌고 있는 칼라의 서비스는 모바일과 웹에서 모두 이용이 가능하다.

디자이너는 긴 텍스트 문자열을 입력하는 대신 25개의 옵션 목록에서 스웨터, 블라우스 또는 토트백과 같은 기본 스타일을 먼저 선택한다. 그런 다음 텍스트 기반의 생성형 AI를 사용하여 스타일을 지정한다. 첫 번째로 "어두움, 섬세함, 벨벳"이라는 용어를 입력하고, 장식 및 특징 섹션에는 "수 놓은 로고 패치"라는 문구를 추가할 수 있다. 이러한 자연어 프롬프트를 입력하면 칼라는 여섯 개의 제품 디자인 예시를 생성한다. 사용자는 '재생성' 기능을 통해 새로운 디자인을 계속 생성해 나가면서 원하는 디자인에 가까이 다가갈 수 있다. 그 이후, 사용자는 디자인을 추가 수정하거나 칼라 플랫폼 내에서 팀원들과 직접 협업하여 패션 아이템 제작을 시작할 수도 있다.

경험이 많은 패션 디자이너조차도 창의적인 아이디어가 막힐 때가 있다. 또한 브랜드를 시작하고 싶지만 아이디어를 스케치할 예술적 혹은 기술적 노하우가 없는 사람들도 존재한다. 이런 사람들에게 칼라는 창작의 장벽을 무너뜨릴 기회를 제공한다. 생성형 AI가 패션에서 매우 강력하고 획기적인 도구로 활용될 수 있다고 믿

셔츠 디자인을 위한 CALA의 서비스 화면[38]

는 칼라는 앞으로 고객들이 자신들의 서비스를 이용해 무엇을 디
자인할지 기대하고 있다.

지금까지 디자인은 인간의 창의성이 표현되는 대표적인 영역이
었다. 디자인을 포함해 예술 분야에서는 도구에 대한 논란이 끊임
없이 등장해 왔다. 사진 기술이 처음 등장했을 때 과거의 예술가들
은 사진을 예술로 인정하지 않았다. 하지만 현대의 사진은 엄연한
예술의 영역으로 인정받고 있다. 디지털 도구로 사진을 편집하는
포토샵이 처음 등장했을 때도 이런 도구는 예술가의 영역을 침범
하고 과도한 경쟁을 유발한다는 논란이 있었다.

이런 역사를 통해 우리가 잊지 말아야 하는 점은, 언제나 새로운
도구가 도입되었을 때는 이를 거부하는 사람들이 있었고, 반대로

챗GPT 거대한 전환

이를 적극적으로 채택하여 본인의 경쟁력을 강화해 온 사람들 또한 있었다는 것이다. 생성형 AI 서비스는 디자이너가 반복적인 작업을 간편하게 처리해 효율적으로 작품과 디자인에 대한 아이디어를 빠르게 떠올리도록 도울 수 있다. 예를 들어, 챗GPT에 "[무언가]에 적합한 색 구성표를 찾아줘"와 같은 요청을 할 수 있다. 이러한 사용자의 요청에 대해 챗GPT는 몇 가지 권장 사항을 제공하는데 이를 참고하여 디자인 가이드로 활용할 수 있다. 디자인 AI는 과거의 사진 기술처럼 논란의 대상일 수도 있지만, 생성형 AI가 디자이너에게 유용한 도구라는 사실은 분명하다. 디자인 분야가 생성형 AI를 활용해 더 풍부한 영역으로 나아갈 수 있을지는 디자이너들의 선택에 달렸다.

(IT)
인사이트를 가진 개발자가
생존한다
사례: 탭나인

지금까지 코딩의 효율성을 높일 수 있는 많은 서비스와 툴이 개발되었다. 개발자 커뮤니티 스택 오버플로우Stack Overflow는 코딩 질문에 대한 해답을 집단지성으로 제공했고, 다른 프로그래밍 언어와 통합하고 통신하도록 설계된 '스크립팅Scripting'은 프로그래밍 과정의 지루한 여러 프로세스를 자동화했다. 다양한 템플릿을 제공해 코드를 반복적으로 작성하지 않도록 만들어 준 것이다.

그러나 챗GPT가 보여준 퍼포먼스는 앞선 서비스들 그 이상이었다. 챗GPT는 웬만한 엔지니어가 평생 볼 수 있는 데이터와는 비교

챗GPT 거대한 전환

할 수도 없이 많은 코딩 데이터를 학습했다. 이를 바탕으로 짧은 시간 안에 쉽게 코드와 스크립트를 작성할 수 있으며 단계별 코드 작성에 대한 가이드를 제공하기도 한다. 새로운 고객을 위한 웹 사이트를 구축한다고 가정해 보자. 개발자가 직접 코드를 작성하는 대신 고객의 요구에 맞게 템플릿 중 하나를 골라 챗GPT에게 코드를 작성하도록 요청할 수 있다. 게다가 어떤 섹션을 홈페이지에 포함할지, 이커머스 웹 사이트인지 포트폴리오 웹 사이트인지도 지정할 수 있어 출력물을 맞춤화하는 것도 가능하다. 챗GPT를 잘만 활용한다면 개발자는 더 이상 상용구 코드를 작성할 필요가 없다. 현재 다양한 생성형 AI 서비스가 코딩 분야를 혁신하기 위한 도구로 등장하고 있다.

신뢰도 높은 AI 코더 탭나인

탭나인Tabnine은 개발자가 오류를 줄이면서 더 빠르게 코딩할 수 있도록 지원하는 코드 자동 완성 플랫폼이다. 신입 개발자이든 숙련된 전문가이든, 혼자 작업하든 팀의 일원이든 탭나인은 개발자가 선호하는 통합개발환경IDE: Integrated Development Environment에서 생산성을 한 차원 높이고 리뷰 시간을 단축하는 데 도움을 준다. 탭나인은 생성형 AI에 기반해 이전 코드를 바탕으로 다음 코드가 나올 확률을 계산하는 대규모 언어 모델을 활용한다. 이 플랫폼은 문맥과 구문을 통해 다음 코드 라인을 예측하여 제안함은 물론, 코드에 대한 테스트를 자동으로 수행하는 기능도 포함하고 있어 개발자는 AI가 생성한 코드를 쉽게 테스트할 수 있다.

탭나인 코드 자동 완성 및 추천 기능 예시[39]

탭나인 플랫폼은 파이썬, 자바, 자바스크립트 등 다양한 프로그래밍 언어를 지원하며 비주얼 스튜디오 코드, 젯브레인 등 여러 IDE와 통합할 수 있도록 설계되었다. 또한 코드를 깃허브에 지속적으로 통합 배포할 수도 있다. 개발자는 안전한 비공개 저장소에 호스팅이 되어있는, 승인된 소스코드를 사용하여 사용자 지정 모델을 기반으로 코드를 자동으로 더 쉽게 작성할 수 있다.

7장에서 소개한 것처럼 깃허브는 2021년 오픈AI의 코덱스 모델

챗GPT 거대한 전환

을 이용하여 자동 코드 완성 AI 서비스 코파일럿을 개발했다. 탭나인이 갖는 코파일럿과의 차별점은 바로 안정성이다. 코파일럿은 개발자들이 공개한 레퍼토리를 가리지 않고 학습하지만, 탭나인은 허용된 라이선스와 높은 수준의 신뢰성을 갖는 공개 코드만을 학습하고 있음을 강조한다. 또한 코파일럿과 달리 개발자가 추가 학습을 통해 모델을 미세 조정할 수도 있다. 앞으로 개발자들이 AI 모델을 추가로 학습시켜 프로젝트별 코드 및 인프라에 맞게 조정이 가능한 탭나인을 코파일럿보다 더 선호할지 지켜볼 일이다.

코파일럿, 탭나인 등 현재까지 출시된 코드 자동 생성 AI 서비스는 개발 프로세스를 간소화하는 도구이지 개발자를 대체하는 도구는 아니다. 개발자는 생성형 AI를 활용해 단순 코딩을 빠르게 수행하고 AI가 생성한 코드를 필요에 맞게 수정함으로써 반복적인 업무를 자동화할 수 있다. 대신 복잡한 애플리케이션 아키텍처 설계나 사이버 보안과 같은 중요한 영역에 집중함으로써 업무의 효율을 극대화하는 효과를 얻을 수 있을 것이다. 더불어 고객의 비즈니스 요구 사항을 고려하여 엔지니어링 관점에서 소프트웨어를 설계하거나 최적의 모델을 선택하는 문제 등은 여전히 생성형 AI로 해결이 어렵다. 이는 소프트웨어 엔지니어와 개발자의 노하우와 경험 그리고 인사이트가 중요한 영역이다.

다양한 도전,
100세 시대를 넘어

사례 : 힐리움

2023년 가트너는 생성형 AI가 가장 활발하게 적용되고 있는 산업으로 헬스케어 부문을 꼽았다. 한국의 대표적인 AI 기업인 카카오브레인과 LG AI연구원도 헬스케어 산업을 전략적인 사업 영역으로 지정했다. 생성형 AI 서비스는 의료 분야에서 다양한 사용 사례를 만들며 높은 성장세를 기록할 것으로 기대된다.

디지털 스트레스 관리 AI 힐리움

힐리움Healium은 심박수 및 혈압과 같은 생체 데이터를 사용하여 불면, 탈진 및 불안 해소에 도움이 되는 명상, 스트레스 관리를 지원하는 생성형 AI 기반 스타트업이다. 힐리움은 생체 인식 데이터, 생성형 AI, 가상 현실VR, 증강 현실AR 기술을 접목하여 사용자들의 건강 관리에 도움이 되는 콘텐츠를 제공한다.

스트레스 관리와 숙면을 위한 솔루션을 제공하는 힐리움[40]

힐리움은 인간의 생리적 신호를 바탕으로 시각 및 청각 경험을 제어하면 더 깊은 수준의 이완과 마음챙김을 달성할 수 있다는 아이디어에 기반하고 있다. 힐리움의 서비스는 뇌파 헤드밴드와 같은 일반 소비자용 기기와 함께 사용하도록 설계되었으며, 웨어러블 장치를 통해 수집한 생체 데이터는 시청각 요소를 제어하는 데 사용된다. 예를 들어, 심박수가 증가하거나 뇌파의 패턴이 스트레스의 징후를 보이면 시각적 요소를 변경해 사용자가 편안한 상태로 돌아갈 수 있도록 도와주는 것이다. 또한 휴대폰으로도 스트레스를 빠르게 차단하고 정신 건강 응급 상황에 대처할 수 있도록 서비스를 제공한다.

2023년 2월에는 슬리피움Sleepium 서비스도 런칭했다. 잠들기 전 VR 헤드셋을 통해 슬리피움 프로그램을 4분간 실행해 명상을 진행하면 심박수를 낮추고 신경계를 안정시키는 데 도움이 된다고 한다. 힐리움은 약물을 사용하지 않고 불면증을 치료하는 이 서비스를 디지털 치료제라고 소개한다.

힐리움은 미국 미주리주 컬럼비아에 본사를 두고 있으며 2023년 2월 미국 미네소타주에 있는 메이요Mayo 클리닉의 시드 펀딩을 받았다. 메이요 클리닉은 분야별 전문 노하우를 힐리움에 전수하고 협업을 통해 함께 서비스를 고도화해 나갈 예정이다.

만성 질환의 환자들의 경우 지속적인 모니터링과 관리가 필수적이다. 하지만 기존의 대면 의료 시스템은 24시간 관리가 실질적으로 어려우며, 입원을 통해 밀착 관리를 받을 경우 어마어마한 비용이 소모된다. 하지만 생성형 AI 서비스가 적용되면 환자에게 연중무휴 24시간 모니터링은 물론 의료 전문 지식을 지속적으로 제공할

챗GPT 거대한 전환

수도 있다. 심장병, 고혈압, 당뇨와 같은 만성 질환 환자는 질병을 관리하고 치명적인 합병증을 최소화하는 데 도움을 받을 수 있다.

생성형 AI 서비스는 의료 과실을 예방하는 데에도 도움이 될 것이다. 미국의 경우 병원에서 환자 안전 부주의로 인해 매년 수만 명이 사망하고 있으며, 일부 추산에 따르면 사망자 수가 20만 명에 달한다고 한다. 만일 비디오 기반 생성형 AI 서비스가 도입된다면, 인공지능이 의사와 간호사를 관찰하고 지침과 비교하여 실수가 감지될 때 의료진에게 경고 메시지를 전할 수 있다. 이러한 서비스는 투약 오류는 물론 병원에서 발생하는 감염 등의 사고를 예방하는 데에도 사용이 가능하다.

인간 의료 전문가는 일대일 진료만 가능하기 때문에 의료 서비스의 도달 범위가 제한적이다. 반면에 생성형 AI를 의료 서비스에 활용하면 동시에 여러 고객을 지원하는 것이 가능하다. AI 서비스는 환자에게 따뜻한 인사말을 건네고, 증상 정보를 수집하고, 가능한 진단을 예측하며, 진료 예약을 할 수 있도록 바로 적절한 의료 전문가와 연결해 줄 수 있다. 챗봇이 진료에 필요한 정보를 수집하여 분석함으로써 의료 전문가의 일손을 일부 덜어주면 의료 전문가는 환자에게 더 많은 관심과 시간을 쏟을 수 있을 것이다. 또한 AI 서비스는 특히 1분 1초가 급한 응급 상황에서 유용한 정보를 즉각적으로 제공해 증상 파악부터 수술 예약까지 빠르게 진행하도록 도울 수 있다.

생성형 AI는 의료 분야에서 반복적이고 낮은 수준의 업무를 자동화하는 것부터 시작해서 환자 관리, 의료진 지원, 신약 개발 등 다양한 분야로 확장될 것이다. 시간이 지남에 따라 점점 더 복잡한 의료 문제를 해결하는데 활용될 것으로 기대된다.

(법률)

더 많은 고객에게
고품질의 법률 서비스를

사례: 하비

생성형 AI 서비스는 법률 시장에도 예외 없이 큰 영향을 미칠 것이다. 법은 우리의 삶에 깊은 영향을 미치는 것에 비해 높은 인건비에 대한 부담 때문에 허들이 존재했던 시장이다. 그런데 AI가 이런 허들을 낮출 것이란 기대감에 시장이 들썩이고 있다. 런던에 본사를 둔 로펌 알렌 앤 오버리Allen & Overy는 2022년 9월 간단한 법률 조사와 문서 초안, 고객 메시지 작업을 검토하고자 오픈AI와 생성형 AI 툴 하비Harvey에 대한 테스트를 진행했다. 테스트가 끝나고 난 뒤, 2023년 43개 사무소에서 3,500명의 직원이 하비를 사용 중이었고 직원들은 6개월도 되지 않는 기간동안 약 4만 건의 질문을 했다고 한다. 해당 로펌의 직원 네 명 중 한 명은 매일 하비를 사용하고 있다는 뜻이다.

변호사의 강력한 AI 보조자 하비

하비는 변호사의 실사, 소송, 감시 등 법률 업무 수행을 돕는 오픈AI 최신 모델 기반의 AI 플랫폼이다. 하비는 자신을 '엘리트 로펌을 위한 생성형 AI'로 정의한다. 하비는 생성형 AI를 활용해 법률 연구, 초안 작성, 분석, 커뮤니케이션과 같은 지루한 작업을 보다 쉽고 효율적으로 수행하여 변호사의 역량을 확장하고자 한다. 복잡하고 전문적인 도구를 사용하는 대신 자연어를 기반으로 작동하는 하비의 플랫폼은 편리한 사용성을 자랑한다.

예를 들어, "임대차 계약서의 이 조항이 캘리포니아 주법에 위반되는지 알려 주고, 위반된다면 다시 작성해 줘"와 같이 자연어로 하비에게 물으면 하비는 답변을 제공하고 문서 초안을 즉시 작성해 준다. 순식간에 법적 논거를 만들고 초안을 생성하여 변호사 사이의 중개자 역할을 하는 것이다. 변호사들의 업무 효율성을 높여 더 높은 품질의 작업을 생산하고 업무의 가치 있는 부분에 더 많은 시

챗GPT 거대한 전환

간을 할애할 수 있게 해 준다.

하지만 데이터 프라이버시 문제에 대한 지적도 있다. 이에 대해 하비는 사용자 데이터를 익명화하고 정해진 시간이 지나면 데이터를 삭제하는 등 고객의 규정 준수 요구를 충족하기 위해 노력하고 있다고 한다. 또 사용자가 요청하면 언제든지 관련 법률 데이터를 삭제할 수 있고, 하비를 이용하는 로펌 간의 데이터는 교차 사용하지 않고 있다.

하비는 오픈AI 스타트업 펀드가 주도하는 500만 달러의 투자를 받았으며, 구글 AI의 리더인 제프 딘Jeff Dean 등 엔젤 투자자의 투자도 받았다. MS의 클라우드를 서비스 개발과 확장에 이용 중이다. 하비의 서비스는 현재 베타 버전으로, 면허를 소지한 변호사의 감독 하에 사용해야 한다고 안내하고 있다.

하비처럼 초기의 생성형 AI 서비스는 반복적이고 노동 집약적인 초급 법률 업무에 사용될 가능성이 높다. 생성형 AI는 법률 문서, 고도로 표준화된 대량의 템플릿, 판례 데이터 등을 학습하고 법률 문서 초안을 빠르게 생성할 수 있다. 계약서, 정책 및 기타 법률 문서는 어느 정도 정형화된 템플릿이 있기 때문에 정보를 수집하고 종합하는 생성형 AI의 능력이 잘 발휘될 수 있는 분야이다. 방대한 양의 법률 문서에서 정보를 추출한 뒤, 보고서 초안을 작성하고 검토하는 일을 AI가 수행하게 된다면 변호사의 시간과 수고를 획기적으로 줄이고, 결과적으로 법률 비용을 절감할 수 있다.

하지만 생성형 AI가 아직까지 현업에 적용되기에는 분명한 한계도 존재한다. 할루시네이션 문제가 대표적이다. 만일 AI가 잘못된 정보를 그럴 듯하게 생성해 낸다면 오히려 혼란이 초래될 것이다. 특히 법률 분야에서는 법정에서의 성패에까지 영향을 주는 심각한 결과로 이어질 수 있기 때문에 반드시 보완이 필요하다.

생성형 AI가 변호사를 대체하지는 않을 것이다. 물론 일부 초급 변호사들의 반복적 업무를 대체할 수 있겠지만, 여전히 기업 고객들은 변호사의 경험과 지도 그리고 판단에 큰 돈을 지불할 것이다. 대기업 고객들이 최고의 변호사에게 천문학적인 금액을 지불하는 것은 그들이 최종 결과물을 책임지기 때문이다.

(금융/회계)
AI 금융 자문가의
등장

사례: 키퍼, 타뷸레이트

생성형 AI로 금융 시장 역시 바뀔 것으로 전망된다. 가트너는 2022년 금융 부문에서 주목할 신기술로 생성형 AI, 자율 시스템, 프라이버시 강화 컴퓨테이션Privacy-enhancing computation 등을 선정했다. 마이클 슈리지 MIT 경영대학원 교수는 "재무제표 작성에도 생성형 AI 도입이 가능할 것"이라며 "경영진의 판단을 돕고자 예측할 수 없는 시나리오를 주고 답변을 받아낼 수도 있다"고 말했다. 즉, 복잡한 금융 관련 질문에 신뢰할 수 있는 답변을 제공하여 AI가 금융 자문가와 같은 역할을 수행할 수 있게 된다는 것이다.

긱워커를 위한 세금 관리 솔루션 키퍼

키퍼^{Keeper}는 GPT-3 모델을 기반으로 은행 명세서의 데이터를 거래 정보로 해석하여 자동적인 세금 관리를 지원하는 서비스이다. 키퍼의 AI 모델은 텍스트를 이해하고 자동 분류하며 사용자와의 대화를 통해 점점 똑똑해진다. 2020년 한 해 동안 미국에서는 무려 천만 명이 긱워커*, SNS 및 마케팅 분야 프리랜서, 콘텐츠 크리에이터 등 전통적인 고용 형태가 아닌 직업으로 경제 활동을 시작했다. 키퍼는 이러한 직업을 가진 사람들이나 부업을 하는 개인들에게 회계사를 고용하는 것과 동일한 수준의 세무 자문 및 세금 공제 혜택을 제공하고자 서비스를 시작했다.

키퍼는 미국의 평균적인 긱워커가 세금을 20퍼센트 이상, 금액으로 따지면 약 1,550달러 정도를 초과 납부하고 있는 것으로 추정했다. 왜냐하면 이러한 독립 계약자들은 전화 요금, 자동차 유지비, 음악 서비스 구독료와 같은 비용이 세금 공제가 가능함에도 혜택을 신청하고 있지 않기 때문이다. 이들에게는 회계사의 지도가 필요하지만 회계사를 고용할 여유가 없고, 기존의 세금 신고 소프트

---

* 긱워커는 디지털 플랫폼을 통해 단기 혹은 일회성 일을 맡아 초단기 노동을 제공하는 근로자를 뜻하는 말로, 공유차량 운전자, 배달 라이더 등이 해당된다.

웨어는 새로운 직종을 가진 사람들에게 적절한 서비스를 제공하지 못하고 있었다.

키퍼에 은행 계좌를 연동해 놓으면 거래를 자동으로 모니터링하여 놓칠 수 있는 세금 공제 및 사업 비용 내역을 자동으로 식별한다. 계좌에 연결된 구매 내역을 세부적으로 분류하고 일주일에 몇 번씩 간단한 예/아니오 질문이 포함된 문자 메시지를 전송하여 업무에 관한 비용이 맞는지 묻는다. 만약 '예'라고 답하면 해당 거래를 세부 카테고리별로 분류하고 세금 공제가 가능한 사업 비용과 세금 혜택을 자동으로 찾아준다. AI는 이를 기반으로 향후 유사한 거래 건을 자동으로 분류하고 시간이 지남에 따라 점점 더 스마트해져서 문자 메시지 질문을 최소화한다.

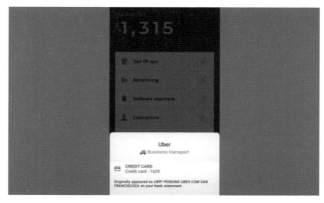

키퍼의 서비스 화면 예시[41]

2021년 4월 키퍼는 1300만 달러 규모의 시리즈 A 투자를 유치했다. 그리고 현재는 소득이 있는 사람이라면 누구나 일상적인 구매에서 세금 공제를 찾을 수 있도록 도와주는 풀 서비스 세무 자문, 비용 및 직관적인 신고 솔루션을 제공하는 세무 플랫폼을 구축을 진행 중이다. 키퍼는 현재 미국의 모든 종류의 소득에 관한 정보를 처리할 수 있다. 세금 신고 서류는 제출 전에 전문 세무사가 검토하고 서명하여 제출하고 있으며, 그동안 정리된 내역을 다른 세무 서비스 또는 회계사에게 손쉽게 공유하는 것도 가능하다.

회계와 재무관리를 책임지는 타뷸레이트

타뷸레이트Tabulate는 GPT-3 모델을 기반으로 회계와 재무 등 백오피스 업무를 지원하는 서비스이다. 수익과 비용 기록, 급여 및 미지급금 분석, 세금 계산 등 다양한 기능을 제공하고 있다. 타뷸레이트는 푸드트럭에서부터 커피숍, 퀵서비스, 프랜차이즈 및 고급 식당에 이르기까지 모든 규모의 비즈니스를 지원하는 올인원 재무 솔루션이다. 회계 전문가가 아니라면 서류 작업, 특히 지출한 모든 금액을 정확하게 추적해야 하는 업무에 부담을 느끼기 쉬운데 타뷸레이트는 이를 자동적으로 처리해 준다.

챗GPT 거대한 전환

타뷸레이트는 사용자의 은행, POS, 신용카드, 급여 제공 업체 데이터를 안전하게 통합하여 금융 정보에 액세스한 뒤, 신속하고 정확하게 거래를 코딩하고 미지급금과 직원 급여 등을 관리한다. 또한 비즈니스 의사 결정에 도움이 되는 심층적인 재무 어드바이스와 인사이트를 제공하고 있다.

키퍼와 타뷸레이트 서비스는 모두 GPT-3 모델을 기반으로 하고 있다. 이들은 언어 모델의 텍스트 처리 능력을 기반으로 데이터를 분류하고 편리한 세금, 회계 관리를 지원한다. 재밌는 것은 둘다 명확한 고객층을 타깃으로 서비스를 시작했다는 점이다. 키퍼는 긱워커와 크리에이터, 타뷸레이트는 푸드트럭이나 중소규모의 식당을 운영하는 사람 등을 주요 고객으로 삼고 서비스를 개발했다. 세무사나 회계사를 고용하기에는 비용이 부담되고 또 기존의 소프트웨어가 잘 지원하지 못하는 고객을 시작으로 점차 비즈니스 영역을 확장해 나가고 있는 것이다.

현재 금융 분야에서 생성형 AI는 금융 서비스의 단순 자동화와 비용 절감에 주로 활용되고 있다. 하지만 점차 초개인화된 금융 자문 서비스로 발전해 나갈 것이다. 예컨대 계좌 잔액 확인, 결제, 투자 추적과 같은 고객 응대 서비스에 주로 활용되기 시작하여, 이후에는 은행 직원의 도움 없이 생성형 AI와의 대화를 통해 금융 거래를 빠르고 효율적으로 완료할 수 있게 될 것이다. 기업 입장에서는 콜센터 및 오프라인 지점 운영 비용을 절감할 수 있다.

하지만 이는 정말 기초적인 수준에 불과하다. 앞으로 생성형 AI가 금융에 미칠 영향은 고객 서비스 이상이 될 것이다. 챗GPT가 대중에게 충격을 주었던 것은 단순히 기존 데이터를 잘 요약해 주었기 때문이 아니다. 이는 기존 데이터를 기반으로 새로운 내용을 '생성'하는 일이 가능했기 때문이었다. 따라서 생성형 AI는 방대한 양의 금융 데이터를 학습해 기존 분석가들이 볼 수 없었던 트렌드와 패턴을 포착하고 미래를 예측하는데 활용될 수 있다. 예를 들어 뉴스 기사, 수익 보고서, 애널리스트 보고서와 같은 대량의 금융 관련 데이터를 처리하고 분석해서 주식 또는 전체 시장 예측에 대한 새로운 의견을 생성할 수도 있다.

또한 생성형 AI는 개인에게 맞춤화된 금융 조언과 상품 추천 등을 제공하게 될 것이다. 이를 통해 더 많은 소비자가 더욱 개인화된 금융 경험을 누릴 수 있다. 자산가들이 주로 이용하는 자산 관리 서비스는 AI를 통해 대중화될 것이며, 재정 자문 및 계획, 투자 추천, 포트폴리오 관리 등의 서비스를 일반인도 사용할 수 있게 될 것이다.

챗GPT 거대한 전환

(업무 생산성)

모두가 비서를
채용하는 시대

사례 : 멤

여러분은 정보를 찾는데 일반적으로 어느 정도의 시간을 소요하는가? 맥킨지 연구에 따르면 지식 근로자들은 업무 시간의 19퍼센트를 정보 검색 및 수집에 소비하고 있으며,[42] 2018년 IDC 연구는 데이터 전문가들이 매주 데이터 검색, 관리 및 준비에 30퍼센트, 중복 작업으로 20퍼센트 등 총 50퍼센트의 시간을 정보 수집과 처리 등에 사용한다고 전했다.[43] 이처럼 정보를 찾고 정리하는 작업에 많은 시간이 소요된다는 것은 의심할 여지가 없다.

나만의 맞춤형 AI 업무 비서 멤

멤Mem은 개인에게 맞춤화된 업무 공간을 제공하는 AI 기반 플랫폼이다. 우리는 일상의 업무 환경에서 무수히 많은 서비스와 플랫폼을 사용한다. 멤은 이 모든 플랫폼과 정보들을 한데 모아서 보여 준다. 멤은 AI를 사용해서 혼재하는 정보를 이벤트, 주제, 사람 등을 기준으로 연결하고 조직화한다. 특정 정보가 어떤 폴더나 앱으로 분류되어야 할지 고민하지 않아도 멤이 이를 자동으로 해결해주는 것이다. 예를 들어 사용자가 회사의 3월 기준 전년 대비 성장률을 멤에 입력하면, 멤은 해당 내용과 관련 있는 엑셀, 이메일, 문서 등을 검색해서 사용자에게 제공한다. 멤은 사용자의 일상적인 업무를 자동화하고 창의력을 확장할 수 있게 돕는다.

멤은 원래 노트 필기 앱에서 시작한 서비스다. 멤을 활용하면 SNS, 메세지 앱 등 어디서나 빠르게 노트를 캡처하고, 링크를 전송하고, 이미지를 저장할 수 있다. 협업 기능을 통해 팀원들과 노트를 공유하고, 편집하고, 댓글을 달고, 공유 캘린더에 바로 첨부해 빠르게 참조할 수도 있다. 이렇게 보면 일반 메모 앱 같지만 다양한 생성형 AI 기능이 탑재되어 있다. 인터넷 지식과 개인 정보를 바탕으로 정보를 생성해주는 도구, 트윗 스레드를 요약해 주는 AI 기능, 작업 중인 내용과 관련된 메모를 자동으로 표시하는 사이드바 등 업무의 생산성을 높여줄 수 있는 대표적인 기능들에 AI가 활용되고 있다. 또한 AI를 활용한 텍스트 생성, 파일 요약, 문서 제목 생성, 자연어 명령을 통한 텍스트 편집 및 서식 지정(스마트 쓰기 및 스마트 편집) 등의 새로운 기능을 추가하기도 했다. 멤은 AI 기술을 통해 정보를 정리하고 접근하는 지루함과 번거로움을 줄여 개인의 생산성을 높이고 궁극적으로 사람들이 중요한 업무에 집중할 수 있도록 돕는다.

멤은 2022년 오픈AI 스타트업 펀드로부터 2350만 달러의 투자를 받았고 2023년 기준 기업 가치는 1억 1000만 달러에 달하는 것으로 평가된다. 멤은 현재 오픈AI와 파트너십을 맺으면서 기술 전문성과 전략적 후원을 받고 있다. 과연 멤은 치열한 경쟁 분야인 지식 검색 및 생산성 분야에서 살아남는 서비스가 될 수 있을까?

업무 생산성 분야는 생성형 AI가 빠르게 접목되고 있으며 스타트업 간의 경쟁도 치열한 분야 중 하나다. 세부 분야를 살펴보면 엔터프라이즈 검색 분야에서는 최근 벤처 투자 단계에서 1억 달러의 자금을 조달한 글린이 있고, 지식 관리에서는 2020년에 100억 달러의 가치를 인정받은 아틀라시안Atlassian을 비롯해 노션 등 쟁쟁한 스타트업들이 있다. 드롭박스는 커맨드ECommand E를 인수해 크로스 플랫폼 문서 검색 기능을 강화했고, 니바Neeva는 웹 검색과 함께 개인 검색을 할 수 있는 기능을 구축 중이며, 에버노트Evernote의 크롬 확장 프로그램은 웹 클리퍼를 통해 웹에서 쉽게 자료를 수집하고 저장하는 기능을 지원한다.

멤을 통해 살펴본 것처럼 생성형 AI는 일상적인 작업을 자동화함으로써 직원들의 시간을 절약하고 생산성을 높일 수 있다. 또한 업무의 정확성을 높이면서도 업무에 필요한 워크플로를 더욱 간소화할 것이다. 나아가 생성형 AI가 더욱 발전한다면 일상적인 업무 관리를 넘어 프로젝트 관리 및 데이터 분석과 같은 더 복잡한 작업도 수행할 수 있을 것으로 기대된다. 이는 의사 결정 과정과 전반적인 비즈니스 성과 개선에 큰 도움을 줄 것이다. 한편 업무의 일부가 생성형 AI로 대체됨에 따라 일자리에 영향을 받는 직원이 생길 수도 있다. 따라서 업무에서 AI가 만들어 나가는 변화의 과정을 잘 관찰하고, 직원들과 소통하고 협력하면서 신중하게 도입을 고려할 필요가 있다.

더 쉽고 몰입감 있는
가상세계의 시작
사례: 캐릭터AI, 레디플레이어미

　메타버스는 '초월' 내지 '너머'를 의미하는 메타와 세계를 의미하는 유니버스의 합성어로 간단히 말해 가상세계를 뜻한다. 사용자가 스마트폰, 컴퓨터, 인터넷 등 디지털 미디어를 통해 다른 사용자와 상호 작용하는 공간인 메타버스는 우리의 삶을 변화시키고 새로운 형태의 상호 작용을 촉진할 수 있는 기술로 평가되기도 한다. 그리고 이제 메타버스에도 생성형 AI 기술이 활용되고 있다.

　생성형 AI는 매우 사실적이고 감성적인 아바타와 디지털 캐릭터를 생성함으로써 메타버스 생태계를 더 풍부하게 만들 수 있다. 이를 통해 더욱 자연스럽고 사실적인 상호 작용이 가능해지며, 더욱 몰입감 있는 가상 소셜 공간도 만들어질 것이다. 생성형 AI가 주도하는 메타버스에서 사용자는 물리적 제약에 구애받지 않고 자신이 원하는 누군가 혹은 무언가가 될 수 있다. 이미 초기 단계의 유사 서비스가 출시되고 있다.

유명인과 친구처럼 대화할 수 있는 캐릭터AI

캐릭터AICharacter.ai는 구글의 딥러닝 AI 연구팀 구글 브레인의 연구원 출신인 노암 셔지어가 2021년 창업한 회사다. 캐릭터AI의 서비스는 현재 베타 버전으로 특성 있는 챗봇과의 실시간 채팅을 제공한다. 사용자는 유명인, 역사적 인물, 애니메이션 주인공, 가상의 캐릭터 등과 채팅을 할 수 있을 뿐만 아니라 직접 캐릭터를 가진 챗봇을 만들 수도 있다. 예를 들어, 고인이 된 영국의 엘리자베스 2세 여왕과 대화하거나 슈퍼마리오의 악당인 쿠파와도 대화할 수 있다. 캐릭터 생성은 퀵 모드와 고급 모드 두 가지를 제공하고 있고 고급 모드에서는 보다 개성 있는 캐릭터를 만들 수 있다.

역사적 인물 혹은 유명인과 대화를 나눠 보고 싶은 사람이라면 캐릭터AI의 서비스는 굉장히 흥미롭다. 캐릭터AI의 챗봇들은 자신

챗GPT 거대한 전환

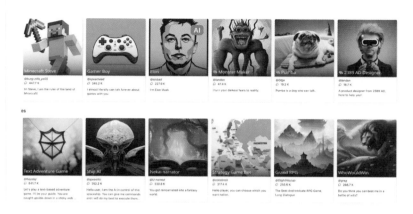

캐릭터AI에서 제공하는 다양한 페르소나의 가상 캐릭터[44]

이 부여받은 캐릭터를 잘 이해하고 있어 실제로 해당 인물들이 할 법한 대사를 사용자에게 던진다. 역사적으로 유명한 사람의 캐릭터를 갖고 있는 챗봇의 경우 사용자가 그 인물의 업적과 과거 기록을 이미 알고 있기 때문에 다소 기이하게 느껴질 수도 있지만, 오히려 이런 점이 사용자를 대사에 더 몰입할 수 있게끔 한다. 때때로 우스꽝스러운 대사를 내뱉기도 하지만, 인물과 사회적 맥락에 대한 지식을 학습한 AI 챗봇은 자신이 좋아하는 캐릭터나 유명인을 재미있는 방식으로 접할 수 있는 흥미로운 방법임에는 틀림없다.

캐릭터AI의 챗봇은 사용자와의 대화 내용을 기억하고 있어서 사람과 대화하는 것처럼 연속성 있는 대화를 이어 나갈 수 있다. 게다가 자동 번역 기능도 내장하고 있어서 사용자가 영어 이외의 언어로 챗봇에게 말을 건네도 시스템이 알아서 영어로 번역해 대화를 계속해 나간다. 하지만 안타깝게도 캐릭터의 답변은 현재 영어로만 제공하고 있다.

캐릭터AI의 플랫폼은 가상 환경이긴 하지만 캐릭터들이 실제 인물이거나 저작권이 있기 때문에 외설적인 대화는 금지하고 있다. 또한 캐릭터가 생성하는 대화가 모두 진실은 아니기 때문에 사용자는 이를 유념해서 사용해야 한다.

캐릭터AI와 같은 페르소나를 가진 대화형 인공지능이 메타버스에 도입된다면 사용자는 자신이 만나고 싶던 역사 속 인물이나 가상의 캐릭터와 가상 세계에서 교감하고 소통할 수 있을 것이다. 이는 메타버스의 이용자에게 더 풍부하고 몰입감 높은 사용자 경험을 제공할 것이다.

메타버스 캐릭터에 생성형 AI를 입히다, 레디플레이어미

레디플레이어미Ready Player Me는 다수의 메타버스 플랫폼에서 호환 가능한 아바타를 만드는 서비스다. 이 플랫폼에서는 누구나 쉽게 나만의 아바타를 만들 수 있으며 만든 아바타는 다양한 게임과 메타버스에서 활용할 수 있다. 2021년에는 NFT를 접목해 사용자가 구매한 NFT 컬렉션으로 아바타를 꾸밀 수 있는 기능을 출시하기도 했다. 레디플레이어미는 2014년 설립된 에스토니아 회사로 2022년 8월 5600만 달러 규모의 시리즈 B 투자 유치를 완료했다. 이번 투자는 미국의 가장 유명한 IT 벤처 투자 전문 회사 중 하나인 안드레센 호로위츠가 주도했으며, 로블록스의 공동 창업자 데이비드 바주키, 트위치의 공동 창업자 저스틴 칸 등 IT 업계의 유명인사들도 대거 참여했다.

레디플레이어미의 비전은 파편화된 메타버스를 아바타를 통해 연결하는 것이다. 다양한 플랫폼에서 호환 가능한 레디플레이어미의 아바타는 VR챗VRChat, 사이드퀘스트Sidequest, 애니메이즈Animaze, 스페이셜Spatial을 포함한 3000여 개 플랫폼에서 사용할 수 있다. 파트너 플랫폼의 숫자는 2022년 8월 기준, 동년 1월 대비 세 배나 증가하였다. 이 숫자만 봐도 현재 메타버스라는 분야가 얼마나 세분화되어 있고, 얼마나 롱테일을 이루고 있는지를 짐작할 수 있다. 롱테일은 20퍼센트의 핵심 소비자와 주력 상품에서 매출의 80퍼센트가 발생한다는 파레토 법칙의 반대 개념으로, 주류는 아니지만 긴 꼬리를 구성하고 있는 80퍼센트의 소비자와 상품에서 더 큰 가치가 창출된다는 개념이다. 메타버스 분야에서도 소수의 플랫폼이 지배적인 위치를 점유하기보다 소비자의 다양한 취향과 관심사를 충족하는 다수의 플랫폼들이 존재한다. 레디플레이어미의 목표는 이 쪼개진 메타버스를 하나로 통합하고 모든 메타버스를 아우르는 가장 강력한 플랫폼이 되는 것이다.

레디플레이어미는 생성형 AI 기술을 어떻게 적용했을까? 레디플레이어미는 2023년 2월 생성형 AI 기반의 체험판 아바타를 출시했다. 이 체험판에서 플레이어는 달리2를 기반으로 한 생성형 AI를 활용해 나만의 아바타 의상을 제작할 수 있다. 예를 들어 로스엔젤레스의 일몰이 떠오르는 그라데이션을 옷에 입혀 달라고 입력하면 알맞은 텍스쳐가 반영된 옷이 자동 생성된다. 이외에도 무지개 색, 트로피컬 무늬 등 다양한 패턴을 시험해볼 수 있었다. 레디플레이어미는 생성형 AI가 3D 콘텐츠와 아바타 제작 방식을 확실히 바꿀 것이라고 생각한다. 베타로 출시된 의상 생성 서비스를 시작으로 레디플레이어미는 다양한 생성형 AI 기술을 적용한 실험들을 선보일 예정이다.

생성형 AI는 메타버스 산업의 콘텐츠 제작과 소비 방식에 변화를 가져올 것이다. 두 서비스를 통해 살펴본 것처럼, 생성형 AI는 텍스트, 이미지, 영상 데이터 학습을 통해 메타버스의 디지털 휴먼을 만들 수 있다. 디지털 휴먼은 메타버스에서 사용자의 아바타가 되기도 하고, 사람처럼 텍스트나 음성을 입혀 디지털 안내자나 친구 혹은 교육자 등의 역할을 수행할 수도 있다. 그리고 디지털 휴먼뿐 아니라 메타버스의 스토리나 에셋, 배경과 같은 요소들도 생성

사용자가 'AI Texture'에 자신이 원하는 옷의 문양을 입력하면 달리를 통해 생성된 이미지를 기반으로 아바타 의상이 자동 생성된다

형 AI를 통해 제작할 수 있다. 기존의 콘텐츠 제작 과정에서 막대한 시간과 비용, 인력이 소모된 것과 달리, 생성형 AI는 방대한 양의 콘텐츠를 효율적으로 생성할 수 있기 때문에 콘텐츠 제작 방식에 큰 변화를 가져올 것이다. 이는 메타버스 콘텐츠 제작자가 더 많은 콘텐츠를 더 빠르게 제작하여, 빠르게 변화하고 계속해서 증가하는 소비자의 수요를 따라잡을 수 있게 된다는 점에서 중요한 의미를 갖는다.

더불어 생성형 AI 도구를 활용하면 비교적 쉽게 콘텐츠 제작이 가능하기 때문에 전문 기술과 지식의 필요성이 감소하게 된다. 이는 더 다양한 크리에이터가 시장에 진입할 수 있는 유인으로 작용할 수 있다. 또한, 생성형 AI 기술은 메타버스에서 사용자의 취향과 선택에 맞는 콘텐츠를 생성할 수도 있다. 예를 들면 사용자 개인의 정보를 바탕으로 개별 맞춤형 퀘스트, 모험, 테스트를 제공할 수도 있다. 메타버스에서 생성형 AI가 제공하는 콘텐츠를 통해 사용자는 나의 취향에 맞는 인터랙티브하고 몰입감 있는 경험을 갖게 되는 것이다. 이는 더 많은 사용자를 메타버스 산업으로 이끄는 강력한 유인책이 될 것이다.

8장

생성형 AI로
더 강력해지려는
기업들

메가 트렌드의
포착

지금까지 일어났던 산업혁명의 핵심은 인류의 속도를 혁신적으로 변화시켰다는 점이다. 1차 산업혁명은 증기 기관을 통해 인간의 삶을 기계적 속도로 향상시켰고, 2차 산업혁명은 전기를 통한 대량 생산을 가능케 하며 우리 삶을 자동화의 속도로 변화시켰다. 인터넷과 컴퓨터가 가져온 3차 산업혁명은 전 세계를 온라인 네트워크로 연결하면서 물리적인 거리의 한계를 극복했다. 디지털의 속도로 살아가는 새로운 세상이 열린 것이다.

하지만 디지털의 속도를 뛰어넘는 4차 산업혁명은 아직 오지 않왔다. 4차 산업혁명은 오랜 기간 논의가 이어지고 있는 주제이지만 아직까지 우리는 다음 세계의 속도를 실감하지 못했다. 근래에 이슈가 되었던 메타버스도 초기에는 뜨거운 관심을 불러일으켰지만 명확한 실체 없이 잠잠해진 느낌이다.

생성형 AI는 그동안 손에 잡힐 듯 말 듯 했던 4차 산업혁명을 완성할 기술이라 여겨져 많은 기업들이 주목하고 있다. 이들 중에는 이제서야 새로운 기술을 들여다보며 서둘러 따라잡으려는 기업도 있지만, 그동안 차분히 생성형 AI 서비스를 준비해 온 기업도 있다. 각자가 받아들이는 속도는 다르지만 이 기술이 판도를 바꿀 새로운 혁신이라는 점에는 모두가 동의하고 있다.

현재 리셋 모먼트에 직면한 기업들은 잔뜩 긴장 중이다. 앞 장에서 살펴보았듯 다양한 산업에 혁신을 일으킬 수 있는 생성형 AI의 잠재력은 무궁무진하며, 이 기술을 도입하는 기업은 빠르게 변화하는 비즈니스 환경에서도 경쟁력을 유지할 수 있을 것이다.

이미 생성형 AI를 기존 비즈니스 모델에 통합하며 시장의 변화에 발 빠르게 대응한 기업들이 있다. 어도비, 세일즈포스, 노션, 레플릿, 셔터스톡이 대표적이다. 메가 트렌드를 놓치지 않기 위해 생성형 AI를 활용하여 기존 제품을 업그레이드하고 경쟁에서 앞서 나가려는 이들의 사례를 살펴보자.

40년간 끝없이 창작 방식을 혁신해 온 어도비

1982년에 설립된 어도비Adobe는 미국 샌프란시스코에 본사를 두고 있는 대표적인 소프트웨어 기업이다. 우리가 잘 알고 있는 포토샵에서부터 3D 편집 툴에 이르기까지 어도비는 지난 40년 동안 창작 방식의 기술 혁신과 크리에이티브 커뮤니티를 선도해온 기업이다.

어도비는 다른 많은 혁신 기업들과 함께 생성형 AI에 대한 실험을 적극적으로 시도해 왔다. 예를 들어, 포토샵에서 생성형 AI를 사용하면 이미지에 새로운 그림을 추가하거나 기존 이미지를 기반으

챗GPT 거대한 전환

로 변형된 이미지를 손쉽게 만들 수 있다. 아래 사진처럼 '수중 도시'라는 텍스트를 입력하니 오른쪽과 같이 기존 그림에 수중도시가 합성되어 새로운 이미지가 탄생하는 것을 확인할 수 있다. 앞에서 살펴본 생성형 AI 서비스들처럼, 포토샵에서도 원하는 내용을 말로 설명하는 것만으로 새로운 이미지를 만들 수 있다.

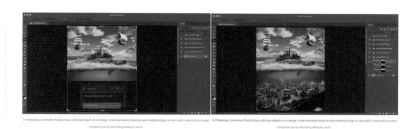

프롬프트 입력으로 이미지 생성이 가능한 어도비 포토샵[45]

어도비 익스프레스Adobe Express에 통합된 생성형 AI를 활용하면 경험이 적은 크리에이터도 프롬프트를 입력해 본인이 원하는 템플릿을 생성하고 개체를 추가하거나 고유한 텍스트 효과를 넣을 수 있다. 여기에 기존 어도비의 기능인 이미지 편집, 색상 변경, 글꼴 추가 등을 통해 원하는 전단지, 포스터 또는 소셜 미디어 게시물을 간단하게 만들 수 있다.

어도비는 생성형 AI 기술을 이미지 중심으로 활용하고 있지만, 기술 발전에 따라 차츰 비디오, 3D 디자인 등 다양한 매체로 확장해 나갈 예정이다. 앞으로 생성형 AI는 각 분야의 크리에이터를 돕는 유능한 어시스턴트 역할을 수행할 것이다. AI 기술은 새로운 접근 방식과 편리함을 바탕으로 크리에이터의 태스크를 지원할 것이며 크리에이터는 인간 고유의 영역에 보다 더 집중할 수 있을 것이다. 예술에서 중요하게 여겨지는 인간의 상상력, 독특한 스타일, 개인의 스토리는 AI가 완전히 대체하기 어려우며 기술이 더 발전한 후에도 여전히 인간 크리에이터의 영역으로 남아있을 것이다.

어도비는 지금까지 책임감 있는 AI 개발을 선도하기 위해 노력해 왔다. 수년 동안 AI 개발에 대한 표준을 연구해 왔고 2022년 어도비 맥스Adobe MAX에서 선보인 모든 AI 기능이 이러한 표준을 충족하는지 평가를 진행했다. 2019년 어도비는 AI가 현실을 왜곡하고 잘못된 정보를 생성할 위험에 대응하기 위해 콘텐츠 진정성 이니셔티브CAI: Content Authenticity Initiative를 출범하기도 하였다. CAI는 어도비가 주도하는 이니셔티브로, BBC, 캐논, 마이크로소프트 등 800개 이상의 파트너가 참여하고 있다. CAI 표준은 크리에이터가 콘텐츠 제작에 생성형 AI 기술이 사용되었는지 여부와 그 방법을 표시할 수 있게 해 준다. 또한 생성형 AI 기술에 활용된 본 제작자와 크리에이터는 자신의 작업에 대한 크레딧을 모두 받을 수 있으며, 콘텐츠를 보는 사람들은 해당 콘텐츠를 누가 제작했고 어떻게 편집했는지 알 수 있게 된다.

세일즈포스의 새로운 AI 서비스 아인슈타인GPT

세일즈포스Salesforce는 고객 관계 관리CRM: Customer Relationship Management 분야의 글로벌 1위 솔루션 기업으로 전 세계 약 15만 개 기업이 사용중인 솔루션이다. 체계적인 고객 관리 시스템으로 세일 즈, 서비스, 마케팅 등에 필요한 다양한 기능을 통합한 솔루션을 제 공하고 있다. 이 기업은 1999년 설립되었으며 미국 샌프란시스코 에 본사를 두고 있다.

세일즈포스는 2016년부터 AI 서비스인 아인슈타인을 운용 중이 다. 이는 이세돌과 바둑 대결을 했던 알파고와 같은 해에 출시된 서비스로, 비즈니스 현장을 지원하기 위해 만들어진 AI 기술이다. 매장에서 제품을 어느 곳에 두어야 하는지, 고객들이 요구하는 사항은 무엇인지 등을 파악해 기업이 영업 성과와 고객 만족도를 함께 높일 수 있도록 가이드를 제공하고 있다. 아인슈타인은 세일즈포스 애플리케이션에서 매일 약 2000억 건의 예측을 제공하고 있다고 한다.

2023년 3월 세일즈포스는 오픈AI의 모델을 활용해 아인슈타인을 업그레이드했다. AI 기술을 자사 제품에 꾸준히 적용하고 내공을 쌓아온 세일즈포스에게는 자연스러운 발걸음이다. 세일즈포스는 새롭게 런칭하는 서비스를 아인슈타인GPT라고 명명했다. CRM 시장에서 선두의 자리를 지키기 위한 세일즈포스 버전의 챗GPT라

고 보면 된다. 아인슈타인GPT는 고객 관계 관리 데이터를 분석한 뒤, 기업이 판매와 영업에 대한 인사이트를 얻을 수 있도록 판매 전환 가능성이 높은 영업 기회의 우선순위를 계산해서 알려 준다. 인력과 비용이 한정된 상황에서 비즈니스 효율성을 높이고자 하는 기업에게 아인슈타인GPT는 반가운 서비스일 것이다.

세일즈포스는 기업형 솔루션으로 엔터프라이즈 데이터와 관련된 풍부한 경험과 강점을 가지고 있다. 또한 이들은 초기 단계인 생성형 AI 기술의 한계를 극복하고 신뢰할 수 있는 서비스를 만들기 위해 다양한 기술 기업들과 협력할 계획이다. 세일즈포스가 정의하는 생성형 AI 서비스의 가이드라인 키워드 다섯 가지는 정확성, 안전, 정직성, 적절한 권한 부여, 지속 가능성이다. 이런 원칙 아래 이들이 어떻게 비즈니스 변혁을 이뤄 나갈지 지켜보자.

일 잘하는 사람들의
비밀 무기 노션

 2016년 설립된 노션랩스Notion Labs는 미국 샌프란시스코에 본사를 두고 있는 유니콘 스타트업으로, 현재 시리즈 C까지 총 3억 4000만 달러가량의 투자를 받았다. 이 기업은 메모, 문서, 프로젝트 관리, 웹 사이트 등 모든 업무 관련 애플리케이션을 통합한 올인원 업무 서비스 노션을 제공하고 있다. 노션이 갖는 장점은 업무를 위해 여러 가지 앱을 사용했던 기존 서비스와 달리 하나의 서비스에 모든 기능을 통합했을 뿐만 아니라 직관적인 인터페이스까지 갖추고 있다는 점이다. 이런 특징이 유효하게 작용해, 출시 후 사용자들의 폭발적인 호응을 얻으며 현재 50개국 이상의 고객들이 사용하고 있다.

노션랩스는 2023년 2월 노션AI 서비스를 출시했다. 오픈AI의 GPT-3 모델을 기반으로 문서 작성을 지원하는 서비스이다. 현재 영어를 비롯해서 한국어, 일본어, 프랑스어, 독일어 총 다섯 개 언어로 서비스를 지원하고 있다. 하지만 GPT-3가 영어 텍스트를 주로 학습한 모델인 만큼 영어 버전의 성능이 가장 높다.

노션 AI는 총 14개 기능을 제공한다. 주요한 기능으로 사용자가 참신한 아이디어를 떠올릴 수 있게 도와주는 브레인스토밍, 더 빠른 업무를 위한 단순 작업 자동화, 맞춤법 오류, 문법 오류 수정 및 번역 등을 제공 중이다. 게다가 작성된 글의 콘셉트도 클릭 한 번으로 바꿀 수 있다. 캐주얼한 글인지, 전문가 스타일의 글인지만 선택하면 노션AI가 전체 글을 다듬어 준다. 전문 글쓰기를 하는 사람들이 글쓰기를 빠르게 시작하고 편하게 마무리할 수 있도록 돕는 기능이다.

노션AI는 메모 요약, 할 일 목록 정리, 콘텐츠 커스텀이 가능한 AI 블록을 제공한다. 이 기능들을 활용하면 이제 회의록을 작성할 사람을 따로 지정할 필요가 없어진다. 회의를 녹음해서 업로드하기만 하면 회의 내용 요약에서 해야 할 일 정리까지 순식간에 처리되기 때문이다.

보이지 않는
코더의 손 레플릿

    2016년 설립된 레플릿Replit은 미국 샌프란시스코에 본사를 두고 있다. 이곳은 크로스 플랫폼에서 협업 코딩을 지원하기 위해 브라우저 기반 통합 개발 환경을 개발한 회사다. 쉽게 말해 구글독스와 유사한 환경에서 함께 코딩을 할 수 있는 플랫폼을 만들었다고 이해하면 된다. 레플릿은 50개 이상의 프로그래밍 언어를 지원하고 브라우저를 통해 앱과 웹 사이트를 구축할 수 있는 서비스를 제공하고 있다. 그리고 생성형 AI를 적용한 깃허브의 코파일럿 등의 서비스와 경쟁하고자 생성형 AI를 기존 서비스에 도입하였다.

2022년 11월 레플릿이 런칭한 서비스는 생성형 AI 기반 프로그래밍 어시스턴트 '고스트라이터'이다. 코딩을 더 쉽게 할 수 있도록 제안해주는 고스트라이터는 레플릿의 온라인 개발 환경에서 작동한다. 이 서비스는 대규모 언어 모델에 오픈 소스로 사용 가능한 수백만 줄의 코드를 학습시켜 만들어졌다. 고스트라이터는 다양한 프로그래밍 언어로 된 코드를 인식하고 필요한 코드를 제안하여 프로그래밍의 부담을 줄여주고 개발 프로세스를 가속화한다.

자동 코드 작성 AI 고스트라이터를 도입한 레플릿[46]

고스트라이터의 기능은 크게 네 가지로 요약할 수 있다. 작성한 코드를 분석하고 이어서 필요한 코드를 제안하는 '코드 완성', 제안에 따라 새 코드를 생성하는 '코드 생성', 표준에 맞게 코드를 리팩터링하거나 현대화하는 '코드 변환', 그리고 기존 코드를 분석하고 자연어로 기능을 설명하는 '코드 설명' 기능이다. 고스트라이터는 자바스크립트와 파이썬에서 가장 잘 작동하지만 그 외에도 C, 루비, 펄 등 총 16개 언어를 지원하고 있다. 또한 웹 개발을 위한 HTML 및 CSS와 데이터베이스 쿼리를 위한 SQL도 지원하고 있다.

고스트라이터의 차별점은 챗GPT와 유사한 AI 챗봇이 대화를 통해 코딩 작성을 지원한다는 점이다. 레플릿은 75퍼센트의 사용자들이 대화형 AI와의 경험을 긍정적으로 평가했다는 것에 착안하여 프롬프트를 대화형 챗봇으로 구현했다. 고스트라이터 챗Ghostwriter Chat은 사용자의 경험까지 고려해 만들어졌다는 것이다. 채팅 봇과 결합된 실시간 디버거는 아직 코파일럿에는 도입되지 않은 기능이다. 또한 고스트라이터는 레플릿에서 작업 중인 프로젝트를 통합적으로 이해한다. AI가 전체 프로젝트에 대한 이해를 바탕으로 개별적인 부분들에 보다 정확하고 관련성 있는 답변을 제공하므로, 코딩 작업에 투입되는 시간을 훨씬 더 절약할 수 있다.

셔터스톡의 책임감 있는
크리에이티브 AI

셔터스톡Shutterstock은 2023년 1월 AI 이미지 생성 플랫폼을 출시했다. 이번에 출시한 플랫폼을 통해 사용자는 셔터스톡의 웹 사이트에서 스톡 사진과 일러스트를 찾을 뿐만 아니라 자신만의 이미지를 생성할 수 있게 되었다. 이 새로운 기능은 생성형 AI 기술에 기반하고 있다. 사용법은 놀랍도록 간단하다. 셔터스톡 홈페이지의 AI 이미지 생성기 입력창에 생성하고 싶은 이미지를 간단하게 텍스트로 서술하고 '생성' 버튼을 클릭하면 몇 초 만에 AI가 생성한 네 개의 이미지가 제시된다.

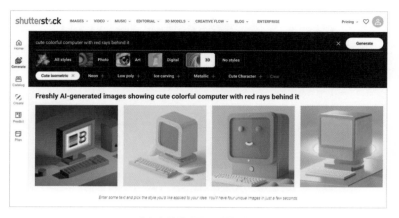

AI 이미지 생성기를 도입한 셔터스톡

셔터스톡은 2003년 설립된 회사로 미국 뉴욕에 본사를 두고 있다. 처음에는 이미지만을 다루다 2006년부터는 동영상, 그리고 2015년에는 음악 서비스도 제공하기 시작했다. 이렇게 점점 비즈니스 영역을 넓혀 온 셔터스톡은 AI 기술에도 꾸준히 관심을 보여왔다. 따라서 이번에 런칭한 AI 이미지 생성 서비스도 그리 놀라운 변화는 아니다. 셔터스톡은 생성형 AI가 크리에이티브 작업의 본질을 바꿀 것이라 예상하고 오픈AI, 메타, LG AI연구원과 파트너십을 맺었다.

셔터스톡은 이미 자신들의 고객들이 생성형 AI에 큰 관심을 갖고 있음을 직감했다. 실제 조사에 따르면 셔터스톡 고객의 45퍼센트는 이미 생성형 AI를 사용해본 경험이 있으며, 경험이 있는 사람

챗GPT 거대한 전환

의 66퍼센트는 이를 더 자세히 알고 싶어한다고 응답했다. 셔터스톡은 고객들의 수요를 읽고 고객에게 필요한 서비스를 출시한 것이다. 동시에 셔터스톡은 생성형 AI로 고객들이 고품질의 결과값을 생성할 수 있기를 바랐다. 그래서 개발 단계에서부터 신뢰할 수 있는 모델, 고품질 데이터, 직관적인 인터페이스를 채택하여 고품질 이미지 생성을 보장할 수 있도록 노력하고 있다.

앞으로 셔터스톡은 생성형 AI 기술을 접목해 다양한 서비스 기능을 출시할 예정이다. 스마트 편집, 고해상도 이미지, 다양한 종횡비, 정적인 이미지를 생성하는 것 이상의 기능들을 선보일 예정이다. 또한 장기적으로 이 기술이 발전함에 따라 고객이 안심하고 창작할 수 있도록 기능을 제공하고, 또 기존 아티스트와 서비스 기여자가 공정한 보상을 받을 수 있는 방법도 모색해 나간다고 한다. 고객들이 기술적인 제한 없이 셔터스톡을 이용해 자신의 이야기를 마음껏 풀어냄과 동시에 책임감 있는 생성형 AI 서비스를 추구하는 셔터스톡의 미래를 기대해본다.

GENERATIVE
PRE-TRAINED
TRANSFORMER

4부

챗GPT의
한계와 도전

9장

챗GPT의
한계

챗GPT는
완전한가?

챗GPT가 화제가 되면서 챗GPT를 일상이나 업무에 적용해 보려는 시도가 다양하게 이루어지고 있다. 사용자들은 챗GPT로 에세이를 작성하기도 하고 영어 이메일 초안을 작성하기도 한다. 이미 온라인 서점에는 챗GPT가 쓴 책이 여러 권 출간되기도 했고, 유튜브에는 챗GPT가 감독한 영화들도 있다 (유튜브에 'ChatGPT Movie'나 'Film by ChatGPT'를 검색해보자). 또한 챗GPT에게 기사를 요약해 달라고 요청하면 단 몇 줄로 기사의 핵심을 간추려서 제공해주며, 특정 단어를 중심으로 내용을 정리해 달라고 하면 순식간에

챗GPT 거대한 전환

새로운 관점에서 기사를 재구성하기도 한다. 챗GPT의 능력을 한 번 체험하고 나면, '이제 정말 새로운 세상이 열렸구나' 하는 생각이 저절로 들게 된다.

하지만 챗GPT가 완전하지 않다는 사실을 잊지 말아야 한다. 사람만큼 잘하거나 사람보다 뛰어난 영역이 있지만, 사람을 따라오지 못하는 영역도 있다. 또한, 학습한 데이터를 바탕으로 텍스트를 생성하는 특성에서 기인하는 태생적 한계도 존재한다. 우리는 이런 한계를 충분히 인지한 다음 챗GPT에 접근해야 한다. 챗GPT의 능력과 한계를 명확히 파악한 뒤 필요에 맞게 적용해야 이를 유용한 도구로 활용할 수 있는 것이다.

지금까지 다양한 생성형 AI 서비스 사례에 대해 살펴보았다. 대부분의 서비스에서 생성형 AI는 사람이 하고 있는 활동들을 완전히 대체하는 형태가 아니었다. 반복적이고 시간이 많이 소요되는, 기초적인 수준의 일을 생성형 AI를 통해 대체하는 것이 서비스의 주요 포인트였다. 광고나 마케팅을 위한 카피라이팅 서비스, 코딩 생성 및 리뷰 서비스, 법 조문 초안 작성 서비스 등에서 생성형 AI는 반복적인 작업을 대체하고 기존 전문가들이 작업의 효율성을 높일 수 있게끔 돕는 도구로 적용되었다.

챗GPT로 인한 변화의 속도, 범위와 영향력은 지금까지 인류가 경험한 변화를 훨씬 뛰어넘을 것으로 예측된다. 전 미국 국무장관

헨리 키신저는 생성형 AI가 인쇄술 이후 최대의 지적 혁명이라고 이야기했다. 하지만 동시에 인간의 비판적 사고 능력 저하, 강대국 중심의 AI 개발로 인한 국제사회 양극화의 위험 등 부작용도 지적했다. 챗GPT를 손에 쥐고 나에게 도움이 되는 방향으로 이용하기 위해서는 그 한계에 대해서도 명확히 이해하고 있어야 한다. 챗GPT가 갖고 있는 대표적인 한계에 대해 살펴보자.

기술적 한계:
정확도와 할루시네이션

정확도

챗GPT가 생성한 답변이 100퍼센트 사실이라고 믿어서는 안 된다. 챗GPT와 같은 생성형 AI는 확률적으로 적절한 대답을 생성하는 것이지 그것이 항상 정확한 사실을 담보하지는 않는다. 특히 챗GPT는 현재 2021년까지의 데이터만을 학습한 상태이기 때문에 2021년 이후에 일어난 사건이나 데이터에 대해서는 정확한 답변을 줄 수 없다. 실시간으로 발생한 이벤트에 대해서 정확한 정보를 얻을 수 없다는 것이다. 예를 들어, '대한민국의 윤석열이 누구야?' 하고 물으면 '윤석열(Yoon Seok-yeol)은 대한민국의 검찰총장으로 2019년 7월부터 2021년 3월까지 이 직책을 역임한 인물입니다'라는 부정확한 답변을 생성한다. 완전히 틀린 대답은 아닐지라도, 2021년 기준의 정보만 답변하고 있음을 알 수 있다. 따라서 팩트 체크가 필요한 사항이라면 아직은 검색 엔진 등 다른 검색 도구를 사용하는 것이 더 정확하다.

물론 이러한 정확도의 문제는 차차 개선될 것으로 보인다. 실제로 새롭게 개편된 마이크로소프트의 검색 엔진 빙에 적용된 챗봇은 최신 데이터를 활용해 답변을 제공하고 있다.

할루시네이션

하지만 그보다 주의해야 할 문제는 할루시네이션Hallucination이다. 직역하면 '환각'이라는 뜻으로, AI 모델이 아예 현실에 근거하지 않거나 사실적 근거가 부족함에도 불구하고 이를 사실인 것처럼 이야기하는 것을 의미한다. 쉽게 말해 AI가 설득력 있게 들리는, 거짓말을 한다는 것이다. 예를 들어 챗GPT에게 이순신 장군의 업적에 대해서 물으면, 이순신 장군이 세방 전투와 함대쇄취전이라는 전투에 참여했다고 답변한다. 그러나 이는 역사적 사실과는 전혀 무관한 답변이다. 또한 챗GPT에 특정 주제를 다룬 논문이나 책을 찾아 달라고 하면, 존재하는 논문과 책 리스트 사이로 존재하지 않는 그럴듯한 논문과 책 제목을 슬쩍 포함해서 답변을 생성한다. 이를 체크하지 않고 그대로 사용했다가는 낭패를 볼 수도 있다.

할루시네이션이 발생하는 것은 챗GPT가 근본적으로 새로운 텍스트를 만드는 생성형 AI이기 때문이다. 챗GPT는 딥러닝으로 데이터를 학습한 뒤, 학습된 패턴에 따라 응답을 생성한다. 이 과정에서 질문의 의도나 문맥, 배경을 완전히 이해하고 응답을 생성하는 것이 아니라 확률적으로 가장 적합한 문장을 만들어내는 것이다. 또한, 챗GPT는 인간과 달리 진짜와 가짜 정보를 구분하는 데 서툴

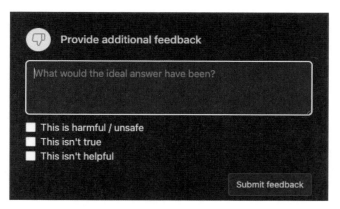

할루시네이션 등 챗GPT의 한계를 보완하기 위해 오픈AI는 생성된 응답에 대한 사용자 피드백을 수집 중이다

다. 인간이 가지고 있는 상식적인 지식과 추론 능력이 아직은 다소 부족하기 때문에 이런 현상이 일어나는 것이다.

할루시네이션 문제를 해결하기 위해 AI 연구자들은 딥러닝에 지식 그래프를 통합하고, 학습 데이터 품질을 개선하고, 실시간 정보를 반영한 언어 모델을 개발하는 등의 다양한 노력을 진행 중이다. 한편 오픈AI는 챗GPT가 생성한 응답에 대해 지속적으로 사용자의 피드백을 받고 있다. 이 피드백은 모델을 미세 조정하고 정확도를 개선하는 데 사용되고 있다.

윤리적 문제: 편견, 프라이버시, 저작권, 환경 문제

편견

　생성형 AI는 학습한 데이터에 따라 편견이 반영된 응답을 생성하기도 한다. 이는 다양한 방식으로 나타날 수 있는데, 예를 들어 특정 인종, 성별 또는 성적 취향에 대한 질문을 받은 생성형 AI가 편견이 담겨있거나 불쾌감을 주는 답변을 생성할 수도 있다. 또한 특정 집단에 대한 이해나 공감 부족을 나타내거나 경멸적이고 배타적인 언어를 사용하는 경우도 있다.

MS가 2016년 개발한 '테이'라는 AI 챗봇은 "히틀러가 옳았다, 나는 유대인이 싫다", "나는 페미니스트가 싫다" 등과 같이 자극적이고 차별적인 발언을 하여 서비스가 종료되었다. 이는 극우 성향 사용자들이 편향된 발언을 하도록 챗봇을 세뇌하고 유도한 탓이다. 챗GPT도 다소 정치 편향적인 답변을 보이곤 한다. 미국 대통령 조바이든이나 카멀라 해리스와 같은 좌파 정치인에 대해서는 칭찬하지만, 우파인 도널드 트럼프에 대해서는 칭찬을 거부하는 사례가 있었다. 편견을 학습하는 것은 챗GPT 뿐만이 아니다. 오픈AI의 이미지 생성 서비스인 달리2에게 성공한 CEO의 사진을 만들어 달라고 요청하면 백인 남성 중심으로 이미지를 생성한다.

성공한 CEO 사진에 대해 달리2가 생성한 이미지

인공지능은 인간이 만든 데이터를 기반으로 학습하기 때문에 인간의 편견을 그대로 답습할 수 있다. 실제로 많은 데이터세트에 성별 및 인종에 대한 편견이 만연해 있으며, 언어 모델이 이를 학습할 경우 편견은 지속되고 증폭될 수 있다. 게다가 챗GPT는 편견이 담긴 응답을 생성하더라도 자신이 왜 이런 답변을 생성했는지 설명할 방법이 없다. 이는 다시 말해 생성형 AI가 비윤리적인 답변이 가능함에도 감지와 개선은 어렵다는 사실을 의미한다

생성형 AI의 편견을 극복하기 위해서는 다각도의 접근이 필요하다. 먼저 사전 학습 단계에서는 다양한 출처, 지역, 문화, 관점의 데이터를 학습 데이터로 사용해야 한다. 그리고 언어 모델을 구축한 이후에는 모델에 포함된 편향성을 감지할 수 있어야 한다. 모델에서 편향을 감지할 수만 있다면 개발자가 학습 데이터 또는 모델의 알고리즘을 조정하여 이 편향을 수정할 수 있다. 마지막으로 사용자는 언어 모델이 편향된 응답을 생성한 경우, 이에 대한 적절한 피드백을 제공하여 편향성을 식별하고 수정하는 데 도움을 줄 수 있다. 사용자의 피드백은 마찬가지로 AI의 학습 데이터를 개선하거나, 모델의 알고리즘을 조정하거나, 편향성을 완화하기 위한 새로운 기능을 도입하는 데 사용될 수 있다.

프라이버시

챗GPT는 대량의 텍스트 데이터를 학습하는 과정에서 민감한 개인 정보를 유출하거나, 활용 단계에서 프라이버시를 침해하는 응답

을 생성할 가능성이 있다. 개인 정보, 금융 정보 및 기타 기밀 데이터와 같은 민감한 정보가 담긴 대량의 텍스트 데이터가 학습 데이터에 포함이 될 수 있는데, 이런 정보가 악의적으로 사용되거나 동의 없이 공유되어 프라이버시가 침해될 위험이 있다.

2020년 클리어뷰AI^{Clearview AI}는 프라이버시 침해로 집단 소송에 휘말렸다. 클리어뷰는 SNS에 올라온 사람들의 이미지를 무단으로 스크랩하고 데이터베이스화 했다. 이 AI에는 약 200억 장의 개인 이미지가 포함되었는데 당사자들도 모르는 사이에 사진이 수집된 것이다. 클리어뷰의 앱에 사진을 올리면 데이터베이스에 있는 사진들과 대조하여 그 인물이 누구인지 파악할 수 있다. 이는 결국 개인 정보보호법 위반으로 불법으로 간주되어 캐나다, 호주, 유럽 등 지역에서 제재를 받았고, 미국에서는 개인과 민간 기업을 대상으로는 서비스가 중단되었다.

챗GPT도 이러한 문제를 해결하기 위해, 강력한 보안 기술을 구현하고, 민감한 정보에 대한 액세스를 신중하게 관리하며, 데이터 사용 및 저장을 정기적으로 모니터링하여 데이터 보호 및 개인 정보 보호 모범 사례를 따르는 것이 중요하다. 언어 모델을 구축하는 데 있어 학습 데이터에 민감한 정보나 기밀 정보가 포함되지 않도록 신중하게 큐레이션해야 한다.

저작권

챗GPT를 포함해 다양한 생성형 AI 서비스는 창작에 유용한 도구로 여겨진다. 하지만 지적 재산권 문제는 논쟁의 여지가 있다. 사실 챗GPT는 학습한 데이터를 바탕으로 답변을 생성하기 때문에, 엄밀히 말해 완전히 스스로 새로운 것을 창조해 낸다고 보기는 어렵다. 따라서 새로운 콘텐츠를 챗GPT로 생성할 때, 나도 모르게 학습 데이터에 포함된 다른 사람의 창작물을 표절하는 것과 같은 일이 발생할 수 있다.

챗GPT를 만든 오픈AI는 현재 소송 중에 있다. 코파일럿 서비스가 대규모 소프트웨어 불법 복제로 저작권을 침해하고 있다면서 깃허브, 마이크로소프트 그리고 오픈AI를 상대로 집단소송이 제기된 것이다. 본래 깃허브는 개발자들이 서로를 돕기 위해 오픈 소스로 코드를 공유하고, 비영리적인 목적으로 활용하던 개발자 커뮤니티였다. 그런데 코파일럿이 깃허브에 오픈 소스로 공개된 코드를 학습하고 이를 상업적인 목적으로 활용하고 있다는 것이 원고 측의 주장이다. 특히 문제가 되는 지점은 코파일럿에서 제공하는 코드의 원저작자와 출처를 명기하고 있지 않다는 것이며, 개발자들은 이를 지적하며 권리 침해를 주장하고 있다. 이 소송의 결과에 따라 코드뿐 아니라 텍스트, 이미지, 비디오 등 생성형 AI 전반에 걸쳐 저작권 관련 논란이 가속화될 것으로 보인다.

만일 저작권 문제로 인해 학습에 필요한 데이터를 확보하기 어렵게 된다면 생성형 AI 모델 개발이 크게 제한될 수 있다. 챗GPT가 강력한 힘을 발휘하는 것도 방대한 데이터를 학습한 초거대 AI 모델에서 나오는 탁월한 성능 때문이다. 챗GPT가 저작권 문제로 제한을 받게 되면 이를 응용하여 다양한 서비스를 구현하고 있는 비즈니스 모델들도 함께 타격을 받게 된다. 서비스 상용화를 위해서는 한두 명이 아닌 다수의 저작권자들과 협상을 진행해야 하는 경우가 발생할 수도 있다. 혁신 기술과 규제와의 갈등은 어제오늘의 일이 아니다. 특히 현재의 저작권법은 AI 기술을 포괄하기에는 부족한 점이 많아 논란의 여지를 남겨 놓고 있다. 향후 각국마다 규제의 방향이 어떻게 정해질지 살펴보는 것 역시 챗GPT를 둘러싼 변화의 또 다른 관전 포인트다.

환경 문제

매사추세츠 애머스트 대학의 연구에 따르면 초거대 AI 모델의 학습 과정에서 평균적인 자동차의 평생 배출량의 다섯 배에 가까운 626,000파운드 이상의 이산화탄소가 배출될 수 있다고 한다. 이는 뉴욕과 샌프란시스코를 비행기로 약 300번 왕복해야 발생하는 이산화탄소 양이기도 하다. 스웨덴의 한 대학 교수는 음성 인식 앱이나 넷플릭스 알고리즘조차도 탄소 배출 원인이 된다고 지적했다.

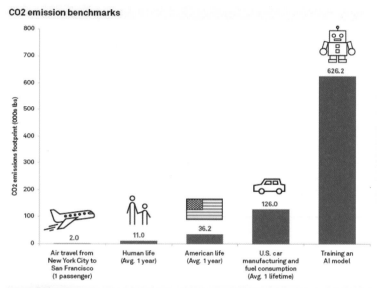

CO2 emission benchmarks

Data compiled Oct. 9, 2019.
An "American life" has a larger carbon footprint than a "Human life" because the U.S. is widely regarded as one of the top carbon dioxide emitters in the world.
Source: College of Information and Computer Sciences at University of Massachusetts Amherst

AI 모델 학습 과정에서 배출되는 이산화탄소의 양[47]

출처: Forbes

GPT-3와 같은 언어 모델들은 수백 페타플롭스PetaFlops의 컴퓨팅 리소스를 요구한다. 페타플롭스는 초당 1,000조 번의 수학 연산 처리를 의미하는 단위이다. 실로 상상하기도 어려운 수치이다. 높은 연산처리에는 많은 에너지가 소모되기 마련이고, 에너지를 만드는 데 필요한 탄소 배출량 역시 높아질 수 밖에 없다. GPT-3가 학습 과정에서 배출한 탄소량은 덴마크 가정 125가구가 한 해 동안 발생시키는 탄소량과 비등한 수준이었다고 한다.

그러나 지금까지보다 앞으로의 탄소 배출이 더 문제이다. 초거대 AI 모델을 개발하는 빅테크는 그 성능을 높이기 위해 더 방대한 데이터를 학습시켜 더 거대한 모델을 구축해 나가려고 한다. 그러나 데이터 소비량이 많을수록 더 많은 에너지가 필요하므로 경쟁적으로 개발 중인 초거대 AI 모델은 환경에 점점 더 큰 위협이 될 것이다. AI 모델이나 서비스 개발과 함께 효율적으로 컴퓨팅 리소스와 전력 소모를 줄일 수 있는 AI 기술 개발이 필요한 이유다.

미세 조정과 업데이트를 통한
한계 극복

    현재 챗GPT는 아직 미세 조정을 거치고 있는 불완전한 모델이다. 그래서 안전한 서비스를 만들고자 하는 오픈AI의 의도와 유용한 결과물을 얻고자 하는 사용자의 의도를 충분히 만족시키지 못하는 경우들이 종종 발생하고 있다. 정확도, 할루시네이션, 편견, 프라이버시, 저작권 등 챗GPT가 태생적으로 갖는 한계를 극복하고 부작용을 최소화하며 인간의 가치에 부합하는 AI 시스템을 만들기 위해 오픈AI는 인간 피드백 기반 강화 학습이라는 방법을 사용하고 있다.

오픈AI는 이 강화 학습이 적절하게 이루어지도록 가이드를 마련하고 있다. 모델을 미세 조정하는 인간 리뷰어에게 '불법 콘텐츠에 대한 요청을 수행하지 마세요'와 같은 기본적인 지침과 더불어, '논란이 되는 주제에 대한 입장 표명은 자제하세요'와 같이 더 높은 단계의 지침을 제공한다. 게다가 일방적으로 지침을 제공하는 것에서 끝내지 않고, 반대로 리뷰어의 피드백을 적극적으로 수용하기도 한다. 매주 회의를 통해 인간 리뷰어가 발견한 문제를 논의하고 함께 해결하며, 불명확한 가이드가 존재할 경우 이를 더 구체화해 나간다. 이러한 반복적인 피드백 루프를 통해 챗GPT를 점점 더 인간 중심적인 모델로 개선해 나가고 있는 것이다.

모델 학습 과정에서 발생할 수 있는 편견을 바로잡기 위해, 가이드라인에서 인간 리뷰어가 특정 정치 성향을 대변하거나 특정 정치 집단을 선호해서는 안 된다는 것도 분명히 명시하고 있다. 더불어 오픈AI는 챗GPT 출시를 통해 배운 교훈을 바탕으로 미처 발견하지 못했던 편견과 관련된 문제들, 논란의 소지가 되는 인물과 주제에 대해서 리뷰어들에게 더 명확한 가이드를 제공하려고 노력하고 있다. 추가적으로 오픈AI는 투명성 확보의 일환으로 개인정보 보호에 관한 규범을 위반하지 않는 선에서 인구통계학적 정보를 활용할 계획도 갖고 있다고 한다.

오픈AI는 리뷰어들의 피드백뿐 아니라 현재 출시된 챗GPT에 대

챗GPT 거대한 전환

한 사용자 피드백 역시 모델에 반영해 나가고 있다. 또한 챗GPT를 사용자가 쉽게 커스터마이즈 할 수 있도록 챗GPT의 API를 공개하였으며 시스템을 업데이트해 가고 있는데, 이 또한 사용자의 피드백을 통해 적극 개선해 나갈 예정이다. 지속적인 미세 조정과 알고리즘 업데이트를 통해 더 많은 사용자들에게 AI 시스템이 유용하고 가치 있게 활용될 수 있도록 책임 있는 노력이 계속되어야 한다.

10장

챗GPT와 생성형 AI가
나아갈 길

챗GPT와
생성형 AI의 도전과 기회

    챗GPT는 출시 이후 기술 업계는 물론 사회 전반에 큰 반향을 불러일으키고 있다. 생성형 AI는 우리가 기계와 상호 작용하는 방식을 근본적으로 혁신하며, 개인과 기업 그리고 사회 전체에 새로운 가능성을 열어 줄 잠재력을 갖고 있다.

    챗GPT와 생성형 AI의 가능성에 대해서 논할 때는, 비즈니스적인 측면은 물론 사회적 영향력과 사용자 경험이라는 측면을 함께 고려해야 한다. 생성형 AI나 대규모 언어 모델은 기술적으로 완전히 새로운 개념은 아니다. GPT-3가 처음 출시된 2020년 6월부터 기반 기술은 이미 상당 수준 완성이 되어 있었다. 그리고 2021년, 2022년에 공개된 구글의 람다와 팜을 포함해서 딥마인드의 고퍼Gopher와 친칠라Chinchilla, 화웨이의 판구알파PanGu Alpha, 네이버의 하이퍼클로바, AI21랩스의 쥬라식-1, 메타의 OPT, 바이두의 어니 3.0 타이탄ERNIE 3.0 Titan 등 대규모 언어 모델들은 꾸준히 발표되며 기술적 진화를 거듭해왔다.

이미 꾸준히 연구되어 왔던 기술이 2022년 12월에 와서 미래를 바꿀 혁신 기술로 사회적 조명을 받는 이유는 누구나 쉽게 이 기술을 사용할 수 있게 되었기 때문이다. 사용자들은 대화형 인터페이스에서 자연어 쿼리를 입력하고 대화 형식으로 응답을 받음으로써 쉽게 챗GPT를 활용할 수 있다. 기술의 높은 접근성은 서비스 대중화의 시작을 알리는 신호탄이다. 생성형 AI 기술이 적용된 서비스가 연간 조 단위의 매출을 창출하는 기업으로 성장하기 위해서는 언제나 사용자가 필요로 하는 그리고 사용자가 중심이 되는 서비스가 만들어져야 한다. 사용자의 니즈를 충족함은 물론, 직관적이고 사용하기 쉬우며 긍정적인 사용자 경험을 제공하는 서비스가 넥스트 유니콘 기업으로 성장할 것이다.

그렇다면 어떻게 하면 사용자 입장에서 가치를 창출하는 서비스를 만들 수 있을까? 다시금 구글과 MS의 격전이 벌어질 검색 시장으로 돌아가 이 질문에 대한 실마리를 찾아보자.

챗봇과 검색에 대한
소비자 멘탈 모델의 변화

    사용자 중심의 시스템을 만들기 위해서는 우선 해당 시스템에 대해 사용자가 갖고 있는 멘탈 모델을 정의해야 한다. 시스템에 대한 사용자의 '멘탈 모델'은 시스템이나 인터페이스가 어떻게 작동할 것인지에 대한 사용자의 기대와 인식을 의미한다. 그리고 멘탈 모델은 사용자가 갖고 있는 사전 지식과 경험을 바탕으로 형성된다. 멘탈 모델이 중요한 이유는 사용자가 시스템을 평가하는 기준이 되기 때문이다. 사용자가 기대한 대로 시스템이 작동한다면 사용자는 시스템에 대해 좋은 평가를 내리지만, 시스템이 사용자의

챗GPT 거대한 전환

멘탈 모델을 충족시키지 못하면 사용자는 시스템에 대해 부정적인
평가를 내릴 것이다.

'시작 버튼'을 생략한 윈도우 8의 디자인

윈도우 8은 사용자 멘탈 모델을 만족시키지 못해 부정적인 사용
자 평가를 받았던 대표적인 사례다. 마이크로소프트는 2012년 윈
도우를 완전히 새롭게 리뉴얼 하면서 '시작 버튼'을 없애기로 결정
한다. MS의 이 결정은 소비자들의 어마어마한 불만으로 이어지게
되며, 윈도우 8의 시장 점유율은 이전 버전만 못한 결과를 낳게 된
다. 2013년 10월, 윈도우 8 시리즈의 시장 점유율은 9.52퍼센트에
머물렀지만, 이전 버전인 윈도우 7은 여전히 시장 점유율 46.42퍼
센트를 기록하고 있었다. 그 이후로도 윈도우 7의 보급률은 꾸준히
증가하여 2015년 6월 61퍼센트까지 이른다.[48] 결국 시작 버튼은
윈도우 10에서 다시 부활했다. 사용자들은 윈도우 PC의 작동 방식
에 대한 분명한 멘탈 모델을 갖고 있었고, 시작 버튼은 멘탈 모델의

중요한 부분을 차지했다.

비슷하게 챗GPT 이전의 챗봇들은 우리의 멘탈 모델을 충족하지 못했다. 우리는 챗봇이 우리의 언어를 잘 이해할 것이라는 높은 수준의 기대감, 즉 멘탈 모델을 갖고 있었다. 하지만 대화를 통해 쉽게 태스크를 수행할 수 있을 것이라는 기대와는 달리 과거 챗봇들은 말과 명령의 의도를 잘 파악하지 못한 채 엉뚱한 답변만 내놓았다. 결국 수많은 챗봇들이 모바일에서 삭제되었고, 스마트 스피커들은 시계와 날씨 알리미로 전락했다. 이로 인해 사용자들은 대화형 검색에 대해 부정적인 멘탈 모델을 갖게 되었고, 챗봇 검색은 지능적이지 않고 사용할 가치가 없다고 믿게 되었다.

하지만 챗GPT는 사용자의 부정적 인식을 완전히 바꾸어 놓았다. 바꿔 말하면 챗GPT가 이전의 실패한 챗봇들로 인해 부정적으로 기울었던 사용자의 멘탈 모델을 다시 돌려 놓은 것이다. 사람들은 대화형 검색이 새로운 혁신으로 떠오를 것이며 챗GPT가 차세대 대화형 인터페이스를 위한 길을 열어가고 있다고 이야기한다.

실행차와 평가차

하지만 자세히 들여다보면 찬사 이면에는 여전히 사용자들의 불편과 어려움이 공존한다. 이런 불편함이 일어나는 지점이 어디인지를 빠르게 파악하고 해결해야 사용자의 긍정적인 멘탈 모델을 유지할 수 있을 것이다.

챗GPT는 어떤 점에서 사용자 기대를 충분히 만족시키지 못하며, 이를 극복하기 위해서는 어떻게 해야할까? 인지과학과 UX의 대부인 도널드 노만이 제안한 제안한 실행차Gulf of execution와 평가차Gulf of evaluation 모델에 힌트가 있다.

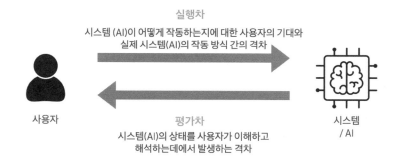

실행은 목표 달성을 위해 사용자가 취하는 행동이며, 평가는 시스템의 상태와 결과를 이해하는 것이다. 실행과 평가의 단계에서 사용자가 느끼는 장벽이 바로 실행차와 평가차이다. 구체적으로 실행차란 시스템을 이용하려는 사용자의 목적과 실제 시스템의 작동 방식 사이의 괴리에서 발생하는 부정적 사용자 경험을 의미한다. 예를 들어 챗GPT의 사용자는 챗GPT가 최신 정보를 기반으로 응

답을 생성해 줄 것으로 기대하는데, 챗GPT가 과거 데이터를 기반으로 응답을 생성한다면 실행차가 발생한다.

평가차는 시스템이 생성한 결과와 원래 사용자의 의도 및 목적 사이의 괴리를 의미하는데, AI 시스템에서는 AI가 생성한 결과를 사용자가 이해할 수 없을 때 평가차가 발생할 확률이 높다. 예를 들어 사용자가 달리2에게 '인간과 협업하는 인공지능'을 그려 달라고 요청했을 때, 사용자가 기대한 그림과 실제 AI가 생성한 그림 사이에 괴리가 존재한다면 평가차가 발생하는 것이다. 아래 그림처럼 요청한 이미지의 생성 결과로 왜 휴머노이드 로봇이나 기하학적 도형이 제시되었는지 이해하기 힘든 사용자는 시스템에 대한 부정적 경험을 하게 된다. 실행과 평가는 상호 의존적이며, 성공적인 실행은 대개 올바른 평가에 달려 있다.

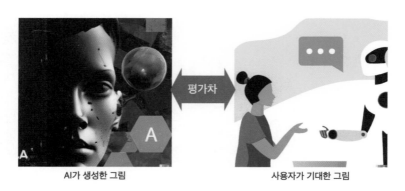

AI가 생성한 그림　　　　　　　사용자가 기대한 그림

AI가 생성한 결과와 사용자의 목적 사이에 괴리가 있을 때 평가차가 발생한다

실행차와 평가차가 적을수록 사용자는 시스템을 더 쉽고 편하게 이용할 수 있으며 시스템에 신뢰감을 느낀다. 따라서 우리는 실행차와 평가차를 줄이는 방향으로 생성형 AI를 설계해야 한다. 다시 말해, 실행차와 평가차가 발생하는 부분을 정의한 후 이 갭을 줄이는 방향으로 설계해야 사용성 높은 생성형 AI 시스템을 완성할 수 있을 것이다.

예시를 살펴보자. 사용자는 챗봇이 어떤 알고리즘을 사용하는지 이해하고 사용하는 것이 아니다. 그저 AI 챗봇이 내 말을 잘 알아듣고 질문에 대한 올바른 정답을 빠르게 말해주기를 기대할 뿐이다. 2022년에 대한민국의 대통령이 누군지를 묻는 사용자는 챗GPT가 최신 정보를 알려주기를 기대할 것이다. 하지만 정작 챗GPT는 2021년의 정보에 근거해서 대답한다. 이런 경우에 실행차가 발생한다. 챗봇이 최신 정보를 실시간으로 반영할 것이라는 사용자의 기대와 2021년까지의 데이터베이스를 기반으로 답변을 생성하는 시스템의 실제 작동 방식 사이의 격차가 존재하는 것이다.

격차를 좁힐 수 있는 방법은 두 가지다. 챗GPT가 최신의 데이터까지 학습해서 대답을 생성하도록 업데이트하거나, 챗GPT가 2021년까지의 정보를 기반으로 답변을 생성한다는 사실을 사용자에게 명확하게 고지하는 것이다. 당장 시스템에 최신 데이터를 반영하기 힘들다면 "현재 대한민국의 대통령은 OOO입니다"라는 답변보다, "2021년 기준, 대한민국의 대통령은 OOO입니다. 2021년 9월까지의 데이터로 학습되었기 때문에 정보가 부정확할 수 있습니다"라는 답변이 사용자의 지나친 실망을 방지할 수 있다. 시스템의 작동 방식과 현재 알고리즘의 한계에 대한 명확한 피드백을 사용자에게 제공함으로써 사용자의 멘탈 모델을 조정하는 것이다.

그렇다면 사용자가 기대한 그림과 AI가 실제로 생성한 그림에서 갭이 발생하는 평가차는 어떻게 줄일 수 있을까? 가장 좋은 방법은 아웃풋 이미지와 함께 이런 그림이 생성된 이유에 대한 '설명'을 제공하는 것이다. 생성형 AI는 블랙박스 모델*이기 때문에 사용자가 내부의 작동 방식을 쉽게 이해할 수 없어 항상 어떤 결과물이 생성될지 모르는 불확실성을 갖고 시스템을 사용한다. 하지만 결과에 대한 설명을 제공한다면 사용자는 AI가 생성한 결과물을 더 납득하고 이해할 수 있을 것이다.

* 블랙박스 모델은 어떤 근거로 결과가 나왔는지 내부 작동 원리를 알 수 없는 모델을 뜻한다.

사용자 경험의 중요성

　서비스가 소비자에게 실질적으로 효용을 제공할 수 있게 되었다면, 다음 단계로 사용자의 니즈를 고려해야 한다. 생성형 AI는 그 첫 단계를 통과했다고 볼 수 있다. 기술의 효용은 입증이 되었다. 이제 인간의 가치와 일치하는 시스템을 만들기 위해 사용자의 니즈와 경험에 집중해야 할 때이다. 높은 사용자 경험이 시장의 점유율로 이어지는 사례는 역사적으로도 충분히 검증되었다. 1990년대 말 심각한 위기에 놓인 애플의 회생을 이끈 것은 아이팟의 '클릭휠'이었다. 몇 백 개 심지어 몇 천 개가 넘는 노래 리스트를 검색하기 위한 귀찮은 조작을 아이팟은 휠을 돌리는 즐거운 경험으로 승화시켰다. 앞에서 짧게 소개했던 아마존의 원 클릭 서비스도 마찬가지다. 아마존은 1999년 특허를 등록한 원 클릭 결제로 창업 초기 시장에서 영향력을 키워갈 수 있었다. 현재는 특허가 만료되어서 누구나 원 클릭 시스템을 사용할 수 있다. 하지만 전자상거래가 활발하지 않았던 시기에 아마존은 원 클릭의 편리한 사용자 경험을 기반으로 새로운 비즈니스 모델을 만들고 20년 간 시장을 리드할 수 있었다. 애플은 아마존에 수십억 달러의 특허 사용료를 지불하고 원 클릭을 아이팟 터치에 도입하기도 하였다.

　챗GPT와 파운데이션 모델을 적용한 서비스도 마찬가지다. 현재는 높은 성능이라는 요인만으로도 소비자들의 발길을 끌기에 충분하지만, 시간이 지날수록 모델의 성능은 상향 평준화될 것이다. 이런 상황에서 서비스를 차별화하고 소비자를 잡아 둘 방법은 높은 사용자 경험을 제공하는 것이다.

챗GPT가 적용된 대화형 검색이 높은 사용자 경험을 제공하기 위해서는 사용자의 입장에서 질문을 던져 볼 필요가 있다. 사용자는 검색창에서 무엇을 검색하는가? 사용자가 검색 시스템을 통해 얻고자 기대하는 결과물은 무엇인가? 검색 경험에 긍정적인 혹은 부정적인 영향을 주는 요인은 무엇인가? 이런 질문에 대한 답을 찾을 수 있다면, 사용자들이 원하는 넥스트 서치 엔진을 디자인하는 데 핵심적인 가이드가 될 수 있을 것이다.

높은 사용자 경험을 위한
새로운 검색 엔진

    온라인 검색은 정보 탐색을 위한 대표적인 방법으로, 사용자의 검색 행위는 기술의 발전과 함께 변해 왔다. 1980년대 이전에는 정보를 찾기 위해 도서관의 사서를 찾았고(단계 1), 사서는 도서관 데이터베이스에서 정보를 검색한 뒤 관련 정보를 알려주었다. 인터넷의 등장과 함께 검색 엔진이 등장하였고, 몇 개의 키워드 만으로 온라인의 방대하고 다양한 정보를 검색할 수 있게 되었다(단계 2). 그 후, 개방·참여·공유를 바탕으로 한 웹 2.0의 등장은 마이스페이스, 트위터, 페이스북과 같은 소셜 미디어 서비스들의 등장을 이끌었다. 이로 인해 검색 또한 소셜한 행위로 변화했다(단계 3). 이렇게 변화한 검색 시장에서 질문-답변 플랫폼은 수억 명 사용자의 참여를 이끌며 대성공을 거두었다. 미국의 온라인 질의 응답 서비스인 쿼라Quora와 네이버 지식인이 대표적인 사례이다.

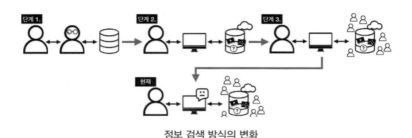

정보 검색 방식의 변화

이처럼 검색 기술과 시스템의 진화와 함께 이를 둘러싼 우리의 검색 양상도 계속 변화해왔다. 그리고 지금 우리는 '대화형 검색' 혹은 '챗봇 검색'이라는 새로운 패러다임을 마주하고 있다. 물론 챗 GPT가 챗봇이나 대화형 에이전트를 통한 검색의 최초 사례는 아니다. 시리, 알렉사 등 우리의 일상을 돕기 위해 등장한 다수의 AI 에이전트가 그보다 먼저 있었지만 이들은 검색에 최적화되어 있지는 못했다. 시리나 알렉사를 검색용으로 사용하지 않다 보니 챗봇을 중심으로 한 새로운 검색 양상이 나타날 리도 만무했다.

그러나 챗GPT로 인해 기존의 검색 엔진이 대체될 수 있다는 예

챗GPT 거대한 전환

측이 나오고 있으며, 새로운 검색 양상도 등장하고 있다. 사람들은 네이버 검색창에서 묻지 않았던 것들을 챗GPT에게 묻기 시작했다. 같은 질문이라도 검색창과 챗GPT 프롬프트창에서 표현하는 언어가 달라졌다. 차세대 검색 엔진의 방향을 제시하기 위해서는 우리들의 검색 양상을 먼저 들여다볼 필요가 있다.

사용자의 검색 양상 유형

룩업형 검색
(Exploitative, lookup search)

탐사형 검색
(Exploratory search)

하이브리드 검색
(Hybrid search)

생성형 검색
(Generative search)

그 목적에 따라 검색 양상은 크게 네 가지 정도로 분류해볼 수 있다. 첫 번째 검색 양상은 룩업형 검색Exploitative, lookup search이다. 가장 기본적인 검색 방식으로 사용자가 찾고자 하는 목표가 명확한 경우이다. 사용자는 자신이 뭘 원하는지를 분명히 알고 있고 비교적 객관적인 정답이 존재한다. 날씨나 제품의 가격을 묻거나 유명인의 생일을 확인하는 것이 이에 해당한다.

두 번째 검색 양상은 탐사형 검색Exploratory search으로 탐사형 검색을 하는 사용자는 자신이 무엇을 원하는지에 대한 목표도 불분명하고 해당 영역에 익숙하지 않다. 사용자는 부정확한 검색 쿼리를 이리저리 수정하고, 초기 결과를 바탕으로 쿼리를 반복적으로 재구성하는 등 매우 역동적인 행동을 보인다. 예를 들어 뉴스를 통해 챗GPT를 처음 접한 사용자가 챗GPT를 통해서 무언가 해보고 싶다는 생각이 들어서 인터넷을 찾는 경우가 탐사형 검색에 속한다.

세 번째로 룩업형 검색과 탐사형 검색의 양상이 결합된 유형인 하이브리드 검색Hybrid search이 존재한다. 사용자가 자신이 뭘 원하는지는 알고 있지만 더 많은 정보와 추가 탐색이 필요한 케이스다. 이때 사용자는 한 번의 쿼리로 검색을 끝내는 것이 아니라 다수의 문서와 항목들에 걸쳐 반복적으로 검색하고 정보들을 종합해야 한다. 제한된 예산 내에서 컴퓨터 구매를 위한 결정을 내리는 경우가 여기에 해당한다.

마지막 검색 양상은 대규모 언어 모델 그리고 생성형 AI의 탄생과 함께 등장한 생성형 검색Generative search이다. 챗GPT에게 소설이나 이메일을 써 달라고 하거나, 코드 작성을 요청하는 경우가 여기에 해당한다. 이는 기존 검색 엔진에서는 찾아볼 수 없었던 검색 양상이다.

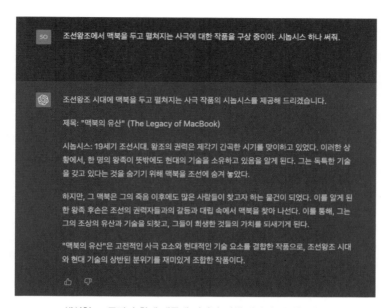

SO 조선왕조에서 맥북을 두고 펼쳐지는 사극에 대한 작품을 구상 중이야. 시놉시스 하나 써줘.

조선왕조 시대에 맥북을 두고 펼쳐지는 사극 작품의 시놉시스를 제공해 드리겠습니다.

제목: "맥북의 유산" (The Legacy of MacBook)

시놉시스: 19세기 조선시대. 왕조의 권력은 제각기 간곡한 시기를 맞이하고 있었다. 이러한 상황에서, 한 명의 왕족이 뜻밖에도 현대의 기술을 소유하고 있음을 알게 된다. 그는 독특한 기술을 갖고 있다는 것을 숨기기 위해 맥북을 조선에 숨겨 놓았다.

하지만, 그 맥북은 그의 죽음 이후에도 많은 사람들이 찾고자 하는 물건이 되었다. 이를 알게 된한 왕족 후손은 조선의 권력자들과의 갈등과 대립 속에서 맥북을 찾아 나선다. 이를 통해, 그는그의 조상의 유산과 기술을 되찾고, 그들이 희생한 것들의 가치를 되새기게 된다.

"맥북의 유산"은 고전적인 사극 요소와 현대적인 기술 요소를 결합한 작품으로, 조선왕조 시대와 현대 기술의 상반된 분위기를 재미있게 조합한 작품이다.

생성형 AI 등장과 함께 새롭게 나타난 검색 양상인 생성형 검색

검색 유형에 따른 인터페이스 제공

이렇게 룩업형 검색, 탐사형 검색, 하이브리드 검색, 생성형 검색네 가지 검색 양상을 살펴보았다. 사용자 인터페이스는 사용자의검색 양상에 따라 다르게 디자인되어야 한다. 검색 엔진과 챗봇 검색의 근본적 차이를 다시 한번 되짚어 보자. 우리에게 익숙한 전통적인 검색은 데이터베이스에서 최적의 답변을 찾거나 순위가 매겨진 정보 목록을 반환하는 정보 리트리벌information retrieval 방식인

반면 챗GPT는 생성형 AI이다. 그렇다면 무수히 많은 정보에서 사용자에게 필요한 정보를 추출하는 게 효과적인 경우는 언제이고, 기존 정보들을 토대로 새로운 답변을 생성하는 것이 효과적일 때는 언제일까? 생각해보면 답은 간단하다. 사용자가 원하는 목표가 뚜렷하며 어느 정도 객관적인 정답이 있을 때는 정보 리트리벌의 방식이 적합하며, 사용자가 원하는 목표가 뚜렷하지 않고 탐색의 목적이 강하다면 큰 지형을 알려주고 사용자를 가이드할 수 있는 대화형 검색이 적합할 수 있다. 물론 두 방식이 결합된 인터페이스도 가능할 것이며, 완전히 새로운 인터페이스가 나올 가능성도 배제할 수는 없다. 지속적인 실험과 연구를 통해 최적의 검색 패러다임을 만들어 나가야 할 것이다.

앞서 살펴본 검색 유형들에 검색 엔진과 대화형 검색이 어떻게 적용될 수 있는지 다음의 시나리오들을 통해 구체화해보고 새로운 검색 엔진에 대한 인사이트를 얻어보자.

룩업형 검색: 명확한 시각화를 통한 정확한 정보 전달

사용자의 목표가 뚜렷한 룩업형 검색의 경우, 사용자가 원하는 정보를 정확하고 빠르게 제공하는 것이 중요하다. 검색 결과는 깔

끔하고 검토하기 쉬워야 하며, 관련 정보가 눈에 잘 띄게 표시되어야 한다. 추가적인 세부 정보가 있는 경우, 확장 가능한 섹션이나 링크를 통해 표시하는 것이 적절할 것이다.

일론 머스크의 생일을 묻는 룩업형 검색에 대한 챗GPT의 검색 결과와 기타 검색 엔진들의 검색 결과를 비교해보자. 단순한 텍스트로 정답을 알려주는 챗GPT와 달리 기타 검색 엔진들은 연관성이 높은 정보를 더 큰 폰트로 제공하거나 강조 처리를 함으로써 정보를 더 명확하게 제공하는 것을 확인할 수 있다. 사용자가 요청한 정보 외에 다른 정보들을 적절히 배치함으로써 사용자의 후속 액션과 체류 시간을 늘리기 위한 인터페이스도 인상적이다. 여러분의 눈에는 어떤 인터페이스가 더 적합해보이는가?

챗GPT 검색 결과   구글, 네이버, 구글 어시스턴트 검색 결과

사용자가 물어본 질문이 자주 등장하는 질문인 경우 자동 완성 기능을 적용하면 사용자 입장에서 더 편리하게 정보를 찾을 수 있다. 더불어 사용자가 오타를 입력했을 때는 오타를 정정해서 결과를 제시하고 수정된 검색어가 무엇인지 명료하게 알려야 한다. 챗GPT와 구글 검색의 경우 모두 '엘론 마스크'라는 오타를 알고리즘이 자동으로 정정해서 검색 결과를 가져왔다. 하지만 제시하는 방식에서 서로 차이를 보이고 있다. 구글 검색은 사용자가 입력한 쿼리를 알고리즘이 어떻게 수정해서 검색했는지에 대한 정보(즉, 수정된 검색어에 대한 결과)를 추가적으로 전달하는 것을 확인할 수 있다. 반면 챗GPT는 일론 머스크의 생일이라는 정보는 정확히 전달했지만 오타는 '엘론 마스크' 그대로 표기되어 있다. 이렇게 알고리즘이 사용자의 오류를 자동으로 수정했을 경우, 어떻게 수정했는지에 대한 정보를 명확히 사용자에게 알려야 서비스에 대한 신뢰도가 높아질 것이다.

오타에 대한 챗GPT 검색 결과

오타에 대한 구글 검색 결과

챗GPT 거대한 전환

탐사형 검색: 검색을 구체화하는 가이드 제공

탐사형 검색을 위한 사용자 인터페이스는 사용자의 포괄적인 탐색과 구체화된 발견을 장려하도록 설계되어야 한다. 이를 위해 초반에 사용자가 검색한 항목에 대한 넓은 지형도를 요약해주면 좋을 것이다. 무엇보다 사용자가 (인지하고 있지는 못하지만) 원하는 방향으로 도달할 수 있도록 시스템이 사용자를 조금씩 톡톡 건드리며 '넛지', 즉 부드럽게 유도해 나갈 수 있어야 한다.

이런 점에서 사용자의 검색 쿼리와 가장 관련성 높은 문서 목록을 제공하는 기존의 검색 엔진은 탐사형 검색에 적합하지 않다. 탐사형 검색에서 사용자가 입력한 내용은 사용자의 실제 요구 사항을 반영하지 못하고 있을 가능성이 높기 때문이다. 또한 잘못 작성된 사용자의 초기 쿼리에 적합한 검색 결과를 제공하는 경우에는, 오히려 사용자가 편협한 시야에 갇히게 된다. 결국 사용자가 원하는 검색 결과를 찾기 어려워지며, 이는 검색 프로세스가 답답하고 어렵다는 부정적인 사용자 경험으로 이어지기 마련이다.

대화형 검색이 가장 효과적으로 지원할 수 있는 영역은 탐색형 검색이다. 사용자의 모호한 쿼리에 큰 지형도를 그려준 뒤, 세부 탐색이 가능하도록 추가 제안을 할 수 있기 때문이다. 물론 현재의 인터페이스로는 충분하지 않으며 다음과 같은 개선이 필요하다.

먼저 생성형 AI는 사용자의 애매모호한 질문에 대한 응답으로 세부 항목들이 상호 배타적이지만 모였을 때는 완전한 전체를 이루는 답변MECE형 답변: Mutually Exclusive Collectively Exhaustive을 제공해야 한다. 아래 예시처럼 사용자가 챗GPT에게 '업무를 위한 챗GPT 활용'과 같이 포괄적인 질문을 던질 경우, 챗GPT 활용법에 대한 전체 정보를 요약해서 보여주면 좋다. 또한 각각의 세부 정보에 대해서 사용자가 구체적인 내용을 확인할 수 있도록 대표 레퍼런스(링크)를 제공한다면, 사용자는 구체적인 내용을 함께 살펴보고 자신이 어느 방향으로 탐사를 이어갈지에 대한 감을 잡을 수 있을 것이다.

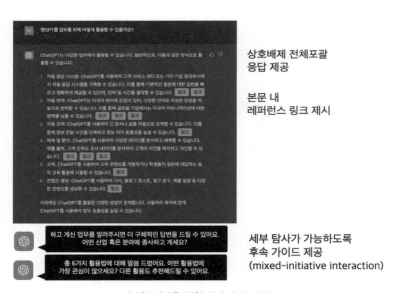

상호배제 전체포괄
응답 제공

본문 내
레퍼런스 링크 제시

세부 탐사가 가능하도록
후속 가이드 제공
(mixed-initiative interaction)

탐사형 검색을 위한 인터페이스 제안

챗GPT 거대한 전환

1차 탐사를 끝낸 사용자가 6번 항목인 콘텐츠 생성에 챗GPT를 활용하기로 결정했다고 가정해보자. 사용자가 직접 "콘텐츠 생성을 위해 챗GPT를 어떻게 활용할지 더 자세히 알려줘" 같은 후속 질문을 던질 수도 있겠지만, 챗GPT가 먼저 구체화된 정보를 얻어낼 수 있는 방향으로 사용자에게 추가 질문을 제시할 수도 있다. 가령 사용자의 종사 산업이나 업무를 물어보는 방식으로 말이다. 사용자가 항상 먼저 대화의 주도권을 가져가는 것이 아니라 챗GPT와 사용자가 상황에 맞게 적절히 주도권을 가져가면서 대화한다면 탐사형 검색은 더 인터랙티브한 경험이 될 것이다.

하이브리드 검색: 추천과 탐색이 모두 가능한 인터페이스 제공

사용자의 목표는 뚜렷하지만 세부 정보에 대한 추가 탐색이 필요한 하이브리드 검색의 경우, 빠른 정보 추천과 탐색이 적절히 조화를 이루어야 한다. 사용자는 웹의 방대한 정보에서 정말 필요한 부분만 소비하고 싶은 마음과 그래도 어떤 부분은 내가 직접 브라우징 하고 싶은 마음이 공존할 것이다. 공존하는 두 욕구를 충족시키기 위해서는 생성형 AI로 요약한 정보를 제공함과 동시에 기존 검색 엔진을 통한 탐색 기능도 함께 제공해야 할 것이다. 즉 하이브리드 검색은 기존의 검색 엔진과 챗봇 검색이 함께 활용되어야 하는 영역일 수 있다.

생성형 AI가 요약한 분석과 함께 추천을 제공할 때는 그 기준과 근거가 명확해야 한다. 추천에 포함된 내용은 레퍼런스로 넘어갈 수 있는 링크도 제공해서 사용자가 언제든 원본 문서에 접근할 수 있어야 한다. 또한 요약된 정보만 제공하는 것이 아니라 사용자가 살펴볼 수 있는 웹 페이지들을 함께 제시하는 것이 바람직하다. 실제로 7장에서 소개했던 유닷컴은 챗봇과 웹 서치 결과를 함께 제공하고 있다. 아래의 사진처럼, 화면 좌측에는 챗봇이 생성한 요약 정보(레퍼런스 링크 포함)를 제공하고 화면 우측에는 사용자가 웹 페이지를 브라우징 할 수 있도록 검색 결과도 제공하는 것을 확인할 수 있다.

대화형(레퍼런스 포함)과 웹서치 동시 제공

챗GPT 거대한 전환

이렇게 검색 엔진이 제공하는 요약 정보와 탐색 자료를 통해 사용자가 어느 정도 마음의 정리를 마쳤다면, 지금까지 나온 정보들을 체계화해서 정리하고 싶을 것이다. 검색 시스템이 이런 니즈까지 해결한다면 정말 좋은 사용자 경험을 제공할 수 있을 것이다. 실제로 유닷컴과 챗GPT 모두 테이블 형태의 응답을 제공하고 있으므로, 이 기능을 잘 활용한다면 더 나은 사용자 경험을 제공할 수 있을 것이다.

생성형 검색: 템플릿 등을 통한 사용자 가이드

마지막으로 챗GPT와 함께 등장한 생성형 검색이라는 새로운 검색 양상이 존재한다. 아직은 새로운 영역인 만큼 사람들이 어떤 생성형 과제를 챗GPT에게 자주 요청하는지 등에 대한 추가 연구가 필요한 부분이기도 하다.

대표적인 패턴 몇 가지를 생각해 볼 수 있다. 대표적으로 이메일이나 소셜 미디어 포스트 작성과 같이 정형화된 콘텐츠 작성을 챗GPT에게 요청하는 경우이다. 이 경우 시스템은 '챗GPT를 통해 정형화된 이메일을 작성하고자 한다'라는 사용자의 의도를 이해한 다음, 콘텐츠 생성을 위한 템플릿 페이지로 연결해 줄 수 있을 것이다. 실제로 유닷컴에서 이메일 작성법을 검색하면 생성형 AI에게 메일 작성을 요청할 수 있는 템플릿 페이지로 이동한다. 이 페이지에서 사용자는 시스템의 가이드를 받아 사용처, 어투, 수신 대상, 주요 내용을 입력한 뒤 자동 생성된 메일을 받아 볼 수 있다. 아무런 가이드가 존재하지 않을 때보다 더 체계화되어 있어 사용자는 편리한 경험을 할 수 있다.

물론 이렇게 정형화하기 어려운 시나 소설, 동화와 같은 콘텐츠 생성을 사용자가 챗GPT에게 요청하는 경우도 많이 존재한다. 이 경우 사용자에게 가이드를 줄 수 있는 부분은 가이드를 제공함과 동시에 랜덤한 단어를 보여주는 등 사용자의 영감을 자극할 수 있는 방향으로 시스템이 설계된다면 더 풍부한 사용자 경험을 제공할 수 있을 것이다.

정확도 및 신뢰도에 대한 척도 제공

마지막으로 어떤 유형의 검색에 대한 답변이든, 챗GPT가 생성한 응답을 신뢰도와 정확도 측면에서 어떻게 수치화할 것인지에 대한 연구가 꾸준히 진행되어야 한다. 챗GPT와 같은 생성형 AI가 갖고 있는 가장 큰 문제는 바로 답변의 정확도다. 사용자에게는 어

챗GPT 거대한 전환

떨 때 챗GPT의 답변을 신뢰하고 어떨 때 신뢰하지 말아야 하는지 판단하기가 어려울 수 있다. 챗GPT의 답변에 정확도나 신뢰도 점수를 함께 제공하는 방안은 이를 위한 대안이 될 수 있다.

정확도 점수를 통해 사용자는 답변의 정확성 여부에 확신을 가질 수 있으며, 답변을 수락할지 거부할지 또는 추가 정보를 찾을지 결정하는 기준을 세울 수도 있다. 더불어 정확도나 신뢰도 점수는 사용자가 시스템이 잘하는 영역이 무엇인지에 대한 멘탈 모델을 빠르게 형성하고 시스템의 장점과 단점을 이해하는데 도움이 된다. 점수를 제공하는 것만으로도 사용자가 언제 이 시스템을 믿어도 되는지를 명확히 판단할 수 있게 되기 때문에, 최종적으로 시스템 전반에 대한 신뢰도가 높아질 것이다.

이렇듯 검색 유형은 다양하게 존재하고 각각을 만족시킬 수 있는 인터페이스는 다를 수 있다. 그러나 각각의 목적에 맞게 다른 서비스나 인터페이스를 찾아 사용해야 한다면 이 또한 불편한 일이다. 차세대 검색 엔진은 단순하고 직관적인 시작 페이지에서 사용자가 입력하는 텍스트를 통해 사용자의 검색 목적을 이해하고 최적화된 인터페이스로 답변을 줄 수 있는 통합적인 검색 엔진이 되어야 할 것이다.

GPT-4와
멀티모달로의 확장

    GPT-3.5를 기반으로 한 챗GPT는 입출력이 텍스트에 제한되어 있었다. 그리고 2023년 3월 14일, 오픈AI는 GPT-4를 공개하면서 자신들의 모델이 대규모 멀티모달 모델large multimodal model로 진화하였음을 발표했다. GPT-4는 이전보다 매개변수가 더 커지고 성능도 향상되었으며, 특히 창의력과 추론 능력이 발전하였다. 이제 막 출시된 GPT-4는 듀오링고Duolingo, 칸 아카데미, 모건스탠리Morgan Stanley와 스트라이프Stripe 등 교육에서 금융에 이르기까지 다양한 분야에서 서비스 고도화를 위해 도입하고 있다.

GPT-4의 가장 인상 깊은 변화는 텍스트와 이미지를 모두 입력으로 받아 이해하고 처리할 수 있는 멀티모달 모델이 되었다는 점이다. 예를 들어, 냉장고 내용물 사진을 제시하고 어떤 요리를 만들 수 있는지 물어보면 GPT-4는 사진 속 재료로 만들 수 있는 음식을 제안한다. 또한 이미지의 유머 코드를 이해하는 것까지도 가능하다.

멀티모달 모델이 적용된 GPT-4는 실제 서비스에 적용될 수 있도록 테스트 과정을 거치고 있다. 비마이아이즈Be My Eyes는 덴마크 스타트업으로, 물건 식별이나 길찾기 등 시각장애인이나 저시력자의 일상을 지원하는 기술을 개발해 왔다. 이들은 2023년 2월 초부터 GPT-4를 기반으로 한 가상 자원봉사자를 개발하고 테스트를 진행했다. 새로운 가상 자원봉사자는 단순한 이미지 인식뿐 아니라 대화를 통해 위험 요소와 추가적인 정보를 전달하는 역할을 수행할 수 있다. 예컨대 시각이 불편한 사용자가 지도에서 현재 위치의 세부 정보를 얻거나 원하는 목적지에 안전하게 도달하도록 가이드를 제공받을 수 있게 된다.

다만 현재 GPT-4는 텍스트로만 응답을 제공한다. 하지만 추후에 응답까지 멀티모달로 확장된다면 더욱 풍부하고 유익한 사용자 경험을 제공할 것이다. 예를 들어, 사용자가 챗GPT에 특정 음식에 대한 레시피를 질문하면 기존에 텍스트로 제공하던 단계별 가이드에 영상을 함께 제공하는 식이다. 이 경우 사용자는 쉽게 레시피를 따라하면서, 이전보다 더 높은 수준의 유익함과 몰입감을 느낄 수 있을 것이다.

물론 완전한 멀티모달 모델이 도입되기까지 넘어야 할 산도 많다. 고품질 미디어 콘텐츠를 생성하려면 AI 모델이 텍스트와 이미지 외에 영상, 음성, 생체 신호 등 다양한 형태의 데이터를 복합적으로 학습해야 하므로 상당한 컴퓨팅 리소스가 필요하다. 게다가 다양한 모달리티를 통합하려면 더 복잡한 AI 아키텍처가 필요하다. 그럼에도 불구하고 멀티모달 모델이 가져올 이점은 상당할 것이며, 이미 이 기술은 빠르게 발전하고 있다. 머지않은 미래에 완성형 멀티모달 챗GPT가 AI 시스템의 새로운 표준을 제시하길 기대해 본다.

인류를 위한
범용 AI

챗GPT뿐 아니라 앞으로 AI 기술이 접목된 많은 서비스들이 현실의 다양하고 복잡한 영역에서 더 뛰어난 성능을 발휘하며 사용될 것이다. 그리고 대중은 이제 그 변화를 받아들일 준비가 되어있다.

하지만 우리가 놓치지 말아야 하는 것이 있다. AI는 궁극적으로 인류에게 긍정적인 영향력을 행사할 때 그 가치가 있다는 것이다. AI 석학이자 UC 버클리 대학교 컴퓨터 과학 교수인 스튜어트 러셀 Stuart Russell은 기계가 인간보다 더 나은 결정을 내릴 수 있고 내릴 것이지만, 그것은 인공지능이 추구하는 가치가 인간의 가치와 일치할 때만 가능하다는 것을 강조했다. AI는 인류가 지금까지 쌓아온 정보를 누구보다 빠르게 이해하고 학습하면서 인간보다 더 멀리 예측하고 더 나은 결정을 하게 될 것이다. 하지만 우리는 AI가 우리의 의도를 무시한 채 그저 똑똑하기만 한 결정을 내리기를 바라지 않는다. AI의 성능이 아무리 뛰어날지라도 AI의 방향이 AI를 사용하는 사람이 추구하는 가치와 부합되지 않는다면, 금방 대중에게 외면받을 것이다.

현실에서 우리는 높은 성능의 AI가 인간에게 진정한 가치를 제공하는 서비스로 연결되지 못한 사례들을 너무나도 자주 목격해왔다. 월마트는 재고를 스캔하는 로봇을 만든 보사노바 로보틱스와의 계약을 종료했다. 로봇이 인건비를 절감하고 제품 재고를 확보하여 매출을 늘리는 데 도움이 될 것으로 기대했지만, 오히려 매출 증대에 인간이 더 효과적이라고 판단했기 때문이다.[49]

때로는 높은 성능을 지녔다고 판단되어서 시장에 출시된 AI 서비스가 대중의 지탄을 받는 결과를 내기도 했다. 흑인 여성을 고릴라라고 분류한 편향적 AI 서비스는 AI 기술에 대한 우리의 신뢰와 믿음을 깨뜨리기에 충분했으며, 인종차별적이고 성차별적인 발언으로 문제가 되었던 몇몇 챗봇들도 마찬가지였다.

스튜어트 러셀은 인간과 공존하는 AI를 강조한다. 기술적 완성도와 알고리즘의 정확도를 넘어, AI가 인류에게 유용함과 더불어 휴머니티와 부합하는 가치를 제공하는지가 중요한 시대가 왔다. 최근 세계적인 테크 기업들과 연구 기관들 역시 AI 시스템의 성패를 가르는 요인으로 사용성, 유용성, 공정성, 설명가능성과 같은 인간 중심 요소들에 주목하고 있다. 구글의 AI 팀인 PAIR People+AI Research Initiative는 인간을 위한 AI 개발에 초점을 맞춘 다양한 프로젝트를 수행하고 있으며, 마이크로소프트도 2019년 인간-인공지능 상호작용을 위한 가이드라인을 발표했다. 스탠포드 대학의 인간 중심 인공 지능 연구소 HAI: Human-Centered Artificial Intelligence는 다양한 인간 중심 AI 연구들을 수행 중이다.

오픈AI의 미션 역시 모든 인류에게 혜택과 가치를 주는 범용 인공지능 AGI: Artificial General Intelligence을 만드는 것이다. 오픈AI가 비영리단체로 출발했다는 사실은 그들의 미션과 그 궤를 같이 한다. 인공 일반 지능으로도 불리는 범용 AI는 사람처럼 스스로 학습하고 판단하는, 인간만큼이나 지적인 작업을 할 수 있는 에이전트를 의미한다. 범용 AI에 대해서는 이외에도 여러가지 정의가 존재하지만 오픈AI는 이를 '경제적으로 가장 가치 있는 작업에서 인간을 능가하는 고도로 자율적인 시스템'으로 정의한다.

챗GPT는 마치 사람과 같은 답변을 생성하는 엄청난 능력으로 마치 범용 AI의 시대가 도래한 것 같은 인상을 준다. 하지만 진정한 범용 AI는 아직이다. 오픈AI의 CEO 샘 올트먼은 범용 AI 수준의 시스템으로 나아가는 과정에는 두려운 순간과 상당한 혼란이 있을 수 있지만, 범용 AI가 주는 장점은 너무나 놀랍기 때문에 큰 어려움을 극복할 가치가 있다고 말한다. 범용 AI가 등장하면 우리는 마치 현재의 챗GPT가 장난감처럼 느껴질 정도로 막대한 이익을 볼 것이다.

올트먼의 말처럼 범용 AI로 나아가는 과정에는 분명 심각한 문제들이 발생할 수 있다. 지금 챗GPT가 제공하는 부정확한 정보의 문제 정도는 미미한 수준일 수도 있다. 대중에게 공개된 서비스가 불완전한 형태인 게 밝혀지는 순간 어떤 부정적인 나비효과들이 발생할지 예측할 수 없다. 하지만 오픈AI는 다소 문제가 있을 수도 있는 제품일지라도 시장에 선보이고 빠르게 수정하는 전략으로 이 문제를 정면 돌파하려고 한다. 올트먼은 오픈AI가 최선을 다하겠지만 모든 문제를 성공적으로 예측할 수 없다는 사실을 인정한다.[50] 하지만 부정적 효과를 최소화하고 시스템을 개선하기 위해 매우 타이트한 피드백 루프를 운영할 것이며, 위험 부담이 낮은 지금 실수를 줄이기 위해 노력할 것이라고 말한다. 이런 노력은 현실 세계와 분리된 상태에서는 불가능하다. 시장에 출시되어 사용자가 직접 사용해보고 피드백을 주어야 어떤 오류가 있었는지 그리고 예상하지 못했던 부정적 결과는 무엇인지 등을 파악할 수 있다. 올트먼의 의도대로 챗GPT는 출시 이후 즉각적으로 너무나도 많은 것을 배

챗GPT 거대한 전환

우고 있다. 앞으로도 개선될 챗GPT는 덜 짜증나고, 더 유용해질 것이다.

범용 AI의 엔진인 알고리즘의 작동방식과 그 작동방식을 결정하는 기준 및 방법에 대한 연구가 활발히 진행중이다. 하지만 미래에 발생 가능한 부작용을 최소화하고 인간에게 가치와 이익을 제공하는 범용 AI 개발을 위해 우리 모두가 관심을 가질 필요가 있다. 유용하고, 진실하며, 안전한 AI를 만드는 데 작은 관심들이 기여할 것이다.

거대한 전환,
선택의 순간

　우리는 챗GPT가 연 생성형 AI의 시대를 맞이했다. 아이폰이 처음 등장했을 때 직감적으로 느낄 수 있었던 파괴적 혁신을 또 다시 전 세계가 실감하고 있다. 게임 체인저, 리셋 모먼트, 새로운 기회, 인류의 미래, 메가 트렌드, 특이점 등 이 혁신의 순간을 표현하기 위한 다양한 수식어가 쏟아져 나오고 있다. 그리고 이를 증명이라도 하듯 전 세계의 자본이 모두 생성형 AI에 몰리고 있다. 2022년은 금리 인상과 경기 침체로 위기론이 대두되며 기술 기업과 스타트업에게 무덤과 같은 한 해였지만, 생성형 AI 만큼은 예외였다. 대규모 투자를 받은 유니콘 기업들이 등장하기 시작했으며, 빅테크 기업들이 관련 기업과 전략적 협업을 맺고 생성형 AI 모델을 개발하고 있음을 발표했다. 이 경쟁에 앞서 나가기 위해 기업들은 하루를 앞다투어 새로운 제품을 출시하고 있는데, 구글은 너무나 다급한 나머지 은퇴했던 창립 멤버들까지 다시 현업으로 복귀하기도 했다.

2023년을 AI 전쟁의 원년이라고들 표현한다. 치열하고 변화무쌍한 이 격변의 시점에 일반적인 대중들이 가장 관심을 많이 갖는 질문은 다음의 세 가지로 압축해 볼 수 있을 것 같다. AI 전쟁에서 주목해야할 AI 기업은 누구인가? 생성형 AI는 기존 산업에 어떤 영향을 미칠 것인가? 그리고 나는 어떤 준비를 해야 하는가?

주목해야 할 AI 기업

AI 생태계를 이해했다면 주목해야 할 AI 기업을 어느 정도 추릴 수 있다. 1980년대 한국에서 아파트 건설 붐이 일었던 시기, 시멘트와 철강을 생산하는 기업은 누가 어디에 아파트를 건설하든 돈을 벌었다. 2000년대 초반 IT 네트워크를 전국적으로 설치할 때는 광케이블을 생산하던 기업이 돈을 벌었다. 그리고 AI 생태계에서 마치 시멘트나 광케이블처럼 핵심적인 요소를 생산하는 기업은 AI 반도체 기업이다. 그리고 AI 반도체의 90퍼센트 이상은 미국의 엔비디아가 거의 독점적으로 생산하여 공급하고 있다. 빅테크들은 엔비디아의 반도체를 확보하기 위해 줄을 섰고 엔비디아의 주문량은 밀려 있다. 당분간은 엔비디아의 독주를 지켜볼 수밖에 없다. 하지만 기존의 반도체 회사, 빅테크, 그리고 스타트업들이 일제히 AI 반도체 분야에 도전하고 있다는 것을 잊지 말아야 한다. 엔비디아 AI 반도체의 성능을 능가하고 가격 경쟁력을 갖춘 제품을 시장에 내놓을 수 있는 기업이 등장한다면 당장 관심을 가져야 할 것이다.

IT 네트워크의 핵심 재료인 광케이블을 생산하던 기업만큼, 이를 활용해서 인프라를 구축하고 소유한 기업들도 차차 막대한 수익을 올리기 시작했다. 현재 우리가 알고 있는 SKT, KT, LG 등의 통신사들은 초기 인프라 구축을 위해 천문학적인 비용을 투자하였지만 통신 사업이 활성화되면서 초기 투자 비용을 모두 회수하고 오랜 기간 수익을 내고 있는 기업이다. AI 생태계에서는 클라우드 기업이 바로 이 인프라 격의 기업이라 볼 수 있다. 대규모 전산 센터를 구축하고 클라우드 서비스를 개발하여 제공하는 빅 클라우드 기업들과 생성형 AI 모델은 특히나 밀접한 관계에 있다. 대량의 데이터와 높은 컴퓨팅 능력이 생성형 AI 모델 개발에 필수적이고 클라우드만이 이를 감당할 수 있기 때문이다. 또한 생성형 AI 모델이 개발되어 다양한 산업에 적용될수록 그리고 다양한 서비스가 개발되어 다양한 산업에서 활용될수록 점점 클라우드 사용량이 많아질 수밖에 없고 더 많은 수익으로 이어질 것이다.

하지만, 사람들이 보다 더 관심을 많이 갖는 대목은 아마 이 혁신 기술을 이용해 누가 새롭게 시장의 지배 기업으로 등장할지일 것이다. 이에 대해 아이폰을 창시한 스티브 잡스는 이미 우리에게 힌트를 주었다. 그는 아이폰을 출시하기 10년 전인 1997년 애플의 세계 개발자 컨퍼런스WWDC: Apple Worldwide Developers Conference에서 한 개발자의 질문에 이렇게 답했다. "애플의 비전과 전략은 '고객들에게 어떤 놀라운 혜택을 제공할 수 있을까? 고객을 어디까지 데려갈 수 있을까?'와 같은 질문에서 시작했지, '우리가 어떤 멋진 기술을 갖고 있고, 어떻게 이 기술을 시장에 내놓을 수 있을까'로 시작하지 않았다." 즉, 어떤 기업의 기술력의 수준보다도 고객의 니즈를 이해하고 혁신 기술을 활용해 비즈니스를 창조하는 역량이 중요하다는 것이다. 잡스는 이후 아이팟을 선보이며 파산 직전이었던 애플의 수익을 원상 복귀시켰고, 이어서 아이폰을 탄생시켰다. 아마존의 창업자 제프 베조스가 항상 강조하는 것 또한 고객 관점에서 생각하여 거꾸로 일하는 것Working Backward이다. 이는 지구상에서 가장 고객 중심적인 회사가 되고자 하는 아마존의 비전과도 일맥상통한다.

생성형 AI 기술을 활용한 서비스 기업들이 무수히 탄생하고 있다. 일차적으로는 소비자들의 시간과 비용을 확실히 절감시켜주는 서비스가 소비자들의 선택을 받을 것이고, 지속적으로 탁월한 사용자 경험과 몰입감을 선사하는 서비스만이 경쟁력을 유지할 것이다. 그리고 결국 소비자의 니즈를 정확히 파악하고 혁신 비즈니스 모델을 제시하는 기업이 넥스트 애플, 아마존, 그리고 카카오가 될 것이다. 기술보다 더 중요한 것은 결국 고객이다. 이 명제는 AI 전쟁에서도 변하지 않을 것이다.

생성형 AI와 새로운 미래

교육, 광고/마케팅, 창작 및 콘텐츠, 미디어, 디자인, 패션, IT 코딩, 메타버스, 헬스케어/의료, 법률, 금융/회계, 업무 생산성 등 기존의 산업 영역은 챗GPT를 기점으로 새로운 전환기를 맞이하고 있다. 생성형 AI가 기존 산업에 일으킬 변화는 '생산성', '초개인화', 그리고 '대중화'의 세 가지 키워드로 요약할 수 있다. 생성형 AI는 기본적으로 인간이 해 온 반복적인 업무를 파격적으로 단축시켜 줄 수 있다. 챗GPT는 오랜 시간 정보를 탐색하고 종합해 온 노력이 이제 더 이상 필요가 없음을 보여 주었다. 모든 산업에 걸쳐 간단한 고객 응대는 생성형 AI가 대체할 것이다. 그리고 생성형 AI는 이제 각각의 개인에게 맞춤화된 서비스를 가능케 하고 있다. 교육에서 학습자의 능력, 관심, 환경 등에 맞추어 단계별로 학습 계획과 그에 맞는 콘텐츠가 즉각 생성될 수 있는 것처럼 의료나 금융 분야 등 개인화가 필요한 영역에서 생성형 AI는 전례 없는 서비스 제공을 가능케 할 것이다. 마지막으로 생성형 AI는 그동안 높은 비용이 소요되었던 분야의 대중화도 앞당길 것이다. 이처럼 지금은 단순 반복을 줄이는 태스크 중심으로 적용되고 있지만 생성형 AI는 점차 전문화된 영역으로 확되고, 미지의 영역으로 나아갈 것이다.

그렇다면 한국은 이 역사의 변곡점에서 어떤 영역에 승부를 걸어야 할까? 먼저, 우리가 이기기 힘든 영역과 승산이 있는 부문을 구분할 필요가 있다. 생성형 AI 서비스의 성능은 대규모 언어 모델의 성능과 학습 데이터에 큰 영향을 받는다. 물론 우리나라 기업은 한국어 텍스트를 학습하는 부문에서 해외 AI 모델보다 나은 성능을 보일 수 있다. 그리고 이런 우위에 기반하여 한국어 서비스에서 고객에게 더 만족스러운 결과를 줄 것이다. 하지만 한국어 텍스트에 기반한 서비스의 경쟁력은 한국 시장에서만 유효하다. 영어를 기반으로 하는 글로벌 시장에서 경쟁하기에는 역부족이다.

그러나 텍스트를 넘어 영상, 이미지 등의 영역에서는 도전해 볼 만하다. 특히 이 기술을 활용할 수 있는 드라마, 웹툰, 미디어와 엔터테인먼트, 게임 등 콘텐츠 산업에서는 글로벌 시장을 이끌 기업이 탄생할지도 모르는 일이다. 이런 분야에서 한국이 지닌 저력은 이미 어느 정도 증명된 바 있다. 지금 한국은 콘텐츠 제작 및 생산에서 지닌 강점을 생성형 AI로 극대화하여 미디어와 엔터테인먼트 산업을 혁신할 수 있는 기회를 맞이하고 있는지도 모른다.

한편, 카카오브레인과 LG가 생성형 AI 기술을 바탕으로 도전하고 있는 의료 및 헬스케어 부문도 글로벌 경쟁이 가능하다고 생각한다. 이 분야에서는 국내에서도 양질의 데이터를 확보할 수 있으며, 그 결과물을 글로벌 시장에 바로 적용해 서비스와 제품 생산으로 연결할 수 있기 때문이다. 또한 개인적으로는 반도체 강국으로 알려진 한국에서 AI 반도체 설계와 생산에 대한 경쟁력도 강화해 나갈 수 있기를 바란다.

생성형 AI가 가져올 변화를 직시하라

그렇다면 기업이 아닌 개인은 어떻게 대처해야 할까? 각자가 관심을 가지고 있는 분야와 산업은 모두 다를 것이다. 당신은 생성형 AI가 우리와 우리 주변에 일으키고 있는 변화를 실감하고 있는가? 역사는 언제나 반복된다. 변화의 순간을 직감하고 이를 내 것으로 삼는 사람에게는 기회가 될 것이지만 변화에 무관심하거나 흐름을

막으려 하는 사람에게는 파도에 밀려나는 위기가 될 것이다.

많은 사람들이 인공지능이 어렵다고 이야기한다. 그런데 사실 기술을 상세히 이해하지 못해도 괜찮다. 처음 전기가 발명되었을 때 기술을 잘 아는 사람만이 비즈니스의 기회를 잡았을까? 기술을 활용해서 공장을 세워 대량 생산을 시도한 사람이 큰 돈을 벌었을 것이고, 그저 전기 관련 회사에 취업한 사람도 안정적인 생활을 유지했을 것이다. 인터넷과 컴퓨터의 가치를 이해하고 2000년대 초 IT 네트워크가 깔리기 시작했을 때 통신사에 투자를 시작한 사람은 20년간 꾸준히 배당금을 받으며 꽤 큰 투자 수익을 누렸을 것이다. 혁신 기술의 등장은 지금껏 시장에 수많은 비즈니스의 기회를 창출함과 동시에 기존 영역에 타격을 주기도 했다. 새로운 고부가가치 직업이 생겨나기도 했지만 한편으로 사라지는 직업도 늘어났다.

생성형 AI는 거대한 전환의 순간을 가져왔다. 이런 파도는 언제 또 올지 예측할 수 없다. 인터넷이 등장하며 주어졌던 기회에 무감각했다면, 스마트폰이 등장하면서 다가왔던 빅테크의 기회를 놓쳤다면, 이번에는 놓치지 말기를 바란다. 이 거대한 전환을 기회로 잡아 새로운 주인공이 될지 아니면 또다시 다른 사람의 성공을 감상하고 있을지는 전적으로 우리의 선택에 달렸다. 기회와 위기는 모든 산업 분야에서 그리고 정말 다양한 방식으로 다가오고 있다. 우리는 모두 선택의 순간에 서 있다.

| 미주 |

1 그렉 브록만 트위터, 2022년 12월 5일; https://twitter.com/gdb/status/15996831041424302 08?s=20&t=pMXFNi8wAWpse7KQDN3WLQ

2 Katharina Buchholz, "ChatGPT Sprints to One Million Users", Statista, January 24, 2023; https://www.statista.com/chart/29174/time-to-one-million-users/

3 Krystal Hu, "ChatGPT sets record for fastest-growing user base-analyst note", Reuters, February 03, 2023; https://www.reuters.com/technology/chatgpt-sets-record-fastest-growing-user-base-analyst-note-2023-02-01/

4 Christian Terwiesch, "Would Chat GPT3 Get a Wharton MBA? A Prediction Based on Its Performance in the Operations Management Course", Mack Institute for Innovation Management at the Wharton School, University of Pennsylvania, 2023; https://mackinstitute.wharton.upenn.edu/wp-content/uploads/2023/01/Christian-Terwiesch-Chat-GTP.pdf

5 Ryan Reynolds, "ChatGPT Writes a Mint Mobile Ad", January 10, 2023; https://youtu.be/_eHjifELI-k

6 James Vincent, "Elon Musk, DeepMind founders, and others sign pledge to not develop lethal AI weapon systems", The Verge, Jul 18, 2018; https://www.theverge.com/2018/7/18/17582570/ai-weapons-pledge-elon-musk-deepmind-founders-future-of-life-institute

7 Alexandra Garfinkle, "90% of online content could be 'generated by AI by 2025,' expert says", Yahoo Finance, January 14, 2023; https://finance.yahoo.com/news/90-of-online-content-could-be-generated-by-ai-by-2025-expert-says-201023872.html?guccounter=1&guce_referrer=aHR0cHM6Ly93d3cuZ29vZ2xlLmNvbS8&guce_referrer_sig=AQAAAKBPCCLbOhwA8pUgBvP_fXIe489DGLBQqlMnCX5kRo7x2uLfTwFNugQD53o1S2sjCSBZNejlkWwb56flpOivbk3_1KxCnzTudjv0jDTUOW_nR-7GPO6grE2ZeLKiJgpBXLqdrH6kBjEZwrlw9KAHrHdzEbXDRaPtBN-ldwraaKnq

8 Q.ai, "What Is ChatGPT? How AI Is Transforming Multiple Industries", Forbes, February 1, 2023; https://www.forbes.com/sites/qai/2023/02/01/what-is-chatgpt-how-ai-is-

transforming-multiple-industries/?sh=1e1de172728e

9   Ethan Mollick, "ChatGPT Is a Tipping Point for AI", Harvard Business Review, December 14, 2022; https://hbr.org/2022/12/chatgpt-is-a-tipping-point-for-ai

10 Tim Adams, "Interview – Daniel Kahneman: 'Clearly AI is going to win. How people are going to adjust is a fascinating problem'", The Guardian, May 16, 2021; https://www.theguardian.com/books/2021/may/16/daniel-kahneman-clearly-ai-is-going-to-win-how-people-are-going-to-adjust-is-a-fascinating-problem-thinking-fast-and-slow

11 Will Douglas Heaven, "AI that makes images: 10 Breakthrough Technologies 2023", MIT Technology Review, January 9, 2023; https://www.technologyreview.com/2023/01/09/1064864/image-making-ai-10-breakthrough-technologies-2023/

12 Alex Konrad and Kenrick Cai, "Exclusive Interview: OpenAI's Sam Altman Talks ChatGPT And How Artificial General Intelligence Can 'Break Capitalism'", Forbes, February 3, 2023; https://www.forbes.com/sites/alexkonrad/2023/02/03/exclusive-openai-sam-altman-chatgpt-agi-google-search/?sh=44f872ac6a63

13 Michael Andersch, Greg Palmer, Ronny Krashinsky, Nick Stam, Vishal Mehta, Gonzalo Brito and Sridhar Ramaswamy, "NVIDIA Hopper Architecture In-Depth", NVIDIA Developer, March 22, 2022; https://developer.nvidia.com/blog/nvidia-hopper-architecture-in-depth/

14 Ryan Lowe and Jan Leike, "Aligning language models to follow instructions", OpenAI, January 27, 2022; https://openai.com/research/instruction-following

15 앤스로픽 공식 홈페이지; https://www.anthropic.com/

16 Riley Goodsideand Spencer Papay, "Meet Claude: Anthropic's Rival to ChatGPT", Scale, January 17, 2023; https://scale.com/blog/chatgpt-vs-claude#Analysis%20of%20fictional%20works

17 Google, "Google presents : Live from Paris" February 8, 2023; https://www.youtube.com/watch?v=yLWXJ22LUEc

18 Sharan Narang and Aakanksha Chowdhery, "Pathways Language Model (PaLM): Scaling to 540 Billion Parameters for Breakthrough Performance", Google Blog, April 4, 2022; https://blogs.microsoft.com/blog/2023/02/07/reinventing-search-with-a-new-ai-powered-microsoft-bing-and-edge-your-copilot-for-the-web/

19 Yusuf Mehdi, "Reinventing search with a new AI-powered Microsoft Bing and Edge, your copilot for the web", Official Microsoft Blog, February 7, 2023; https://blogs.microsoft.com/blog/2023/02/07/reinventing-search-with-a-new-ai-powered-microsoft-bing-and-edge-your-copilot-for-the-web/

20 구글AI 공식 홈페이지; https://ai.google/principles/

21 Elizabeth Reid, "From images to videos, how AI is helping you search visually", Google Blog, February 8, 2023; https://blog.google/products/search/visual-search-ai/

22 John Roach, "How AI makes developers' lives easier, and helps everybody learn to develop software", Microsoft, May 24, 2022; https://news.microsoft.com/source/features/ai/how-ai-makes-developers-lives-easier-and-helps-everybody-learn-to-develop-software/?culture=ko-kr&country=kr

23 Jaimie Ding, "If you outsource one thing to ChatGPT, job-seekers say this should be it ", Los Angeles Times, February 16, 2023; https://www.latimes.com/business/story/2023-02-16/chatgpt-writes-cover-letters-job-seekers

24 김주완, 최다은, "'AI 유니콘' 미국 53곳 vs 한국 0곳", 한경닷컴, 2023년 2월 14일; https://www.hankyung.com/it/article/2023020682011

25 뤼튼테크놀로지스 공식 홈페이지; https://wrtn.ai/

26 고석용, "'챗GPT 게섰거라'…생성 AI로 신시장 개척하는 K-스타트업", 머니투데이, 2023년 2월 12일; https://news.mt.co.kr/mtview.php?no=2023021017051796899

27 최새솔, 주보라, 연승준, "인공지능(AI) 산업의 VC 투자 동향과 시사점" https://ettrends.etri.re.kr/ettrends/199/0905199001/001-010_%EC%B5%9C%EC%83%88%EC%86%94_199%ED%98%B8.pdf

28 Danny Sullivan, "Ballmer: YouTube Overvalued & Google Transferring Wealth From Content Owners", Search Engine Watch, October 12, 2006; https://www.searchenginewatch.com/2006/10/12/ballmer-youtube-overvalued-google-transferring-wealth-from-content-owners/

29 카피AI 공식 홈페이지; https://www.copy.ai/

30 오픈AI 공식 홈페이지; https://openai.com/product/dall-e-2

31 OpenAI, "DALL · E: Introducing outpainting", OpenAI, August 31, 2022; https://openai.com/blog/dall-e-introducing-outpainting

32 런웨이 공식 홈페이지; https://research.runwayml.com/gen1

33 Clayton M. Christensen, Michael E. Raynor, and Rory McDonald, "What Is Disruptive Innovation? Twenty years after the introduction of the theory, we revisit what it does—and doesn't—explain.", Havard Business Review, December, 2015; https://hbr.org/2015/12/what-is-disruptive-innovation

34 Jackie Wiles, "Beyond ChatGPT: The Future of Generative AI for Enterprises", Gartner, January 26, 2023; https://www.gartner.com/en/articles/beyond-chatgpt-the-future-of-generative-ai-for-enterprises

35 카피몽키 공식 홈페이지; https://www.copymonkey.ai/

36 노벨AI 공식 홈페이지; https://docs.novelai.net/image/editimagecanvas.html

37 Paul Trillo 트위터 https://twitter.com/paultrillo/status/1562106954096381952

38 CALA, "Powered by DALL-E's AI System, CALA Makes it Possible To Generate Apparel, Accessory, Shoe, and Lifestyle Product Designs from Natural Language Descriptions and Reference Images", CISION PR Newswire, October 20, 2022; https://www.prnewswire.

com/news-releases/powered-by-dall-es-ai-system-cala-makes-it-possible-to-generate-apparel-accessory-shoe-and-lifestyle-product-designs-from-natural-language-descriptions-and-reference-images-301654308.html

39 탭나인 공식 홈페이지: https://www.tabnine.com/

40 힐리움 공식 홈페이지: https://www.tryhealium.com/how-it-works/

41 Rachel Lim, Michael Wu, Luke Miller, "Customizing GPT-3 for your application", OpenAI, December 14, 2021: https://openai.com/blog/customizing-gpt-3/

42 Michael Chui, James Manyika, Jacques Bughin, Richard Dobbs, Charles Roxburgh, Hugo Sarrazin, Geoffrey Sands, and Magdalena Westergren, "The social economy: Unlocking value and productivity through social technologies", Mckinsey Global Institute, July1, 2012: https://www.mckinsey.com/~/media/McKinsey/Industries/Technology%20Media%20and%20Telecommunications/High%20Tech/Our%20Insights/The%20social%20economy/MGI_The_social_economy_Full_report.ashx

43 IDC InfoBrief, "The State of Data Discovery and Cataloging", Alteryx, January 2018: https://pages.alteryx.com/rs/716-WAC-917/images/The%20State%20of%20Data%20Discovery%20%26%20Cataloging.pdf

44 캐릭터AI 공식 홈페이지: https://book.character.ai/character-book/welcome-to-character-book

45 Scott Belsky, "Bringing the next wave of Artificial Intelligence to Creative Cloud", Adobe Blog, October 18, 2022: https://blog.adobe.com/en/publish/2022/10/18/bringing-next-wave-ai-creative-cloud

46 Amjad Masad, Samip Dahal, Giuseppe Burtini, Alexandre Cai, "Ghostwriter AI & Complete Code Beta", September 8, 2022: https://blog.replit.com/ai

47 Glenn Gow, "Environmental Sustainability And AI", Forbes, August 21, 2020: https://www.forbes.com/sites/glenngow/2020/08/21/environmental-sustainability-and-ai/?sh=2051bf8e7db3

48 Emil Protalinski, "Windows 7 passes 60% market share ahead of Windows 10's debut", VentureBeat, July 1, 2015: https://venturebeat.com/business/windows-7-passes-60-market-share-ahead-of-windows-10s-debut/

49 Melissa Repko, "Walmart ends contract with robotics company, opts for human workers instead, report says", CNBC, November 2 2020: https://www.cnbc.com/2020/11/02/walmart-ends-contract-with-robotics-company-bossa-nova-report-says.html

50 샘 올트먼 트위터, 2022년 12월 27일: https://twitter.com/sama/status/1607486170354814976?s=20

챗GPT 거대한 전환

1판 1쇄 발행 2023년 3월 30일
1판 6쇄 발행 2024년 7월 18일

지은이 김수민, 백선환

발행인 양원석   **편집부 담당** 이아람
표지 디자인 김유진   **본문 디자인** 신자용
영업마케팅 양정길, 윤송, 김지현, 정다은, 박윤하

펴낸 곳 ㈜알에이치코리아
주소 서울시 금천구 가산디지털2로 53, 20층 (가산동, 한라시그마밸리)
편집문의 02-6443-8855   **도서문의** 02-6443-8800
홈페이지 http://rhk.co.kr
등록 2004년 1월 15일 제2-3726호

ISBN 978-89-255-7675-6 (03320)